Editora Elefante

Conselho editorial
Bianca Oliveira
João Peres
Leonardo Amaral
Tadeu Breda

Edição
Tadeu Breda

Revisão técnica
Rafael A. F. Zanatta

Revisão
Laura Massunari

Projeto gráfico
Bianca Oliveira

Stefano Quintarelli

Instruções para um futuro imaterial

Tradução Marcela Couto

Às minhas filhas.
Vocês não podem escapar do futuro.
Seja ele como for.
O futuro sobre o qual vocês vão ler pode ou não
chegar — eu aposto que chegará.
As "máquinas" oferecem a chance de penetrar
informações nas mais incomparáveis curvas do
espaço-tempo jamais imaginadas.
Usem essas máquinas da forma como as coisas
devem ser "usadas", criticamente; do contrário,
elas vão usar vocês.
A diferença está na abordagem, e às vezes
é apenas uma questão de método; mas desejo
que vocês sejam capazes de tomar distância
dos fatos, ponderar informações e interromper
o fluxo sempre que precisarem recuperar sua
própria dimensão do mundo.
Isto é sobre a vida de vocês.

Prefácio à edição brasileira, 9

Prefácio, 15

Por que ler este livro?, 19

1. **Princípios para a compreensão da dimensão imaterial, 25**
1.1. A confortante dimensão material do mundo, 25
1.2. Propriedades da dimensão material, 27
1.3. Raízes históricas da dimensão imaterial, 30
1.4. 2001: o alvorecer da dimensão imaterial, 34
1.4.1. Os nativos digitais, 34
1.4.2. Pioneiros, colonos, nativos e imigrantes, 36
1.5. Perdendo o significado das palavras, 37
1.6. Propriedades das dimensão imaterial, 43
1.7. Comparando as regras das dimensões material e imaterial, 48
1.8. A evolução dos dispositivos, 51
1.8.1. Gadgets e feitiçaria, 51

2.10. Contribuição dos usuários, 106
2.11. Economia compartilhada, 110
2.11.1. Fundamentos da economia do compartilhamento, 110
2.11.2. As regras do jogo, 112
2.11.3. Novas regulações e suas tensões, 114
2.11.4. A ética dos algoritmos, 119
2.12. Explorando os monopólios imateriais, 120
2.13. Um cenário difícil de nivelar, 125
2.14. O mal-estar do imaterial, 129

3. **Alguns futuros possíveis, 135**
3.1. As difíceis previsões do futuro, 135
3.2. Vivendo dentro do computador, 138
3.3. O futuro dos jornais, 143
3.4. O futuro dos livros, 149
3.5. O futuro da televisão, 155
3.6. O futuro do cinema, 160
3.7. O futuro do comércio, 162
3.7.1. Sobre a hiperdistribuição, 162
3.7.2. Turbologísticas materiais, 166
3.8. O futuro das escolas, 168

3.13. O futuro dos carros, 217
3.13.1. Desafios: multiplicando estudos, 217
3.13.2. Questões sociais delicadas, 219
3.13.3. Vale a pena compartilhar, 221
3.13.4. A importância da segurança física e lógica, 222
3.13.5. A evolução do compartilhamento de carros, 225
3.14. O futuro da publicidade, 227
3.15. O futuro da saúde, 233
3.16. O futuro das investigações policiais, 239
3.17. O futuro dos bancos, 247
3.18. O futuro da energia, 255
3.19. O futuro do dinheiro, 260
3.20. O seu futuro, 264

4. **Propostas, 267**
4.1. Instituições para o futuro, 268
4.2. Políticas para a dimensão imaterial, 271

Conteúdo

Ricardo Abramovay
Rafael A. F. Zanatta

Prefácio à edição brasileira

O livro de Stefano Quintarelli é uma vacina contra o desencantamento que tomou conta da crescente dependência dos dispositivos digitais em que a vida social contemporânea está imersa. Os vícios comportamentais que cada um de nós reconhece e trata como contrapartidas inevitáveis dos serviços prestados pelos smartphones, a vigilância a que estamos submetidos não só pelo companheiro inseparável em que se converteu o celular, mas pelas câmeras espalhadas por onde quer que circulemos, a invasão da privacidade e a evidência de que as redes sociais pouco contribuem para tornar a vida política mais inteligente e construtiva, tudo isso desperta o sentimento distópico de que melhor seria se o gênio voltasse para dentro da lâmpada.

Quintarelli está em posição privilegiada para reconhecer a gravidade de todos estes problemas, não só como empreendedor digital pioneiro na Itália, mas como membro de algumas das mais importantes iniciativas de regulação da internet na Itália e na Europa. Ao mesmo tempo, essa experiência, que se consolidou num mandato de deputado em seu país por dois anos, permitiu que ele ocupasse um lugar de destaque num conjunto de propostas voltadas em última análise para que ciência e técnica estejam a serviço da melhoria da vida social — e não de sua degradação.

Nesse sentido, o autor de *Instruções para um futuro imaterial* não é um acadêmico no sentido clássico, e seu livro não possui o estilo tradicional de citações e reconstrução teórica (são raras as citações a outros intelectuais, como Luciano Floridi, que surge vez ou outra em seu texto). Como empreendedor, ativista e parlamentar, sua linguagem é direta e sua preocupação é pedagógica. Quintarelli quer falar aos "imigrantes digitais" que não compreendem a transição em que estamos inseridos, especialmente aqueles que não compreendem a lógica exponencial dos sistemas computacionais e as possibilidades técnicas inéditas geradas pelo atual desenvolvimento da física e da ciência da computação. A popularização dos assistentes acoplados com sistemas de inteligência artificial, oferecidos hoje por Amazon e Google, é apenas a materialização mais cotidiana desta transformação.

O ponto de partida do livro de Quintarelli está na rejeição da internet como algo virtual, de certa forma, etéreo, falsa impressão corroborada por imagens como a da computação "em nuvem." Ele rejeita a ideia de que existe um ciberespaço, em oposição ao espaço real, como se um fosse imaginário e somente o outro, palpável. Ao contrário, a tese básica deste livro é que a revolução digital abre caminho a uma dimensão cuja realidade não poderia ser maior: a dimensão imaterial, fundamental para os indivíduos, para a maneira como se relacionam uns com os outros, e determinante do uso que fazem dos materiais, da energia e dos recursos bióticos de que dependem.

A realidade desta dimensão imaterial vira do avesso a maior parte daquilo que os manuais de economia até hoje ensinam aos estudantes. Se a economia é a ciência que estuda a alocação de recursos escassos entre fins alternativos (daí resultando os preços como sinalizadores da relativa raridade daquilo que os consumidores almejam), é claro que a própria definição de um bem econômico é alterada quando este é quase infinitamente abundante e sua circulação não responde aos limites que nos foram ensinados quando nosso consumo se concentrava no que era palpável e raro. Este livro é uma excelente iniciação às bases microeconômicas da dimensão imaterial da vida social. Parte crescente da vida contemporânea deixa de responder à consagrada definição segundo a qual a economia é a ciência que estuda recursos escassos entre fins alternativos. Na dimensão imaterial, mesmo que custe muito produzir algo, reproduzir e distribuir torna-se virtualmente gratuito.

Esta propriedade, analisada de forma didática no livro, abre caminho a oportunidades de cooperação social inéditas, que se exprimem na economia do compartilhamento, nas moedas virtuais e na extraordinária abertura de oportunidades a que a revolução digital dá lugar. Quintarelli não acredita no horizonte de destruição massiva de empregos que tão fortemente marca a literatura sobre os padrões contemporâneos de evolução tecnológica. Da mesma forma, ele não crê na perspectiva de total autonomia dos carros sem motorista.

Claro que as ameaças à privacidade e à própria concorrência são sistematicamente denunciadas neste livro. Além disso, a internet das coisas vai multiplicar os riscos de que nossa conexão permanente e os dados que por meio dela produzimos ameacem nossa própria dignidade. O livro ressalta também que a internet criou um abismo entre aqueles cujos trabalhos apoiam-se sobre ela, são criativos e geram rendas extraordinárias a seus praticantes, e a situação em que se encontra a massa dos que apenas fazem uso corriqueiro dos dispositivos digitais. O livro mostra que as instituições das sociedades democráticas estão bem pouco preparadas para enfrentar estes desafios. O ritmo das mudanças tecnológicas é exponencial e o tempo da política nem de longe é capaz de acompanhá-lo.

Mas em nenhum momento estes riscos são apresentados como fatalidades inerentes à própria tecnologia. A entrada em vigor da Lei Geral de Proteção de Dados e da Privacidade em maio de 2018, na Europa, e a aprovação da Lei Geral de Proteção de Dados Pessoais no Brasil, que se inspira fortemente na legislação europeia, são passos fundamentais para regulamentar a dimensão imaterial da vida social. Quintarelli participou ativamente da elaboração desta lei e este livro pode ser considerado uma reflexão sobre as bases que permitirão que a concorrência, a dignidade das pessoas e o respeito aos valores mais caros da democracia possam se desenvolver na era digital.

Para Quintarelli, não há motivo para pânico ou uma luta "contra as tecnologias". Há urgência de compreensão do tipo de economia gerada pelas novas tecnologias, seu impacto social e as possibilidades de regulação. De certo modo, o livro retoma uma velha lição de Spinoza: *non ridere, non lugere, neque detestare, sed intellegere*. Nem rir, nem chorar, nem detestar, mas sim compreender.

RICARDO ABRAMOVAY
Professor Sênior do Programa de Ciência
Ambiental do Instituto de Energia e
Ambiente da Universidade de São Paulo.

RAFAEL A. F. ZANATTA
Doutorando pelo Programa de Ciência
Ambiental do Instituto de Energia e
Ambiente da Universidade de São Paulo.

Prefácio

Nesta obra, Stefano Quintarelli apresenta uma rica e profunda análise da atual metamorfose que se desenvolve na economia mundial. O autor examina a evolução do processo por meio de uma comparação crítica entre a "dimensão material", familiar a todos nós, e a "dimensão imaterial", um conceito novo e de difícil compreensão para a maioria das pessoas.

Nas últimas três décadas, a expansão da internet e das tecnologias digitais mudou radicalmente a estrutura da economia em nível global. Todavia, esse processo tem sofrido uma notória aceleração a partir de 2001, com a chegada do iPod e da tecnologia ADSL: o primeiro assinalou a difusão em massa da tecnologia digital e o segundo proclamou o início da era da internet rápida e onipresente.

Quintarelli define 2001 como o ano do irrefreável advento da dimensão imaterial no cenário econômico mundial. Aqueles que tinham menos de 10 anos de idade na época (isto é, nascidos a partir de 1990) são eloquentemente descritos como os "nativos" da era imaterial, enquanto alguns acadêmicos e empreendedores atuantes no campo (tais quais o autor, que corresponde a ambos) foram considerados seus "pioneiros". No entanto, a vasta maioria da população, mesmo nos países mais avançados, ainda tem seus indivíduos classificados como "colonos" ou "imigrantes".

As mudanças que se intensificaram a partir de 2001 têm se evidenciado em muitos setores da economia e do funcionamento social. Os processos de transformação têm avançado em um ritmo exponencial na dimensão imaterial, enquanto as mudanças na dimensão material têm ocorrido em um ritmo linear ao longo dos séculos, e ainda hoje. Infelizmente, como o autor — citando

Gibson — nos lembra, "o futuro já chegou, só não está igualmente distribuído".

Essa diferença de velocidade indica que rápidas mudanças estão ocorrendo em todos os setores da economia, por todo o mundo. Por um lado, o cenário cria grandes oportunidades para a prosperidade e melhoria da qualidade de vida, mas, por outro, representa novos desafios para a sociedade. Esses desafios afetam questões como a privacidade individual, o nascimento de novos monopólios, a proteção da propriedade intelectual, a possibilidade de as multinacionais transferirem seus lucros para lugares distantes daqueles em que vendem seus produtos e serviços (onde pagam menos impostos), o risco de aumentar a "divisão digital" ou "exclusão digital" entre os municípios e grupos sociais de um mesmo país e a terceirização do trabalho. São muitos os temas sobre os quais o autor conduz uma análise aprofundada e fornece instrumental para reflexão.

O desequilíbrio mais grave reside na diferença entre o ritmo de desenvolvimento das atividades econômicas e a capacidade das instituições de compreenderem o processo e oferecerem uma resposta regulatória adequada, que permitirá a utilização da nova dimensão imaterial para o bem comum.

Mais uma vez, o desafio é "político", para além de meramente econômico. Ademais, as mudanças mais profundas podem resultar do gigantesco aumento da produtividade gerado pelas novas tecnologias em todas as áreas da economia, incluindo o setor de serviços, nas esferas pública e privada.

Quintarelli descreve com precisão os fundamentos da dimensão imaterial, oferecendo uma chave para compreendê-los que também lança luz sobre os desafios que serão enfrentados pela produção industrial. A indústria, considerada o bastião da dimensão material que ainda soa tão familiar para a maioria das pessoas, passará por uma grande transformação no decorrer dos próximos anos com o surgimento da chamada "Quarta Revolução Industrial".

Com a Indústria 4.0, é a dimensão política que vai determinar o acesso de cada país ao novo paradigma de produção, bem como sua habilidade em manter a ambição e a inovação necessárias para competir com outros atores na economia global.

Ainda que não se tenham atingido as potenciais e drásticas consequências da "singularidade tecnológica" (considerado o ponto em que as máquinas alcançarão a capacidade racional de seres humanos, previsto para 2045 por Kurzweil, ou seja, no futuro próximo), não restam dúvidas de que o aumento extraordinário da produtividade tende a criar níveis de desemprego prejudiciais ao equilíbrio social. O contexto legislativo certamente precisa ser revisado, em particular através do desenvolvimento de uma abordagem radicalmente nova para tratar questões como a competição e a distribuição de trabalho e riqueza. Novamente, o problema é, em grande medida, político.

As novas tecnologias, em essência, abrem caminho para uma variedade de "futuros possíveis", os quais a política tem o dever de direcionar para o benefício da comunidade humana. O livro de Stefano Quintarelli fornece uma visão geral desses cenários e sugere mecanismos de controle para gerenciá-los. É um trabalho escrito com precisão acadêmica, mas em uma linguagem acessível para o público em geral, tornando-o leitura obrigatória para qualquer agente com responsabilidades institucionais ou papéis de destaque na economia, assim como para todos que desejam compreender os novos mecanismos econômicos e sociais que irão determinar o futuro de nossas sociedades.

ALBERTO BOMBASSEI
Empresário e deputado italiano

PASQUALE PISTORIO
Membro da Confederação Geral da
Indústria Italiana (Confindustria)

Por que ler este livro?

Em todo programa de televisão, jornal ou livro, a internet é definida como um espaço de mundos e relações virtuais. Mas esse não é, de modo algum, o caso. A internet é absolutamente real. É o lar da dimensão imaterial do mundo, que no século XXI representa a pedra angular das relações sociais e econômicas entre pessoas e empresas.

Hoje, essa não é a realidade de todos. Ainda não. Mas é a realidade de uma proporção cada vez maior de nossas sociedades que aumenta em ritmo crescente. Cada vez mais, o modo como trabalhamos, vendemos e compramos, o modo como nos relacionamos uns com os outros, nos informamos, nos mantemos saudáveis, nos divertimos e realizamos qualquer atividade passa pela internet e seus sistemas (dispositivos e programas), que possibilitam essas ações.

O filósofo Luciano Floridi denomina o resultado do desaparecimento dos limites entre o offline e o online, entre o material e imaterial, de "infosfera".[1] Progressivamente, nossas oportunidades de interação social, econômica e profissional vêm sendo definidas pelos dados e relações que nos representam na dimensão imate-

■

1 "A look into the future impact of ICT on our lives" [Um olhar sobre o futuro impacto das Tecnologias de Informação e Comunicação em nossas vidas], em *The Information Society*, v. 23, n. 1, 2007. Disponível em <https://www.tandfonline.com/doi/abs/10.1080/01972240601059094?journalCode=utis20>.

rial da infosfera, que é propriedade de algumas poucas empresas globais. Graças a regulações favoráveis e às propriedades únicas da imaterialidade, essas empresas agem como intermediários, guardiões do portal para a dimensão imaterial, extraindo valor de nossas interações sociais e econômicas.

O objetivo deste livro é ajudar a compreender o tempo presente, o qual a revolução digital tornou complexo e muitas vezes indecifrável. Estão inclusos também meus esforços para examinar os possíveis cenários de um futuro que ameaça ser ainda mais enigmático. Não pretendo, contudo, oferecer visões totalizantes e acabadas do futuro na forma de contextos inéditos. Ao invés disso, me empenho em fornecer alguns princípios básicos, a fim de guiar nossa compreensão a respeito dos fenômenos e tendências emergentes. Em outras palavras, esta é uma caixa de ferramentas básica que oferece conhecimento sobre como e por que o mundo mudou tanto nos últimos anos.

Há um famoso aforismo do escritor W. Gibson: "O futuro já chegou, só não está igualmente distribuído". Alguns de nós já vivenciam cotidianos que pareceriam futuristas para muitos outros. Certos comportamentos e atitudes são normais para algumas pessoas, porém impensáveis para outras, ou, no máximo, vistos como "coisas de cinema". Alguns de nós utilizamos serviços e sistemas no dia a dia que parecem excentricidades ultramodernas para muitas pessoas, e podem até mesmo causar medo.

A sociedade, resumidamente, está se dividindo entre aqueles que vivem em um presente muito semelhante ao passado e aqueles que vivem em um futuro comparável à ficção científica; e o abismo entre os dois grupos está se alargando cada vez mais rápido. As tecnologias físicas, eletrônicas e digitais são a principal causa desse desdobramento, que gera incompreensão, desconforto e até mesmo alarmismo. Estamos vivendo em eras diferentes. Nós usamos códigos e práticas que os mais extremos representantes da diversidade consideram difíceis de entender e aceitar.

Os efeitos desse fenômeno não se limitam ao mundo dos eletrônicos. Devido à abrangência da tecnologia digital e seu uso generalizado em todos os setores da sociedade (à qual os economistas se referem como GPT ou General Purpose Technology [Tecnologia de Propósito Geral]), sua influência é evidente na esfera econômica. Na pesquisa de base, esses recursos beneficiam os mais variados campos, da medicina e química até materiais e muitos outros. Poucas tecnologias tiveram uma importância semelhante na história; outros exemplos comparáveis incluem o fogo, a máquina a vapor, a eletricidade e as ferrovias. No entanto, ao contrário desses exemplos, as tecnologias digitais não evoluem ou produzem efeitos em uma velocidade constante. Ao invés disso, elas se desenvolvem em uma velocidade crescente, como veremos no capítulo dedicado às tendências exponenciais de seus componentes.

O resultado é que a distância entre os dois extremos da sociedade (a "vanguarda" e a "retaguarda") tende a aumentar. Desse modo, há um crescimento nos níveis de incompreensão, mal-estar e tensão, que podem ser observados em vários aspectos da sociedade.

Não me enquadro entre os ditos neoludistas, que veem um futuro perigoso e acreditam que a evolução das tecnologias levará ao colapso das estruturas sociais, ou entre os romântico nostálgicos como Jorge Manrique, que declarou no século XV que "qualquer momento passado foi melhor". Tampouco sou um futurista, convencido da radiante magnificência que o amanhã nos reserva, como Filippo Tommaso Marinetti, que escreveu em seu *Manifesto futurista*, de 1909: "Camaradas, dizemos-lhes agora que o triunfante progresso da ciência opera profundas e inevitáveis mudanças na humanidade, mudanças estas que estão criando um abismo entre aqueles escravos dóceis da antiga tradição e nós, os livres cidadãos modernos, confiantes no radiante esplendor de nosso futuro."

Nem tudo o que desejaram e imaginaram os devotos do culto à vanguarda é positivo. E nem tudo pelo que os devotos da retaguarda se enlutam é negativo. A maior parte das mudanças, de qualquer modo, é inevitável. Estou convencido de que o caminho está traçado e de que certos fenômenos básicos determinados pelo desenvolvimento tecnológico, que por sua vez são definidos pelo progresso das pesquisas em física, são irrefreáveis.

Durante muitos séculos, houve apenas uma economia material, e a economia imaterial — que deriva da mesma — é um avanço recente na história humana. Apesar de nova, essa dimensão está se expandindo em um ritmo extraordinário. Estima-se que por volta de 2030 haverá 500 bilhões de dispositivos conectados à internet, e por consequência um enorme crescimento da economia imaterial. Qualquer tentativa de se opor a essa realidade será inútil, bem como contraproducente, comprometendo energia e recursos.

No que tange aos possíveis desenvolvimentos, esboçarei alguns exemplos. Naturalmente, certas previsões aqui apresentadas podem não ocorrer, pois nem tudo o que a tecnologia torna possível de fato se concretiza; a melhor tecnologia nem sempre é a mais bem-sucedida, como demonstra o caso Betamax *vs.* VHS.[2] Seja pela vontade do próprio público ou pela ação de autoridades legisladoras que criam barreiras para restringir a seleção de determinada tecnologia (ou incentivos para promovê-la), as pessoas fazem escolhas diferentes. Às vezes, certos produtos ou serviços são lançados prematuramente; eles não são adotados pelo mercado e acabam descartados por muitos anos.

É inegável, porém, que as sociedades são moldadas pela tecnologia.

■

2 A Sony lançou o sistema de gravação de videocassete Betamax em 1975 e a JVC lançou o sistema rival VHS em 1976. O VHS era tecnicamente inferior em termos de qualidade de gravação e formato de cassete, mas, diferentemente da Sony, a JVC buscou firmar parcerias com produtores de conteúdo e isso a levou ao sucesso, na medida em que a oferta de conteúdo pronto para consumo gerou um volume de vendas superior em relação às gravações domésticas.

Mas seu desenvolvimento pode e deve ser guiado e inspirado por um ideal de bem-estar social o mais abrangente possível. Nesse sentido, é fundamental que os intelectuais da tecnologia e de outras áreas colaborem entre si e exerçam influência mútua. Os dirigentes políticos, em especial, devem se esforçar para conhecer profundamente as mudanças radicais impostas pela evolução tecnológica. Somente deste modo é possível chegar a uma síntese, a um ponto de equilíbrio entre a salvaguarda do presente e a promoção do futuro, a partir da consciência sobre o quanto as escolhas de um país podem impactar direta e indiretamente as decisões de outros.

Assim, é importante compreender e administrar certos aspectos do desenvolvimento com o maior cuidado: facilitar a evolução da sociedade de modo a minimizar o trauma da mudança e da descontinuidade o quanto for possível, e ao mesmo tempo maximizar o potencial de prosperidade oferecido por essas tecnologias. Desta maneira, também será possível oferecer uma boa medida de confiança no futuro aos mais pessimistas, por meio do reconhecimento e da defesa de seus valores e progressos fundamentais, somados aos esforços para tornar as profundas transformações que estamos vivenciando mais inclusivas, em prol de uma sociedade mais igualitária.

Fiz o possível para escrever um livro de fácil leitura, por meio de capítulos independentes, mesmo sob o risco de incorrer em ligeiras repetições e redundâncias, pelas quais peço desculpas (especialmente aos leitores que desejam ler a obra toda em sequência). Vários tópicos são abordados e muitos tendem a se sobrepor. Talvez a opção pelo hipertexto tivesse sido mais prática. Contudo, o papel — o meio material que contém estas palavras — tem suas características próprias, que não se prestam aos textos não lineares.

1
Princípios para a compreensão da dimensão imaterial

1.1. A confortante dimensão material do mundo

Com o advento da indústria agrícola, ocorrido há onze mil anos, os seres humanos tornaram-se mais sedentários. Esse acontecimento fundou as bases para a evolução das sociedades, até que finalmente chegássemos à forma que conhecemos hoje. Devemos à agricultura, em última análise, a domesticação dos animais, a especialização das funções, a produção de ferramentas e máquinas, o nascimento do conceito de propriedade e sua defesa, a proteção do território e o desenvolvimento da economia, dos exércitos, dos tribunais etc.

Desse modo, são onze mil anos de história desde o surgimento do mercado de bens materiais. O processo de evolução tem sido lento, e nos trouxe ao modelo atual de organização da sociedade e da economia. Quando nós já conhecemos muito bem as coisas, elas parecem óbvias e são encaradas como parte da rotina. Apesar disso, a quantidade de conhecimento que cada um de nós acumula desde o nascimento é enorme.

Se qualquer um de nós tivesse que escrever uma redação sobre um tópico bastante comum — tomates, por exemplo —, nós poderíamos escrever centenas e até mesmo milhares de páginas. Começando pela variedade de tomates e canais de venda, poderíamos seguir adiante descrevendo o cultivo da terra desde a plantação até a colheita. Poderíamos, ainda, ampliar a discussão para analisar a propriedade privada dos meios de produção e da terra, o registro fundiário, escrituras e tabeliães, tratores e combustíveis, fertilizantes e a indústria química, patentes e tratados internacionais, entre outros aspectos.

Quando se trata de tomates, e da maioria das coisas relacionadas ao mundo na dimensão material, nós identificamos as redes de relações existentes entre esses conceitos aparentemente distantes, e elas nos parecem óbvias. Isso significa que nós possuímos um extenso conhecimento sobre o mundo material e suas respectivas dinâmicas, que têm sido observadas e estudadas em cada etapa de sua evolução por onze mil anos. O aparecimento do mundo imaterial em nossas sociedades, portanto, é assustador e até mesmo traumático para muitas pessoas, precisamente porque é um rompimento brusco com todas essas certezas profundamente enraizadas.

Houve outros momentos na história em que mudanças paradigmáticas transformaram radicalmente a sociedade. Por exemplo, o controle do fogo permitiu a resistência às condições climáticas extremas e viabilizou a conquista de territórios maiores, seguido da fabricação de armas e ferramentas. A invenção da máquina a vapor marcou a era da industrialização e consequente urbanização, bem como a divisão social que se encontra nas raízes dos conflitos do último século. Graças à eletricidade, nós chegamos até os meios de comunicação de massas e suas extensões cognitivas brilhantemente descritas por Marshall McLuhan em *Os meios de comunicação como extensões do homem* (1964), que de certa forma antecipou a próxima mudança de paradigma: a desmaterialização.

1.2 Propriedades da dimensão material

A dimensão material, dado seu aspecto físico, é caracterizada por certas propriedades que fundamentam todos os seus mecanismos. Essas mesmas propriedades também determinaram a evolução da sociedade. São coisas óbvias. Elas existem diante de nossos olhos e nós as conhecemos muito bem; tão bem, aliás, que deixamos de enxergá-las.

Como descobriremos ao longo deste livro, essas propriedades têm sido amplamente reformuladas e colocadas sob pressão pela progressiva desmaterialização das atividades humanas, causada principalmente pelo desenvolvimento tecnológico.

Na dimensão material do mundo, *produzir custa caro*. Seja para produzir tomates ou carros, nós precisamos de matérias-primas, energia, trabalho e capital.

Na dimensão material, *reproduzir custa caro*. É claro que muitas regiões possuem economias de escala ou de escopo, mas de modo geral a reprodução de bens materiais envolve custos significativos em termos de matérias-primas, energia, trabalho e capital.

Na dimensão material, *arquivar e armazenar custa caro*. Os custos podem variar, a depender do tipo de produto armazenado e precauções que devem ser tomadas, mas eles não podem ser deixados de lado.

Na dimensão material, *transferir custa caro*. Não importa se estamos transportando algo intangível como gases através de um gasoduto, ou algo palpável como bonecas trazidas por navios da China; os custos de transporte constituem uma grande parte do preço dos produtos. Isso também se aplica às instalações necessárias em infraestrutura e custos reais de relocalização dos itens.

Na dimensão material, *o trabalho é humano*. Evidentemente, há processos repetitivos e padronizados na indústria, que são realizados por robôs, e certas tarefas um pouco mais complexas que são automatizadas. Em regra geral, no entanto, a atividade humana ainda é indispensável.

Na dimensão material, *há turnos de trabalho*. Devido ao uso da mão de obra humana, o trabalho justo e produtivo requer períodos de descanso e férias adequados.

Na dimensão material, *os bens são "rivais"*.[3] Em outras palavras, se estamos usando um produto, outra pessoa não pode utilizá-lo ao mesmo tempo. Este é o conceito básico da propriedade privada.

Na dimensão material, *os bens são excluíveis*.[4] A chance de um indivíduo ter acesso a um produto pode ser tolhida por outra pessoa. Esta é a noção básica da manutenção da ordem, isto é, o conjunto de possibilidades e métodos para garantir o cumprimento da lei.

Na dimensão material, de modo geral, *os rendimentos são decrescentes*. Malthus observou em 1798 que as terras mais férteis são cultivadas primeiro e, então, dependendo da demanda, passa-se ao cultivo das mais difíceis — que produzem menos com a mesma quantidade de trabalho. Isso também se aplica às matérias-primas. De nada vale termos produzido bens materiais por onze mil anos se só fomos capazes de entender a lei dos rendimentos decrescentes há pouco mais de duzentos anos. Em termos de história humana, isso não passa de um piscar de olhos.

Na dimensão material, *os bens perecem*. Eles estão sujeitos ao desgaste. Alguns podem durar décadas, outros apenas alguns minutos, mas todo bem físico eventualmente fica velho e se deteriora.

Na dimensão material, *os bens estão desconectados*. Eles não se comunicam para compartilhar suas situações, e por isso não podem mudar seus próprios comportamentos com base em dados recebidos de outros.

---

3 Em economia, rivalidade é a situação em que o consumo de um bem por uma pessoa reduz a quantidade disponível para o resto da sociedade (bens rivais e não rivais). [N.T.]

4 Em economia, um produto ou serviço é denominado excluível quando é possível impedir que alguém tenha acesso a ele, seja por vias jurídicas ou políticas. [N.T.]

Em resumo, nós *vivenciamos* a dimensão material com *todos os nossos sentidos*.

Como mencionado acima, estes conceitos não são novos. Na verdade, eles são bem conhecidos — tão familiares que sequer os notamos. É justamente por isso que devemos contextualizá-los, para ampliar nossa compreensão de como eles se transformam radicalmente na dimensão imaterial da realidade. Além disso, vamos nos debruçar sobre os impactos das diferenças fundamentais entre o material e o imaterial.

1.3. Raízes históricas da dimensão imaterial

Eu não gosto do termo "virtual", que normalmente é usado na linguagem popular (e também na imprensa) para caracterizar aquilo que não é material. "Virtual" significa, conforme a definição do dicionário, aquilo que existe "apenas em potência ou como faculdade, não como realidade ou com efeito real". No entanto, o dinheiro em nossa conta bancária não existe apenas potencialmente. Ele é totalmente real, apesar de não ser material — logo, é imaterial. Com efeito, vivemos já há muitas décadas em um mundo com proporções cada vez maiores de imaterialidade.

Quando depositamos nosso dinheiro (real, porém imaterial) no banco, nós ganhamos o direito de readquiri-lo (com rendimentos, se tivermos uma boa taxa de juros). Tudo isso é estabelecido por um contrato e uma estrutura regulatória. Desde que o presidente dos Estados Unidos Richard Nixon declarou o fim da convertibilidade do dólar em ouro, em 1971 (sobretudo devido à escassez das reservas de ouro causada pela Guerra do Vietnã), os vínculos entre a propriedade imaterial e os bens materiais caíram por terra. Material e imaterial não são análogos a real e virtual. Na verdade, tudo que é real pode ser tanto material quanto imaterial. Portanto, eu desaconselho o uso do termo "virtual" para referir-se à realidade imaterial.

Em 1455, o alemão Johannes Gutenberg inventou uma máquina de impressão móvel. A inovação atingiu diretamente o ofício dos escribas e reduziu (embora não tenha eliminado) o custo da reprodução de livros. Dois outros alemães, Johann e Wendelin von Speyer, introduziram a prensa móvel em Veneza entre 1468 e 1477, onde ganharam direitos exclusivos para imprimir (ou importar livros) por um período de cinco anos, durante o qual produziram sete livros. Em sete meses, eles imprimiram oitocentas edições de *A cidade de Deus*, de Santo Agostinho. O direito de publicar era garantido pelo governo daquela época não para o autor, mas para o tipógrafo.

Assim, os avanços da tecnologia trouxeram uma ferramenta capaz de copiar obras originais de modo simples e repetitivo, ainda por meio de uma mídia material, mas a custos muito menores se comparados aos do processo de criação do livro. Para adaptar o sistema regulador à inovação, foi implementada uma lei para aqueles que produziam as cópias, nomeadamente os tipógrafos. O direito dos autores de publicar seus próprios trabalhos não foi reconhecido até 1710, quando a Rainha Ana da Grã-Bretanha enfim lhes concedeu o direito exclusivo de produzir cópias por um período de catorze anos, por meio do Estatuto da Rainha Ana — também conhecido como Copyright Act ou Lei dos Direitos Autorais.

Produzir um trabalho criativo requer *know-how*, tempo e esforço, ou seja, dinheiro. O propósito do *copyright* é promover a remuneração do autor e criar incentivos para que mais obras sejam publicadas. Seu período de validade estendeu-se gradualmente ao longo dos anos, e na Itália já vale por toda a vida do autor e mais setenta anos póstumos.[5]

Os direitos não são intrínsecos, como na propriedade de um tomate, mas constituem uma série de licenças, poderes, imunidades e privilégios[6] estabelecidos por um contrato ou reconhecidos e garantidos por lei. Devido à sua fisicalidade, assim como sua

---

5 A intenção do *copyright* era permitir que os autores se sustentassem, e esse conceito foi estendido às suas famílias (portanto, também aos seus filhos). Na verdade, muitos direitos podem ser vendidos e as editoras os compram dos autores, tornando-se os beneficiários do mencionado período de setenta anos. Autores que possuem os direitos de seu próprio trabalho são raros hoje em dia.

6 Essa classificação foi formulada pelo jurista americano Wesley Newcomb Hohfeld, que fez uma grande contribuição à compreensão da natureza dos direitos e implicações da liberdade. [Os artigos de Hohfeld foram reunidos no livro *Fundamental Legal Conceptions As Applied In Judicial Reasoning*

rivalidade e exclusibilidade, uma obra reproduzida sem a permissão do autor pode ser confiscada. Essa medida previne que o livro circule no mercado paralelo. É muito conveniente explorar o aspecto físico dos bens materiais no qual subsiste o trabalho intelectual (imaterial) para legitimar a imposição desses limites legais e contratuais: o bem imaterial — o conteúdo — é regulado por meio das propriedades materiais do produto físico — a mídia, ou contentor do conteúdo.

As patentes para invenções também são títulos legais por meio dos quais o detentor garante o direito de exclusividade. Na Itália, a primeira patente para direito de uso exclusivo foi concedida ao arquiteto Filippo Brunelleschi em 1421 para um batelão fluvial equipado com guindastes, utilizado na construção da Catedral de Santa Maria del Fiore. Já o Brasil passou a conceder patentes aos inventores no século XIX, com a Lei de Patentes de 28 de agosto de 1830. Antes mesmo de Portugal, a Constituição de 1824 do "Império do Brazil" havia criado norma de incentivo aos inventores.[7] Portanto, os direitos de exclusividade para invenções, protegidos pela lei e garantidos pelo poder vigente, assim como as patentes modernas, são mais antigos do que os direitos autorais para obras literárias.

Esses direitos exclusivos que visavam favorecer a remuneração do trabalho criativo eram conhecidos como "direitos de propriedade intelectual". É importante compreender que são títulos legais

■

And Other Legal Essays, publicado em 1923 pela Universidade de Yale. Os artigo mais citado de Hohfled, "Some Fundamental Legal Conceptions As Applied In Judicial Reasoning", foi publicado no *Yale Law Journal* em 1917 — N.R.]

7 Dizia o artigo 179 da Constituição de 1824, transcrita aqui na ortografia da época: "XXVI. Os inventores terão a propriedade das suas descobertas, ou das suas producções. A Lei lhes assegurará um privilegio exclusivo temporario, ou lhes remunerará em resarcimento da perda, que hajam de soffrer pela vulgarisação".

garantidos por contrato ou pela legislação, muito diferentes da "propriedade" da terra ou de um tomate. A razão para isso é que, na lei de direitos autorais, as características econômicas básicas (rivalidade e exclusibilidade) não são intrínsecas ao produto em si. Na verdade, elas são construídas a partir da materialidade de uma das possíveis formas de realização do trabalho intelectual.

Não houve mudanças significativas desde o século xv: se considerarmos o período que compreende desde o nascimento da agricultura até hoje, cerca de 95% dessa era se passou antes do aparecimento das patentes, e 98% antes da chegada do *copyright*. Hoje nós achamos tudo isso óbvio e ontologicamente evidente, mas não foi sempre o caso.

Essa infraestrutura legal é consequência de uma evolução tecnológica, e novos avanços podem redefini-la. Na verdade, é muito provável que isso aconteça. Nós não podemos nos deixar enganar pela ilusão de que regras, mecanismos e comportamentos adotados ao redor do mundo são imutáveis, simplesmente porque nos acostumamos a eles por anos ou gerações. A tecnologia — e a interpretação de seus efeitos pelas autoridades legais — pode criar as condições para uma verdadeira revolução.

1.4. 2001: o alvorecer da dimensão imaterial

1.4.1. Os nativos digitais

Tudo muda quando o imaterial é separado do material. Ou seja, quando o primeiro não pode adquirir as propriedades do segundo em seu favor. Vamos examinar com mais detalhes o que isso significa. Gostaria de chamar novamente a atenção para o famoso aforismo do escritor de ficção científica William Gibson: "O futuro já chegou, só não está igualmente distribuído".

Nós ouvimos falar constantemente dos "nativos digitais", uma expressão utilizada para descrever as pessoas que nasceram em uma sociedade baseada nas tecnologias digitais, as quais desempenham um papel central em suas vidas. Quando foi que surgiu essa "dimensão imaterial", em que as pessoas se engajam em relações econômicas e sociais por meio das tecnologias digitais? Eu diria que no início de 2001, exatamente dezoito anos atrás. Não que não houvesse websites, computadores ou até mesmo conexões com a internet antes disso, mas esses elementos eram raros, com diversos obstáculos para o acesso e disponíveis apenas para uma porcentagem ínfima da população.

"Ponto de virada" seria uma expressão adequada para a situação, cunhada pelo pesquisador Malcolm Gladwell em um livro homônimo.[8] O termo indica um ponto ou momento a partir do qual determinado fenômeno se transforma radicalmente. Nas palavras do próprio autor:

■

8 *O ponto da virada — the tipping point: como pequenas coisas podem fazer uma grande diferença*. Rio de Janeiro: Sextante, 2011.

o ponto de virada é um momento mágico em que uma ideia, tendência ou comportamento social ultrapassa os limites e se espalha como um incêndio. Da mesma forma que uma única pessoa gripada pode começar uma epidemia, um impulso pequeno, porém muito bem direcionado, pode alavancar uma tendência de moda, a popularidade de um novo produto ou a queda nos índices de criminalidade.

O iPod e a Apple Store foram lançados em 2001, e rapidamente redefiniram o mundo da música de modo radical. Até existiam reprodutores de música digital antes de 2001, mas eles eram difíceis de usar e nada populares. O ano de 2001 também testemunhou o lançamento da tecnologia de acesso à internet ADSL (para a rede fixa),[9] que representou dois grandes passos à frente dos antigos modems (dial-up): em primeiro lugar, o ADSL possuía a conexão de banda larga, que era dez vezes mais rápida do que a linha discada; em segundo, a conexão à rede se tornou permanente — ou *always-on*, no jargão da internet.

A inovação mudou radicalmente a forma com que usávamos a internet. Não havia mais longas esperas para se conectar — ao contrário de antes, quando éramos obrigados a ligar um modem barulhento. Além disso, os conteúdos passaram a ser imediatos. Tudo se tornou instantâneo. Bateu uma curiosidade a respeito de algo? Você pode simplesmente pegar seu computador e verificar no mesmo momento, sem demora. Com a chegada do ADSL, nós deixamos de desligar os computadores para não ter que aguardar a inicialização; bastava colocá-los no modo de espera.

Essas são mudanças paradigmáticas fundamentais que marca-

■

9 A rede móvel ainda usava o moroso sistema GPRS; à Itália, o sistema UMTS (também conhecido como 3G) só chegou em 2004 (mesmo ano do Brasil). A tecnologia trouxe mais velocidade e disponibilidade, permitindo a conexão de smartphones por volta de 2007.

ram a explosão da internet no mundo; parecem fatores distantes, mas integram o mesmo fenômeno: o desenvolvimento tecnológico causado pelo progresso científico, particularmente na física.

1.4.2. Pioneiros, colonos, nativos e imigrantes

Com o advento da internet rápida e ubíqua, além da difusão das tecnologias digitais para uma vasta população, 2001 representa o ponto de virada: o momento em que podemos marcar o início da revolução digital. Por essa razão, me parece apropriado descrever as crianças que começaram a usar computadores em 2001 como "nativos digitais", nomeadamente aqueles que tinham entre 6 e 11 anos de idade na época (nascidos entre 1990 e 1994).

Em minha opinião, os "colonos" são aqueles que não cresceram rodeados pela tecnologia digital. São pessoas que conheceram as calculadoras e um mundo analógico pré-internet: aqueles que nasceram antes dos anos 1990. Nessa categoria, há pessoas mais "antigas" — como eu — que começaram a usar as redes na segunda metade da década de 1980. Eu os chamo de "pioneiros". Àqueles que começaram a usar a tecnologia mais tarde, me refiro como "imigrantes", que normalmente têm dificuldades em se adaptar e compreender o mundo digital, e se apegam aos "métodos tradicionais". Este livro também é dedicado aos imigrantes, e aos estrangeiros digitais que permanecem excluídos.

1.5. Perdendo o significado das palavras

"Eu não sou bom nisso", "Deixo essas coisas para o meu filho", "Ah, não, eu não tenho cabeça para essas coisas", "Prefiro o modo tradicional, é mais seguro".

Quantas vezes ouvimos frases desse tipo em uma conversa?

O desconforto dos "imigrantes" é compreensível. Eles têm que se deslocar e interagir em uma nova dimensão do mundo e da realidade sobre a qual nada entendem (ou, em alguns casos, acham que entendem — o que é ainda pior). Uma das razões para essa dificuldade é que nos faltam palavras para descrever as coisas nesta dimensão cada vez mais imaterial.

Por exemplo, "antigamente" era fácil definir o que é uma televisão, um jornal ou um bilhete de trem. Nós sabíamos o que significava ser dono de um livro. Esses são apenas alguns exemplos, mas tente perguntar a um imigrante digital ou a um estrangeiro digital sobre esses significados. As respostas serão algo como: "Um sistema de transmissão e recepção de vídeo com um transmissor, repetidores, antenas e dispositivos receptores", "Uma publicação diária contendo notícias, artigos e publicidade que você compra nas bancas", "Um documento de viagem impresso que você compra no guichê" e "O direito, baseado na compra do livro, que nos permite guardá-lo, emprestá-lo ou doá-lo". No entanto, agora a história é outra: o componente imaterial foi separado de sua base material, bem como seus efeitos e propriedades tão convenientemente utilizados.

O que é televisão? Quem poderia arriscar uma definição precisa o bastante para incluir todas as formas de assistir a conteúdos em um monitor (seja na tevê de casa, no smartphone, tablet ou computador)? Com os serviços "sob demanda", nós abandonamos o caráter "linear" da transmissão e podemos escolher o que assistir na hora que quisermos, a partir da biblioteca oferecida pelo editor — aliás, e o que é um editor, hoje? A RAI[10] é um editor? E o YouTube, que disponibiliza filmes, conteúdo transmitido ao vivo e compilações ao estilo televisivo? E quanto aos vídeos online, combinados com textos e análises de conteúdo? Seria a Rai News 24[11] uma televisão? Ou seria um "telejornal" online? E qual é a diferença?

O que são jornais hoje em dia? Qualquer publicação reconhecida por um tablet que ofereça atualizações constantes, vídeos, áudios e gráficos interativos? Se a publicação for criada por um pequeno grupo de pessoas ou somente um indivíduo, ainda é um jornal? Quais regras se aplicam? O indivíduo possui "responsabilidade editorial" ou prevalece a liberdade de expressão?

O que é uma "passagem" de avião ou trem? É claro que ainda existem bilhetes impressos comprados no guichê ou na máquina de autoatendimento. Todavia, também se trata de uma sequência de símbolos enviada por meio da comunicação eletrônica, e então verificada pelo funcionário responsável em um sistema centralizado disponível em um computador portátil (smartphone).

Impulsionada pela tecnologia, uma mudança de paradigmas histórica ocorreu sem que notássemos. O que antes constituía uma prova do direito de viajar era o documento impresso — o pedaço de papel emitido com as informações da viagem. Agora, a autorização registrada no local já não significa nada, e sim a sua forma imaterial — ou seja, a permissão para viajar armazenada em um sistema central, consultado pelo funcionário da companhia.[12]

■

10 Radiotelevisione Italiana (RAI) é uma empresa de televisão e rádio da Itália. [N.T.]

11 Canal de notícias 24 horas da RAI, com transmissão pela internet. [N.E.]

12 Na realidade, o documento era uma forma de carregar a informação, para provar que a viagem fora paga. Agora, o documento se tornou desnecessário. As informações relevantes estão codificadas em uma base de dados online e o funcioná-

Em analogia, imagine que a certidão de nascimento requerida oficialmente pelo Estado deixasse de constituir uma prova de vida, e, em vez disso, a prova se resumisse a detalhes pessoais armazenados em um registro central e consultados pelas autoridades. Nós ainda não chegamos a esse ponto, mas no futuro isso se tornará realidade.

Tais mudanças trouxeram uma incrível vantagem ao usuário. Nós não precisamos mais ir até a estação ou agência de viagem um dia antes de embarcar; podemos simplesmente comprar um documento imaterial através de uma transação online, a qualquer hora e lugar. Do mesmo modo, seria vantajoso, em certo sentido, se cada autoridade tivesse acesso às nossas credenciais registradas em um arquivo centralizado: assim não teríamos que apresentar um monte de certidões e documentos. E, de fato, isso vai acontecer. As mudanças na administração pública são muito lentas devido à inércia causada pelos treinamentos de equipes, o grande número de pessoas e sistemas envolvidos e a dificuldade em fazer novas leis para adaptar as regulações. De qualquer forma, um dia a imaterialidade chegará aos governos. Já está acontecendo, gradualmente. Uma sentença do Tribunal de Segunda Instância da Itália determinou que, se uma declaração de imposto de renda enviada eletronicamente apresentar divergências em relação à cópia impressa do cidadão, a primeira versão, digital, deve prevalecer como "autêntica"[13] nos arquivos públicos.

■

rio apenas pergunta ao sistema: "Esta sequência corresponde ao pagamento da viagem?". Ele ou ela não precisa procurar por um documento no arquivo, porque a função do papel não existe mais.

13 Aqui mora um grande problema: garantir que as informações digitais armazenadas em arquivos de sistemas de informação sejam autênticas e permaneçam intactas e inalteradas. Isso se tornou possível por meio dos procedimentos de

O que é um "álbum", agora que não temos mais "álbuns"? O que existem são músicas. O que é um "filme", agora que não há mais rolos de filme, nem mesmo nos cinemas? Nós usamos a palavra apenas para identificar um tipo específico de vídeo. O que é um "livro", quando não há mais livros? O que nós dizemos quando lemos um texto em um leitor de e-book ou um tablet? É só um "texto"? E se incluirmos imagens estáticas ou dinâmicas, áudio, recursos interativos e comentários de outros leitores, com atualizações contínuas? Ainda é um "livro", ou se torna um "jornal"?

Como podemos ver, as palavras começaram a perder seus sentidos originais e precisos, que estão se transformando em novos formatos e categorias com limites bem menos definidos. Quando "um livro era um livro", ele não podia simplesmente desaparecer da estante; nós podíamos oferecê-lo como um presente, emprestá-lo ou revendê-lo. Era um objeto físico com suas características próprias.

Eu ensinei às minhas filhas que emprestar livros ou dá-los de presente é um gesto louvável, mas apenas na dimensão material, já que no mundo imaterial enviar um arquivo EPUB[14] para um amigo é pirataria. Não é fácil explicar isso para sua filha de 12 anos.

Hoje, o livro é um arquivo em um dispositivo (como qualquer outra mídia). O que você adquire não é a propriedade da obra, mas

■

criptografia e um mecanismo de verificação da identidade do usuário (autenticação forte). O SPID (Sistema Pubblico di Identità Digitale [Sistema Público de Identidade Digital]), um sistema público de identificação que apresentei junto com meus colegas do parlamento italiano, é um alicerce fundamental dessa construção. Juntamente com pagamento eletrônico, notificações digitais e referências únicas para documentos eletrônicos, o sistema contribui para facilitar a transformação digital da administração pública.

14 Formato padrão (ou seja, um conjunto de regras padronizado que determina os processos de codificação e apresentação do conteúdo digital) dos livros digitais.

uma série de direitos, poderes, privilégios e imunidades estabelecidas contratualmente entre o "vendedor" e o "comprador" (que na verdade não compram nem vendem). Os termos e condições incluem restrições, como a proibição de emprestá-lo, doá-lo ou vendê-lo.[15] Também podem incluir limites em termos de tempo ou número de visualizações (geralmente no caso de vídeos), ou restrições sobre o local em que o conteúdo pode ser visto (por exemplo, um filme pode estar disponível na Itália, mas inacessível no Reino Unido).[16] Além disso, já houve inúmeros casos de vendedores removendo livros dos dispositivos dos usuários por acesso remoto e sem consentimento. Então, nós ainda podemos falar em "comprar livros"?

Atualmente, nos faltam palavras para descrever essas novas mutações de categorias, que antes possuíam características e limites óbvios. Na ausência dos termos apropriados e suas definições, as coisas são determinadas em cláusulas contratuais, nas quais a balança pende para o lado do fornecedor. Por outro lado, quais possibilidades um(a) comprador(a) individual tem para negociar

■

15 Uma decisão histórica do Tribunal de Justiça Europeu concedeu a um usuário o direito de "vender" um software que não utilizava mais, permitindo que um terceiro comprasse a licença de uso do programa. A reação da empresa de software, na época em fase de implementação, foi alterar o contrato de licença para incluir limites de tempo de uso; desse modo, o usuário não podia mais "adquirir" uma licença única, pois tinha que renová-la periodicamente, como em um contrato de aluguel. Nós não compramos mais nada. Nós pagamos para usar um arquivo que permanece em nossos dispositivos por um período limitado; quando o tempo acaba, o programa identifica a data de expiração da licença no servidor da empresa que nos "vendeu" o software, e então, se não renovarmos, o programa é desabilitado.
16 Um dispositivo sem conexão com a internet não pode informar sua localização a uma central.

seus direitos e obrigações contratuais? Os direitos e as restrições foram originalmente criados como parte essencial da propriedade dos bens materiais que "continham" o "conteúdo". Agora, foram substituídos por cláusulas infinitas em fonte cinza claro tamanho 7, restando ao usuário apenas clicar em "Li e aceito os termos e condições".

1.6. Propriedades da dimensão imaterial

Na essência dessa Torre de Babel tecnológica, que dissolve fronteiras e redefine mercados e comportamentos, há uma causa principal, uma razão profunda. Mais precisamente, as regras básicas do mundo imaterial são radicalmente diferentes dos princípios materiais. São coisas óbvias para nativos digitais, mas um tanto quanto obscuras para muitos imigrantes e estrangeiros digitais, cujos padrões mentais ainda dependem de paralelos e analogias com o mundo físico.

Na dimensão imaterial, *produzir também custa caro*. No entanto, geralmente custa menos do que em sua contraparte física. O jogo original de palavras cruzadas — composto por pedras de plástico usadas para formar palavras — requer matérias-primas, ferramentas, mão de obra, transporte de materiais, descarte de resíduos, unidades fabris, logística de distribuição, acordos comerciais de revenda etc. Contudo, sua versão imaterial — que pode ser jogada online — requer apenas o trabalho de um programador (que, a propósito, se torna o proprietário do meio de produção, sua própria mente).

Na dimensão imaterial, *reproduzir não tem custo*. Afirmo que "não tem custo" porque não passa de um custo marginal por unidade adicional produzida, que se aproxima de zero. Uma vez que tenha sido produzida a primeira cópia de palavras cruzadas digital, todas as outras praticamente não têm custo de reprodução.

Na dimensão imaterial, *arquivar e armazenar não tem custo*. Bilhões de e-mails e mensagens nas redes sociais são enviados todos os dias, e todos são armazenados. Você consegue imaginar algo assim aplicado a cartas e postais? Claro que, para formatos "pesados" de dados, tais como vídeos,[17] os dispositivos de armazenamento

---

■

17 Uma página desse texto consistia em aproximadamente 1.700 caracteres, ou "pesava" cerca de 2 kb, ou seja, 2.000

têm certo impacto no custo de arquivamento. De qualquer modo, o desenvolvimento da tecnologia, como veremos, também está reduzindo esses custos a níveis marginais.

Na dimensão imaterial, *transferir não tem custo*. Uma vez que você tenha pagado a taxa de acesso à dimensão imaterial da existência, que chamamos de internet, transferir um produto imaterial para Tóquio ou para a cidade vizinha custa exatamente o mesmo: nada. O mundo todo é um único "aqui".

Na dimensão imaterial, *transferir é instantâneo*. Para transferir o jogo de palavras cruzadas digital da Europa para a China, não é necessário fazer uma viagem de vinte dias como na contraparte material. Não é preciso gastar tempo. O mundo todo é um único "agora".

Na dimensão imaterial, *o trabalho é computacional*. Mas há certas situações em que os computadores não são eficientes, como ao lidar com circunstâncias imprevistas e desempenhar tarefas altamente cognitivas. O reconhecimento de voz e a habilidade de extrair seu significado ainda estão em estágio inicial de sua evolução tecnológica, mas há poucas décadas eram considerados quase como ficção científica. Hoje, os sistemas computacionais tomam decisões acerca de percursos, investimentos e controle sobre os processos e atividades, e eles também resumem textos, determinam preços, fazem compras e dirigem veículos. Além disso, eles produzem alterações nas leis, tais como as quinhentas

■

bytes. Um arquivo de texto pesa cerca de 2 KB; uma foto de 5 megapixels (milhões de pixels, ou seja, pontos) pesa 2 MB, equivalente a um minuto de música de alta qualidade. E um minuto de vídeo comprimido em alta definição pesa aproximadamente 20 MB. 1 foto = 1 minuto de música = 1.000 páginas de texto; 1 minuto de vídeo = 10 minutos de música = 10 fotos = 10.000 páginas de texto.

mil emendas a um projeto de lei apresentado ao Senado italiano,[18] que sobrecarregaram a "máquina" operacional projetada para funcionar na dimensão material.

Na dimensão imaterial, *não há turnos de trabalho*. Como descobrimos acima, o mundo inteiro é um grande "aqui e agora". Aqueles que trabalham em multinacionais e participam de reuniões online, compartilham aplicativos e enviam documentos digitais para colegas nos quatro cantos do planeta conhecem bem essa realidade. Ademais, o processo continua dia e noite, porque os bens imateriais são geridos por computadores. Em casos que requerem a intervenção de um ser humano, a tarefa pode ser realizada de qualquer lugar do mundo.

Na dimensão imaterial, *os bens são não rivais*. Como nos disse Thomas Jefferson, "aquele que recebe de mim uma ideia tem aumentada sua instrução sem que eu tenha diminuído a minha; como aquele que acende sua vela na minha recebe luz sem apagar a minha vela." Ou seja, o conhecimento de uma pessoa não diminui quando compartilhado. É por essa razão que a palavra "emprestar" não faz muito sentido em relação a bens imateriais: se você empresta um bem físico, não pode usá-lo até que seja devolvido, mas aqueles que "emprestam" um bem imaterial podem continuar utilizando-o normalmente. Isso explica por que os contratos de licença para uso dos bens imateriais proíbem expressamente sua transferência a terceiros, seja em forma de presente ou empréstimo.

Na dimensão imaterial, *os bens são não excluíveis*. A capacidade de um indivíduo dispor de um bem imaterial não pode ser obstruída, a não ser que lhe impeçam o uso de ferramentas eletrônicas ou

■

18 "Il generatore automatico di emendamenti di Roberto Calderoli" [O gerador automático de emendas de Roberto Calderoli], em *Il Post*, 10 ago. 2015. Disponível em <https://www.ilpost.it/2015/08/10/il-generatore-automatico-di-emendamenti-di-roberto-calderoli/>.

restrinjam seu acesso à internet em um local e momento particular. Uma vez que eu tenha em minha posse um bem imaterial, posso fazer inúmeras cópias do mesmo, virtualmente sem custo e num instante, e então espalhá-las ao redor do globo. A única forma de vetar meu acesso a esse bem é privando-me do acesso à internet.

Considerando que a dimensão imaterial de existência é complementar à material, e que a internet é seu meio principal de acesso, há uma convicção crescente no debate político de que os cidadãos não podem ser privados da conexão à rede, salvo em casos de restrição de liberdade. Por outro lado, como poderíamos aplicar a restrição às atividades digitais? Como garantir que uma pessoa não se conecte à internet com um smartphone ou entrando em um bar? Teríamos que proibir uma pessoa de sair de casa para comprar um jornal, ir ao banco, enviar uma carta ou pagar uma conta porque ela gravou um programa de TV em DVD e presenteou os amigos? É por isso que a execução dos contratos e normas vem se tornando cada vez mais difícil no mundo imaterial.

Frequentemente, na dimensão imaterial, *os rendimentos são crescentes*. Esse fenômeno é relativamente novo, observado pela primeira vez em 1994 pelo economista Brian Arthur em seu livro *Increasing Returns and Path Dependence in the Economy* [Rendimentos crescentes e a dependência da trajetória na economia]. Há muito a se dizer sobre esse assunto, ao qual devemos retornar nos próximos capítulos.

Na dimensão imaterial, *os bens não deterioram*, exceto em casos extremos relacionados à quantidade de informações produzidas e disponibilizadas online. Os sistemas automáticos asseguram a preservação de sua integridade e até mesmo criam cópias de segurança, já que o custo de armazenamento é quase nulo. Muito raramente algum conteúdo se torna inacessível por ter sido produzido em mídias ou formatos que não são mais lidos pelos programas disponíveis no mercado. Porém, no futuro isso deixará de ocorrer, graças ao uso de padrões para o armazenamento de informações em sistemas interconectados e sempre disponíveis.

Na dimensão imaterial, *tudo está conectado*. Os sistemas podem adaptar seu comportamento com base em dados obtidos de outros sistemas ou redes de sensores sem fio, e ainda são capazes de customizá-los de acordo com o perfil do usuário e seu contexto. Desse modo, um sistema de navegação por satélite pode escolher a melhor rota baseado no tráfego de cada rua; e os preços dos voos são ajustados em tempo real conforme a disponibilidade de assentos e o interesse mostrado pelo público em certos trechos, bem como o poder de compra estimado do usuário.

A experiência perceptiva oferecida pela dimensão imaterial não se compara à da versão material — e não será comparável por um longo tempo. Geralmente, nós a *vivenciamos por meio da nossa visão e audição*.

Na dimensão imaterial, *os inputs equivalem aos outputs*. Ambos são informações de entrada e saída. De qualquer forma, a informação pode ser reproduzida sem custo, o que leva à ausência de custos variáveis — logo, os únicos custos envolvidos são os da infraestrutura — e, com um mecanismo de feedback positivo, à aceleração exponencial da produção. Examinarei o fenômeno exponencial em detalhes na seção 1.8.2.

Naturalmente, não esgotamos todas as propriedades que distinguem os bens materiais dos imateriais. Há muitas outras a considerar. Mas esses aspectos já nos permitem interpretar a maioria dos fenômenos que ocorrem ao nosso redor com um novo olhar. Eles são os pilares do futuro, as bases sobre as quais se erguerão as grandes mudanças da revolução digital.

1.7. Comparando as regras das dimensões material e imaterial

Eu utilizo o termo "dimensões" para me referir ao conceito de material e imaterial para enfatizar que não são opções alternativas uma à outra, assim como o comprimento não é uma alternativa à largura. Alguns produtos são mais longos ou largos que outros, mas se um item é largo não significa que também não tenha uma altura específica. Há ainda alguns produtos que são apenas amplos, com altura zero, ou vice-versa. De modo similar, um produto pode ter maior ou menor quantidade de componentes imateriais que o outro, mas, se um bem é imaterial, isso não significa que não possa pertencer à dimensão material. Há também os bens que são somente imateriais, sem qualquer dimensão material, e vice-versa.

Um voo, um jantar em um restaurante, um quarto de hotel, uma lâmpada ou um colchão são produtos que representam claramente as dimensões material e imaterial. Na verdade, o bem não é uma instância meramente material, mas o conjunto complexo de produtos e serviços que o constituem. Um quarto de hotel é, em grande medida, um serviço de marketing e reserva. As lâmpadas, além de serem vendidas na internet e terem sua logística gerenciada por sistemas online, cada vez mais são conectadas à rede para ajuste da luminosidade ou manutenção. Logo, no futuro, elas poderão fornecer dados sobre consumo e condições ambientais em seus locais de instalação. O mesmo vale para os colchões, que auxiliam no sono e controlam melhor que nunca certos aspectos da nossa saúde, graças a uma infinidade de sensores e ao ajuste inteligente de temperatura. Vários outros exemplos da relação complexa entre as propriedades material e imaterial no mesmo produto podem ser encontrados nos recentes processos judiciais e legais.

Em 2007, a Corte Suprema de Cassação da Itália[19] proibiu a venda de chips utilizados para modificar consoles de videogame e adicionar novas funções que não foram programadas pelo fabricante original.[20] Em tese, um(a) usuário(a) pode comprar um dispositivo, mas não tem o direito de fazer o que quiser com ele, incluindo alterar seu funcionamento. A limitação da licença de uso para o software básico do dispositivo prevalece sobre o direito de propriedade do usuário comprador.

Em 2013, a fabricante de impressoras Lexmark impôs uma ordem de restrição à Impression Products, uma pequena empresa fundada em 1978, para que interrompesse suas atividades.[21] A Impression Products comprava cartuchos de impressão usados, recarregava-os e os revendia, o que a Lexmark alegou ser proibido no caso de cartuchos comprados fora dos Estados Unidos. A restrição consta na licença dos cartuchos inteligentes (aqueles com contatos elétricos), que determina que os cartuchos usados devem ser devolvidos à Lexmark. Esta exigência nunca havia sido cobrada de ninguém,

19 Na Itália, a Corte Suprema de Cassação representa o juízo de última instância da magistratura ordinária. Ela possui funções de cassação e de corte suprema ("função nomofilática", assegurando a última interpretação sobre o direito), porém não abrange questões constitucionais. Para discussões sobre interpretação da Constituição, há a Corte Constitucional. Trata-se de separação também existente no Brasil, como na diferença entre o Superior Tribunal de Justiça e o Supremo Tribunal Federal. [N.R.]

20 Corte Suprema di Cassazione, 3 set. 2007, Decisão n. 33768. Disponível em <http://www.penale.it/page.asp?mode=1&l-DPag=450>.

21 "Lexmark's war against a man who recycles toner cartridges" [A guerra da Lexmark contra o homem que recicla cartuchos de toner], em *Ars Technica*, 29 ago. 2015. Disponível em <https://arstechnica.com/tech-policy/2015/08/op-ed-lexmarks-war-against-a-man-who-recycles-toner-cartridges/>.

mas foi o suficiente para processar a Impression Products.

Além disso, em abril de 2015, a John Deere — maior fabricante de tratores do mundo: o famoso trator verde — apresentou um documento ao Gabinete de Direitos Autorais dos Estados Unidos reivindicando que os fazendeiros não eram mais donos de seus tratores, pelo menos não no sentido convencional. O argumento da empresa era de que o software incluído nos tratores modernos, essencial para sua operação, não é de propriedade dos agricultores — que apenas obtêm uma licença de uso quando "compram" o veículo.[22] Um mês depois, em maio de 2015, a General Motors alegou que seus carros são redes móveis de tecnologia e informação, cujos direitos de uso do software são cedidos em forma de licença para aqueles que "compram" (um termo inútil a essa altura) um automóvel.[23]

Nós estamos acostumados a compreender produtos e serviços a partir de sua dimensão visível — ou seja, material. É difícil para nós conceber que a dimensão intangível está crescendo continuamente e poderá se tornar o principal fator diferencial e fonte de valor agregado — e, consequentemente, a maior fonte de limitações aos direitos do usuário, que em nada se parecem com as regras da dimensão material.

■

22 "John Deere vuole ridefinire la proprietà dei trattori" [John Deere quer redefinir a propriedade dos tratores], em *Quinta's weblog*, 23 abr. 2015. Disponível em <http://blog.quintarelli.it/2015/04/john-deere-vuole-ridefinire-la-proprieta-dei--trattori.html>.

23 "General Motors says it owns your car's software" [General Motors diz que é dona do software dos carros que vende], em *Auto Blog*, 20 mai. 2015. Disponível em <https://www.autoblog.com/2015/05/20/general-motors-says-owns-your--car-software/>.

1.8. A evolução dos dispositivos

1.8.1. *Gadgets* e feitiçaria

"Qual a próxima invenção ultramoderna da tecnologia?". Todos nós já ouvimos inúmeras vezes esse discurso sobre a imprevisibilidade do futuro tecnológico. Muitos de nós usam ferramentas e têm estilos de vida que outros achariam coisa de ficção científica. Há alguns anos, se você quisesse comprar DVDs do grupo argentino *Les Luthiers*, que não são vendidos na Europa, teria que conhecer alguém na América do Sul. Para algumas pessoas, ainda funciona assim. Para outras, conseguir o que querem faz parte da rotina básica de compras, graças ao comércio eletrônico.

Receber notícias diárias dos principais jornais internacionais direcionadas aos seus interesses, comprar passagens aéreas conforme atingem o preço mínimo, jogar palavras cruzadas com amigos em cidades distantes, usar um número de telefone da Itália quando estiver fora do país ou ter um número estrangeiro em sua terra natal. Dirigir enquanto seu celular lê um livro em voz alta para você, ler mensagens em idiomas desconhecidos por meio da tradução automática, ditar uma carta para que seja escrita por seu tablet, enviar e receber documentos pelo telefone móvel, pagar suas faturas enquanto viaja, localizar um velho amigo de escola com quem perdera o contato, medir precisamente as calorias queimadas em sua última corrida, carregar todos os vídeos e fotos da sua vida no bolso. Tirar uma foto a cada minuto... Todas essas coisas que deixamos de notar se tornaram possíveis graças ao desenvolvimento da eletrônica (que por sua vez foi impulsionada pela evolução das pesquisas em física e química). Para imaginar o futuro, portanto, nós precisamos identificar os componentes básicos desse desenvolvimento e verificar quais avanços podem ser encontrados nos laboratórios de pesquisa e bases de patentes.

Isto porque essas tecnologias e patentes poderão ser incorporadas aos produtos nos próximos anos.

Em 1960, durante o encontro de abertura da Solid-State Circuits Conference [Conferência de Circuitos de Estado Sólido] na Universidade da Pensilvânia, nos Estados Unidos, o informático Douglas Engelbart — inventor do mouse, do hipertexto e das interfaces gráficas, entre outros marcos tecnológicos — falava sobre a "escalabilidade" da eletrônica, um conceito absolutamente inovador naquela época (no auge de seus 35 anos). Ele previu que, com a miniaturização progressiva dos componentes eletrônicos, eles passariam a custar menos, usar menos energia e operar com maior velocidade.

Sentado na plateia, estava Gordon Moore, um homem de 30 anos, dono de uma fábrica de microprocessadores, que viria a se tornar o fundador da Intel apenas oito anos depois. Em 1965, Moore calculou a escalabilidade e formulou a lei empírica que leva seu próprio nome, batizada pelo físico Carver Mead. Embora a Lei de Moore não tenha sido expressa de forma estrita, tendo passado por diversos ajustes retroativos, seu princípio é claro e foi confirmado pelo desenvolvimento da eletrônica: a cada iteração[24] ocorrida em um determinado período de tempo (alguns falam em dezoito meses, outros dois anos), o poder de processamento dos dispositivos dobra, sem alteração de custos. Em outras palavras, a cada período de iteração dos computadores, a mesma performance tem seu custo reduzido pela metade.

---

24 Ato de iterar, repetição; processo de resolução mediante operações sucessivas, em que cada etapa é resultado da que a precede. [N.T.]

1.8.2. Tendências exponenciais

Vamos divagar brevemente sobre o conceito de crescimento exponencial para compreender melhor seu significado. Suponhamos que o tempo requerido para a duplicação da performance dos computadores seja de 24 meses, ou dois anos. Isso significa que, em 2016, nossos dispositivos têm duas vezes mais poder de processamento do que tinham em 2014; quatro vezes mais do que em 2012, oito vezes mais do que em 2010; dezesseis vezes mais do que em 2008, 32 vezes mais do que em 2006 e 65 mil vezes mais poder do que tinham quando entrei na universidade.

Hoje, nós carregamos calculadoras de bolso que custam uma fração do preço e possuem um poder de processamento mil vezes maior do que os antigos computadores dos centros de pesquisa da Lombardia, na Itália, fornecidos pelo Centro Interuniversitario Lombardo per l'Elaborazione Automatica [Centro Interuniversitário de Processamento Automático da Lombardia].

Vamos supor que, desde o nascimento da eletrônica até hoje, nós tenhamos atingido uma performance de nível 10; isso significa que, em dois anos, o nível chegará a 20, e em mais dois anos será de 40. Em outras palavras, o progresso dos próximos dois anos será equivalente ao que foi alcançado desde o surgimento da era digital até hoje. Em seis ou sete anos, nós teremos máquinas dez vezes mais poderosas que as de hoje, com um aumento de performance nove vezes maior do que todo o desenvolvimento da eletrônica até então. É assombroso pensar nisso.

O progresso normalmente é descrito como um processo linear, em que as mesmas quantidades são acrescentadas a cada intervalo de tempo. Se a performance aumentasse a uma taxa "x" constante a cada dois anos, nós teríamos um progresso linear. No entanto, esse crescimento tem se acelerado com o tempo. No primeiro período, o desempenho dobra, no segundo quadruplica, no terceiro octuplica, e assim por diante. Esse tipo de tendência é chamado de exponencial.

Talvez o exemplo a seguir ilustre melhor o fenômeno: para ir de um lado de uma quadra de basquete até a linha central, nós temos que dar vinte passos em sentido linear. Se déssemos vinte passos exponenciais, andaríamos quatrocentos quilômetros. Com mais quatro passos lineares, poderíamos atravessar uma quadra de vôlei de ponta a ponta. Com mais quatro passos exponenciais, caminharíamos mais seis mil quilômetros. Mais dois passos exponenciais nos levariam a uma volta ao redor do mundo.

Considere este outro exercício mental: imagine um copo que contém uma bactéria. Ele está essencialmente vazio. A bactéria se reproduz a cada minuto: depois de um minuto há duas bactérias, que também se reproduzem e somam quatro bactérias. O copo ainda está praticamente vazio. Depois de sessenta minutos, finalmente o copo está cheio de bactérias. Agora, podemos nos questionar: quão cheio o copo estaria no 55º minuto? Como 55 está muito próximo de 60, nossa tendência é pensar que já estaria quase cheio de bactérias, mas não é o caso. Depois de 55 minutos, o copo estaria somente 3,13% cheio.

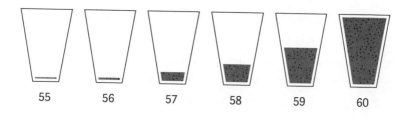

Imagine chegar aos 55 minutos com o copo ainda praticamente vazio. Se começássemos a discutir sobre o que fazer com o copo cheio nesse ponto, a maioria das pessoas acharia loucura. A razão disso é que nossa mente não está acostumada a pensar em termos exponenciais, então temos dificuldade em compreender suas implicações. Se não notamos nada diferente ao observar o mundo fora de nosso ambiente de trabalho, isso não significa que algo não possa estar acontecendo — e se desenvolvendo exponencialmente.

Nós simplesmente não somos capazes de captar esses sinais sutis, tampouco de isolá-los do cenário ruidoso para prever como o fenômeno vai se desenvolver: se poderá desaparecer, se permanecerá no meio do caos ou mesmo progredir. A capacidade de "ler" o mundo e seus sinais tênues para fazer projeções detalhadas sobre fenômenos exponenciais requer uma boa dose de *expertise*, assim como um profundo entendimento sobre as raízes dessas dinâmicas no mercado em que atuamos.

No momento em que você estiver pronto para reagir, o cenário pode ter mudado radicalmente. Os fabricantes de celulares, por exemplo, aprenderam a lição pagando um alto preço: há menos de dez anos, quando foi desenvolvido o Android — sistema operacional usado atualmente por mais de um bilhão de pessoas por dia, quase o dobro da população da Europa e América do Norte —, eles eram quase onipotentes em seu mercado. Hoje em dia, não existem mais. A tecnologia se desenvolve exponencialmente, e, de acordo com vários especialistas, nós já passamos do estágio dos 55 minutos. É claro que o crescimento não se mantém exponencial para sempre, e mais cedo ou mais tarde surgem problemas insuperáveis que acabam impedindo sua continuação. No entanto, de 1959 até o presente, não houve obstáculos suficientes para impedir o progresso da eletrônica.

1.8.3. Componentes do crescimento

Até agora, nós temos falado sobre "poder" em termos genéricos, mas o que significa tornar-se "mais poderoso"? Que aspectos devem ser considerados para definir esse fenômeno? Há quatro componentes principais que determinam a evolução dos dispositivos:

processadores (as unidades que desempenham o processamento), memória de armazenamento, baterias e sistemas de entrada/saída (incluindo monitores, teclados e equipamentos similares).

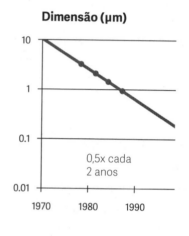

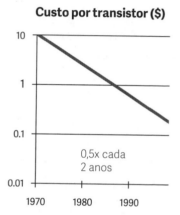

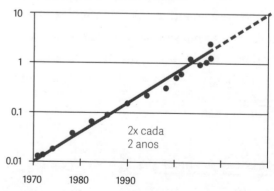

Fonte: Material de divulgação da Intel

Para facilitar a representação, utiliza-se uma escala logarítmica em vez de uma escala linear com crescimento constante, na qual cada intervalo representa um aumento que não é unitário, mas multiplicativo (10x). Logo, o crescimento exponencial representado em uma escala logarítmica aparece como uma linha reta. Quando nós vemos uma linha reta em uma escala desse tipo, devemos estar cientes de que o crescimento será exponencial, ou seja, aquilo que estamos medindo aumentará muito mais na próxima iteração em comparação aos níveis atuais.

Nesta seção, os gráficos mostram o desenvolvimento exponencial dos componentes e seu desempenho ao longo dos anos. Não podemos nos esquecer de que a linha é reta porque se trata de uma escala logarítmica.

Esses slides mostram a queda exponencial dos custos e aumento exponencial do número de transistores que compõem os chips usados em nossos dispositivos de computação, ou seja, nos revelam que a capacidade de cálculo cresce exponencialmente. Até então, o desenvolvimento da eletrônica tem ocorrido conforme a Lei de Moore, e é consenso geral de que continuará nesse ciclo por mais algumas iterações. Muitos estudiosos acreditam que o limite, ligado a restrições térmicas e termodinâmicas, será atingido por volta de 2040 ou 2050, quando estaremos sobrepondo componentes em camadas tridimensionais (os chamados chips monolíticos).

À data do lançamento da primeira edição deste livro, o aumento da performance gerado pela simples redução de tamanho dos componentes tinha previsão de continuar até 2028, e também supôs-se que, desse ponto em diante, o desempenho seria impulsionado pela exploração das camadas 3D, já que não seria mais possível diminuir as peças. Em um relatório publicado em julho de 2016, o ITRS (International Technology Roadmap for Semiconductors [Roteiro Internacional de Tecnologia para Semicondutores]) trouxe previsões avançadas para o período de 2021 a 2028. Estamos à frente das previsões anteriores e, em poucas décadas, vamos alcançar o limite da aceleração do desempenho de computadores/custo-benefício. A não ser que novos métodos de computação sejam inventados...

Os chamados "computadores quânticos"[25] podem desempenhar um papel importante, mas limitado. Um computador convencional armazena informações em bits, que são as menores unidades de dados que podem ser guardadas e transmitidas. Os bits possuem um único valor binário, 1 ou 0. Em um computador quântico, a menor unidade é chamada de qubit (bit quântico) e é capaz de assumir os dois valores ao mesmo tempo. Uma máquina desse tipo não precisa explorar todas as possibilidades repetidamente para resolver um problema, pois consegue analisar todas as variáveis e chegar à melhor solução em uma fração de segundo. É um tipo de computador que será de grande valia para solucionar problemas específicos (como aqueles que envolvem otimização ou simulação), mas não servirá como uma máquina de uso geral, pois é incapaz de dar continuidade ao curso da Lei de Moore.

■

25 As máquinas serão construídas para propósitos específicos, que vão requerer novos métodos de programação e a invenção de novos algoritmos. Algumas aplicações notáveis incluem a solução para otimização de dilemas como o "problema do caixeiro-viajante", a simulação de drogas ou quebra de criptografia. Capazes de verificar todas as combinações em um instante, esses computadores poderão descobrir instantaneamente uma senha de encriptação comum e descriptografar qualquer conteúdo protegido. Por essa razão, os cientistas estão trabalhando na invenção de novos sistemas "quântico-resistentes" que vão substituir os sistemas criptográficos que hoje protegem nossas contas bancárias, transações financeiras, dados médicos, assinaturas digitais etc.

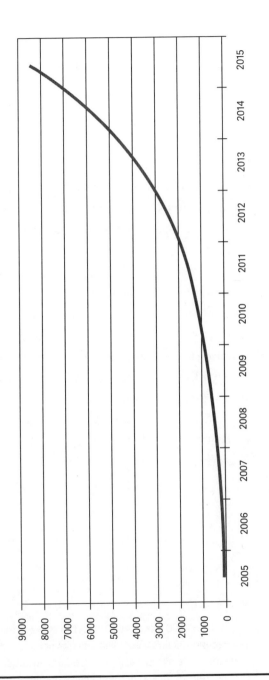

Fonte: OCDE

O gráfico anterior representa a quantidade de memória de armazenamento em computadores e seu crescimento ao longo do tempo. A escala deve ser salientada: 1 Exabyte = 500 mil bilhões de páginas de texto, ou mil bilhões de blocos de papel, que, se fossem empilhados, alcançariam a altura de sessenta milhões de quilômetros, ou uma viagem de ida e volta — mais uma ida — da Terra a Vênus.

Como mencionado, o bit é a matéria acabada que compõe o byte. A performance da internet é medida em bits por segundo e seus múltiplos Kbit/s, Mbit/s, Gbit/s etc.[26], pois os bits são inseridos na rede um a um pelo emissor e remontados em bytes (oito bits cada) pelo receptor.

Como podemos ver no gráfico a seguir, a performance do acesso via smartphone e via rede fixa sempre apresenta uma diferença de cerca de duas ordens de magnitude (10^2 = 100 vezes). Algo a se notar é que esses gráficos são resultado de várias gerações de diferentes tecnologias de base. Quando uma tecnologia estava chegando aos seus limites físicos, entrava uma nova em seu lugar, baseada em diferentes princípios e capaz de continuar o desenvolvimento. Assim, nós podemos descobrir quais inovações tecnológicas vão substituir as anteriores a partir dos relatórios de pesquisa laboratoriais.

---

26 Kbit/s = 1.000 bits por segundo, Mbit/s = um milhão de bits por segundo, Gbit/s = um bilhão de bits por segundo e Tbit/s = um trilhão de bits por segundo. Quando eu comecei a trabalhar em telecomunicações, em 1984, o primeiro dispositivo que utilizei tinha a capacidade de transmissão de 110 bits/segundo.

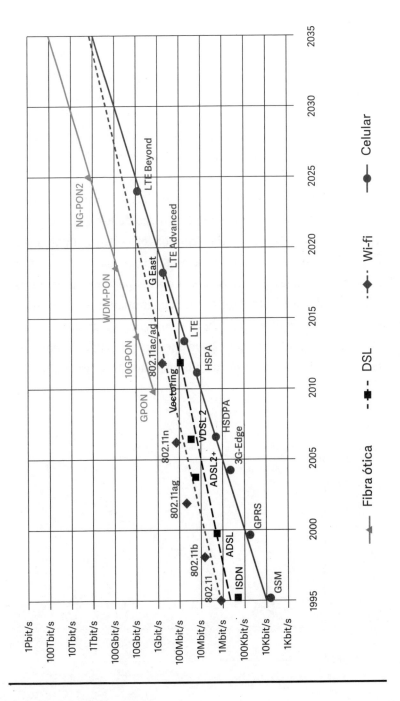

Fonte: Prof. Maurizio Dècina

Os gráficos abaixo mostram que a capacidade de processamento e armazenamento de dados segue a Lei de Moore, e é marcada por taxas de crescimento exponencial. Em comparação, o crescimento da energia armazenada em baterias é modesto, seguindo a Lei do Caramujo. Se avançássemos na tecnologia das baterias, com alguns passos adiante, o impacto no mercado de energia poderia ser bastante significativo, não apenas para dispositivos, mas para nossas casas, escritórios e transportes em geral.

As telas dos dispositivos eletrônicos são os componentes que mais consomem energia, devido à emissão de luz que nos permite ler no escuro. Nós não conseguimos ler textos em papel sem luz, porque seu mecanismo funciona a partir da reflexão da luz existente, ao invés da emissão. Em outras palavras, o papel usa a energia do sol e outras fontes de luz, enquanto os dispositivos eletrônicos utilizam e consomem energia de baterias.

Há tecnologias com visores que operam como papéis, por meio da luz refletida. Os leitores de e-books são um grande exemplo

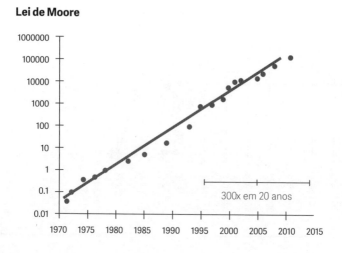

Lei de Moore

desse uso. No entanto, esses visores não são coloridos (há tecnologia para isso, mas ainda é muito cara) e, acima de tudo, não apresentam uma boa frequência de atualização. Logo, sua única aplicação possível é a leitura de páginas, o que é bem menos do que se espera de um computador ou tablet.

1.8.4. Investimentos necessários

Há outra implicação da Lei de Moore, também conhecida como Segunda Lei de Moore: o investimento em novas fábricas de microprocessadores, com o tempo, também aumenta a exponencialidade da tecnologia. Isso significa que, para introduzir máquinas mais poderosas no mercado com o mesmo preço, ou modelos mais baratos com o mesmo poder (para ganhar novas fatias do mercado), é preciso fazer investimentos em tecnologia que também dobram em intervalos regulares.

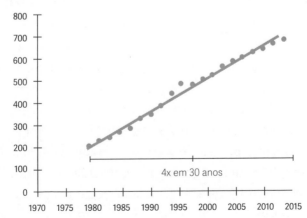

Semelhante ao que ocorre no campo aeroespacial, o cenário leva à seleção natural de fabricantes: o nível de investimento necessário logo ultrapassa o alcance da maioria das empresas, e somente as grandes corporações, apoiadas por políticas industriais e incentivos públicos (normalmente para propósitos militares), podem pagar o preço de continuar no mercado.

Todavia, vamos supor que uma geração de fabricantes cometa erros graves. Isto é, imagine que o investimento (a soma de todos os recursos investidos em tecnologia desde a fundação da empresa) falhe em produzir a desejada nova geração de tecnologias. Nesse caso, o fabricante seria enterrado pela péssima gestão de recursos. Assim, o desenvolvimento da eletrônica traz consigo a competitividade industrial entre os países, do mesmo modo que a antiga corrida aeroespacial.

1.8.5. A interface do usuário

Um dos meus colegas observou que um sistema é caracterizado pela sua interface, ou seja, a parte com a qual o usuário interage. Se uma função não está disponível na interface, ela não existe para o usuário.

Sem entrar no mérito da filosofia ou da semiótica, nós podemos imaginar um carro com um ar-condicionado que não pode ser ligado ou regulado de dentro do veículo. Para o motorista, é como se o sistema de climatização não existisse. Ele certamente consegue sentir seus efeitos na pele, e por isso sabe que há um ar-condicionado; mas, se ele não tem nenhum controle sobre o sistema, é fácil ignorar sua existência ou excluí-lo da consciência. Esse exemplo resume a grande desigualdade no equilíbrio de poder entre os usuários e os fabricantes/gestores de certos produtos e serviços.

Os dispositivos eletrônicos são os meios pelos quais interagimos.

Logo, aqueles que os produzem e controlam exercem um poder significativo sobre nossas atividades. Em um capítulo mais adiante, discutirei como a dimensão imaterial se transformou na interface do usuário para a dimensão material, mas por ora vamos nos ater ao uso dos dispositivos que mediam nossas relações.

A tela funciona através da emissão de luz e, portanto, consome uma quantidade considerável de energia, especialmente quando utilizada em ambientes luminosos. Diversas pesquisas recentes estão focadas em criar telas coloridas à base de luz refletida que sejam apropriadas para assistir a vídeos (ou seja, imagens que mudam dez vezes por segundo). Essa tecnologia permitiria o uso da luz externa (raios solares ou lâmpadas), mas parece que ainda estamos longe de uma solução economicamente viável.

Na tentativa de limitar o uso das telas e teclados, foram lançados os assistentes de voz, como a Siri, da Apple, e a Cortana, da Microsoft, que combinam reconhecimento de fala, interpretação de significados e síntese de voz — ainda em estágio inicial. São ferramentas desenvolvidas a partir da área conhecida como Processamento de Linguagem Natural (PLN).

Na realidade, o equilíbrio entre o consumo de energia e as operações que executamos nos dispositivos é absolutamente negativo, exceto pelo fato de que os centros de processamento de dados (para onde nossa voz é enviada via internet) ainda representam os maiores gastos. Ainda hoje, essa atividade requer um volume gigantesco de processamento e, consequentemente, de energia consumida.

Tradicionalmente, estamos acostumados a pensar o computador com um teclado, mouse e monitor. No entanto, nossa principal ferramenta de acesso à dimensão imaterial é o smartphone, que possui tela e teclado minúsculos. A interface do usuário tem um papel central nesse tipo de dispositivo, porque determina o que nós podemos fazer e como. Não é coincidência que a maioria das patentes de dispositivos eletrônicos envolva design e ergonomia, e em vista disso tenha pouco a ver com tecnologia em termos estritos.

A rolagem das páginas que desacelera gradualmente, quase como por inércia, é uma patente que torna a leitura mais agradável. Um simples botão redondo é uma patente fundamental para simplificar a interação do usuário com o dispositivo. O usuário sabe que, ao apertar esse botão, sempre poderá retornar à tela inicial. A câmera que reconhece os gestos de rolar para cima e para baixo é outra patente que pretende facilitar a interação com dispositivos diminutos. E por aí vai. Logo, o design da interface é um ponto-chave na relação entre o usuário e a dimensão imaterial.

No início da era do smartphone, a Palm era líder de mercado, e seu carro-chefe era o Treo. A empresa obteve enorme sucesso utilizando um alfabeto (patenteado) com escrita simplificada, semelhante a letras maiúsculas, que permitia ao usuário escrever com uma ponteira na tela. Parecia funcionar muito melhor do que um teclado, e naquele período todos os fabricantes incluíram uma caneta ponteira (Stylus) ou outro sistema de escrita similar em seus smartphones.

Enquanto isso, a Apple lançava um reprodutor de música chamado iPod Touch, que era muito similar a um iPhone, mas sem a função de telefone. O dispositivo só podia ser conectado por wi-fi e não fazia ligações, mas tinha um navegador e aplicativos de anotações — portanto, um sistema de escrita era necessário. Foi então que o iPod Touch ganhou um teclado acessível na própria tela, como o que utilizamos hoje. Na época, parecia um imenso retrocesso, mas, na verdade, para reconhecer a escrita à mão na tela, a tecnologia tinha que identificar linhas extremamente finas, no ponto específico em que a ponteira tocava a superfície. A introdução do teclado na tela permitiu o uso de diferentes tecnologias para reconhecimento de toque. Assim, o dispositivo tornou-se mais flexível, pois as "teclas" podiam ser tocadas com menos precisão em mais de um ponto, e os gestos reconhecidos pela tela podiam ser feitos com dois ou mais dedos: gestos humanos relacionados a ações e devidamente patenteados. O navegador do iPod Touch também permitia que a página fosse ampliada, como estamos acostumados a fazer hoje em dia — algo que antes era impossível.

A história provou que a interação com gestos utilizando vários dedos na tela é melhor do que escrever em maiúsculas com uma Stylus. Pensando no futuro, no entanto, certamente surgirá uma tecnologia combinando as duas funções, com um software de reconhecimento de caligrafia muito mais sofisticado que possa traduzir nossa letra em textos, sem a necessidade de uma forma alternativa de escrita. Esse recurso não se limitará aos dispositivos que conhecemos hoje, mas será capaz de aprimorar tudo ao nosso redor, permitindo a digitalização do conteúdo escrito ou desenhado em folhas de papel.

Veremos se essa tecnologia se provará mais útil do que outras formas de inserção de dados, como o reconhecimento de voz. Onde não há limitações de tamanho e energia, como na automação residencial, o reconhecimento de voz pode se tornar o formato padrão de interação.[27]

O smartphone que carregamos no bolso é um dispositivo bastante sofisticado, com vários componentes que fornecem informações abundantes às aplicações que atendem. Ele tem uma câmera para "ver", um microfone para "ouvir", um alto-falante para emitir sons, um GPS para determinar a localização, um padrão UMTS/LTE para se conectar ao telefone celular, um sinal wi-fi para se conectar à rede doméstica,[28] acelerômetros para detectar movimentos,

■

27 Nossas casas vão se tornar mais inteligentes graças aos sistemas de automação, com redes de sensores (conectados online) que as ajudarão a antecipar nossas necessidades e se adaptar a elas, além de uma interface do usuário ativada por voz que nos permitirá controlar os serviços online e domésticos.
28 O wi-fi e UMTS podem ser usados para nos localizar, mesmo dentro de casa. Um GPS atua na detecção dos sinais de posi-

uma memória para armazenar as informações, uma agenda com nossos compromissos e dados para interagir com outras pessoas via mensagens, chamadas, e-mails e muito mais. Todos esses componentes e informações podem ser usados por aplicativos que se adaptam continuamente ao nosso contexto atual, e até mesmo às pessoas com quem convivemos.[29] Eles são capazes de superar qualquer ambiguidade de linguagem em nossas falas, antecipar nossas necessidades e movimentos, e ainda aprender com nossos comportamentos passados.

No futuro, eles nos ajudarão a traduzir conteúdos em diferentes línguas e alfabetos, e poderão até mesmo conversar conosco, nos aconselhar, nos entreter[30] ou nos ajudar a lidar com o excesso de informação disponível — que muitas vezes dificulta a tomada

■

cionamento emitidos por satélites na órbita geoestacionária, que são recebidos pelo dispositivo e utilizados para triangular sua posição. Cada antena, seja de wi-fi ou telefone, possui um nome de identificação, e há bases de dados que associam o nome com uma posição. Então, mesmo que o GPS esteja desligado, uma aplicação pode rastrear a localização do usuário por meio da conexão com uma rede wi-fi de um nome particular, inclusive em casa.

29 Se quatro de nós estivermos conectados ao mesmo wi-fi, é provável que estejamos juntos. Se os dados na memória do dispositivo também indicarem que estamos escrevendo ou enviando mensagens uns aos outros, então a possibilidade torna-se quase uma certeza.

30 Xiaoice é um assistente de conversação chinês altamente sofisticado, também conhecido como *chatbot* [robô de conversação], com dezenas de milhões de usuários, famoso pelo seu senso de humor. Cada usuário interage com o sistema várias vezes ao dia. De certo ponto de vista, podemos considerá-lo uma fronteira na produção de conteúdo automática, uma vez que opera em tempo real e atrelado ao contexto.

de decisões.[31] Carregar um dispositivo desses será como ter um assistente com memória infinita, que anota tudo, o tempo todo. Um assistente que nos auxilia em infinitas situações, em todos os lugares — em casa, no escritório e durante as viagens — e que vai se tornar cada vez menos visível e mais integrado aos espaços e ferramentas que utilizamos.

Se a conexão de dados estiver ativa, nosso assistente enviará imediatamente todos os dados necessários aos centros de processamento e armazenamento do outro lado do mundo. Se estiver inativa, ele fará o mesmo assim que puder se conectar. Tudo fica mais fácil quando você pode contar com a ajuda de alguém. Mas há um elemento-chave que não podemos ignorar: isso também significa que você nunca estará sozinho.

---

31 Um fenômeno conhecido como *information overload* [sobrecarga de informação], um termo popularizado por Alvin Toffler em seu livro *Future Shock*. Nova York: Bantam, 1984.

1.9. A singularidade tecnológica

O famoso e premiado inventor Raymond Kurzweil se tornou um grande defensor das tecnologias exponenciais em 2005, quando publicou um importante livro intitulado *The Singularity Is Near: When Humans Transcend Biology* [A singularidade está próxima: quando os humanos transcendem a biologia].[32] Kurzweil é pai dos primeiros sintetizadores de música eletrônica e sistemas de reconhecimento de caracteres para scanners, que convertem imagens em arquivos de texto. Foram duas incríveis invenções tecnológicas, consideradas futuristas quando ele começou a produzi-las, além de extremamente caras. Não obstante, Kurzweil pensou em termos exponenciais e previu que, após mais algumas iterações de sua tecnologia, os preços cairiam e um grande mercado surgiria. Ele estava totalmente certo, e agora essas inovações são tão comuns que nós sequer as notamos. Ou seja, hoje nós vemos o copo cheio; Kurzweil já o enxergava no 55º minuto, quando a missão ainda parecia impossível.

Se o desenvolvimento tecnológico continuar indefinidamente em termos exponenciais, algo que parece limitado hoje pode conquistar o mundo amanhã, ou mesmo — por que não? — se expandir para além da Terra. Atualmente, Kurzweil acredita que o espaço será colonizado primeiro por máquinas inteligentes e, depois, por seres humanos. Em apoio à sua visão, há experimentos e iniciativas empreendedoras para identificar asteroides com água

---

32 Não há livros de Ray Kurzweil publicados em português, mas o autor já concedeu entrevistas à imprensa brasileira. Ver "Ray Kurzweil e o mundo que nos espera", em *piauí*, n. 43, abr. 2010. Disponível em <https://piaui.folha.uol.com.br/materia/ray-kurzweil-e-o-mundo-que-nos-espera/>. [N.R.]

congelada, visando ao cultivo aeropônico de plantas em ambientes com gravidade zero.[33]

O cientista aponta que os avanços da robótica levarão a um aumento no número de órgãos e partes do corpo substituídos por ou integrados a máquinas, transformando-nos em ciborgues.[34] Além disso, a nanotecnologia nos ajudará a tratar inúmeras doenças que hoje são consideradas incuráveis e fatais. Kurzweil também acredita que as máquinas se tornarão cada vez mais parecidas com pessoas, com a habilidade humana de "raciocinar",[35] e então

■

33 Em agosto de 2015, os astronautas da Estação Espacial Internacional comeram a primeira salada cultivada no espaço. Ver "Nasa astronauts take first bites of lettuce grown in space: 'Tastes like arugula'" [Astronautas da Nasa dão as primeiras mordidas em alface cultivada no espaço: 'Tem gosto de rúcula'], em *The Guardian*, 10 ago. 2015. Disponível em <https://www.theguardian.com/science/2015/aug/10/nasa-astronauts-lettuce-vegetables-grown-space>.

34 Membros e órgãos artificiais controlados pela mente são produzidos e comercializados atualmente por empresas como Second Sight e Be Bionic.

35 O matemático Alan Turing, mais conhecido por decifrar o código da máquina de encriptação nazista chamada Enigma — uma contribuição decisiva para o resultado da Primeira Guerra Mundial —, propôs um famoso teste que, em termos simples, determina que uma máquina pode ser considerada uma inteligência artificial quando uma pessoa não sabe mais distinguir se está interagindo com um computador ou com outro ser humano. Essa barreira foi ultrapassada há anos e já foi até explorada comercialmente de modo fraudulento. Em agosto de 2015, o site de adultérios Ashley Madison foi alvo de ataques hackers, que vazaram dados revelando que, dos 5,5 milhões de usuários, apenas 12 mil eram mulheres reais, enquanto 70 mil eram apenas *bots*, ou seja, pequenos robôs que se passavam por mulheres e batiam papo com clientes homens pagantes e desavisados. Ver "Hackers vazam quase 10 GB de dados do site de traição Ashley Madison", em *G1*, 18

transcenderão a inteligência humana por meio do aprimoramento constante. Uma máquina vai projetar a outra de forma recursiva, criando sistemas cada vez mais sofisticados, em uma verdadeira explosão de inteligência.

Esse desenvolvimento é favorecido na dimensão imaterial pelo fato de que os insumos utilizados nos processos não são recursos esgotáveis, mas informações produzidas em um ciclo virtuoso em constante aceleração, oriundas de outros bens.[36] O momento em que as máquinas supostamente passariam a raciocinar como seres humanos é chamado de *singularidade tecnológica*, porque, desse ponto em diante, tudo que ocorresse seria determinado por uma superinteligência — e poderia ser impossível para nós, humanos, compreender essa nova realidade. Portanto, com a singularidade tecnológica, a previsão de qualquer acontecimento estaria além da inteligência humana. Kurzweil acredita que esse momento chegará por volta de 2045.

Há muitas críticas sobre essas teorias. Pessoalmente, eu não acredito que o desenvolvimento exponencial da densidade de transistores em circuitos continuará por tempo suficiente. Penso que as limitações energéticas e termodinâmicas vão impedir a realização da profecia de Kurzweil. A capacidade analítica dos seres humanos é limitada, sem falar na quantidade restrita de informações que nós conseguimos avaliar ao tomar decisões. Em

---

ago. 2015. Disponível em <http://g1.globo.com/tecnologia/blog/seguranca-digital/post/hackers-vazam-quase-10-gb-de-dados-do-site-de-traicao-ashley-madison.html>.

36 Aqueles que experimentam o progresso muitas vezes descrevem a si mesmos como "anões no ombro de gigantes", querendo dizer que alcançaram novos patamares capitalizando o conhecimento de seus predecessores. Este é um efeito similar àquele criado quando informações resultantes de um processo de racionalização são utilizadas para alimentar outro processo.

poucos anos, as máquinas que utilizam sistemas de inteligência artificial — como o processamento de linguagem natural, aprendizagem profunda e racionalidade — serão capazes de formular análises e hipóteses com base em quantidades de informação que excedem a competência humana: o famoso *Big Data*.

Elas também poderão simular criatividade, mas sou cético a respeito da possibilidade de que as máquinas tenham iniciativas com o mesmo propósito dos seres humanos. Há, na verdade, uma objeção filosófica à emergência de uma razão tecnológica autossuficiente que poderia substituir o pensamento humano. Os escritos de Santo Agostinho demonstram que há dois tipos de razão. A primeira é a *scientia*, também chamada de "razão instrumental" por Max Horkheimer, fundador da Escola de Frankfurt. A *scientia* é a razão do cálculo, responsável por organizar os meios de atingir os objetivos humanos. No entanto, a *scientia* não conhece ou compreende os motivos da ação. Ela aceita os desígnios de outra faculdade mental, chamada de *sapientia*. A *sapientia*, portanto, é a habilidade de reconhecer o propósito das ações humanas.

De certo modo, a tecnologia digital especula em cima dos propósitos, permitindo que sejam explorados para informar aos fabricantes o que exatamente as pessoas desejam — ou, mais precisamente, o que o consumidor está disposto a comprar. Dessa forma, a tecnologia reflete as preferências do público, o que os economistas chamam de índice de ofelimidade.[37]

Pode haver esforços para manipular as aspirações do público até certo nível, para que se adequem a um modelo predeterminado em constante evolução.[38] Contudo, as preferências mudam

---

■

37 Ofelimidade é um termo usado por Vilfredo Pareto para designar o valor de uso de uma mercadoria, isto é, a capacidade de determinado bem satisfazer necessidades humanas.

38 Isto, na realidade, imporia limites à liberdade das pessoas, ou à sua capacidade e possibilidade de transcender um modelo.

com o tempo. Dá para imaginar um sistema automático que compreenda todo o desejo humano e possa definir perfeitamente cada necessidade e antecipar as infinitas preferências individuais sem margem de erro? Acho improvável. O controle da complexidade humana em crescimento exponencial pode estar além da capacidade da eletrônica; porque, se considerarmos a inteligência humana natural uma barreira insuperável, a singularidade seria um limite assintótico e fora de alcance.

Mesmo sem essas limitações técnicas, não há garantia de que um sistema com capacidade neuronal ainda maior do que a humana seja capaz de expressar inteligência do mesmo modo — afinal, algumas espécies de golfinho têm um córtex cerebral com o dobro de neurônios dos humanos, enquanto o dos elefantes possui o triplo. Ainda assim, as aplicações em desenvolvimento nos laboratórios de pesquisa para serem lançadas nos próximos anos devem causar impactos significativos no mundo, mesmo sem alcançar a singularidade.

2 Impactos da imaterialidade no mundo material

2.1. A onipresença dos eletrônicos

À medida que a relação preço/performance dos dispositivos eletrônicos continuar em queda nas próximas décadas, será economicamente viável introduzir novos dispositivos para aumentar a relevância da parte imaterial dos objetos; lançar novos serviços e métodos de comercialização e assistência técnica; inventar novos produtos; e otimizar seus ciclos de vida.

No passado, o custo dos eletrônicos era bastante alto: sensores e transmissores eram tão caros que se tornavam proibitivos. Consequentemente, a capacidade de processamento era centralizada e as periferias do sistema eram "estúpidas". Era o caso das redes telefônicas, com quadros de distribuição eletrônicos e telefones de parede, ou redes de computadores com "cérebros-máquina" e terminais. Os problemas críticos costumavam ocorrer no centro, que também era o local devidamente protegido de ataques e interferências.

A miniaturização dos eletrônicos também resultou na redução de seus custos. Logo, os eletrônicos tornam-se elementos simplificados, e cada mercadoria física também terá sua versão digital. Mas a "internet das coisas" — ou seja, objetos com capacidade mínima de adquirir, armazenar e processar dados, que enviam e recebem informações online, movimentam sensores, microfones, câmeras etc., interconectados com nossas funções de processamento e armazenamento — apresenta um cenário muito diferente do passado.

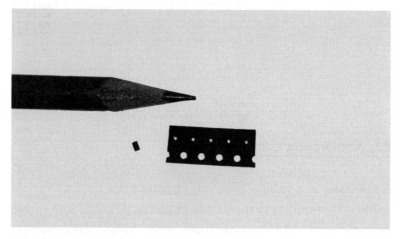

Foto: Cortesia de Eximia

O objeto retangular na imagem é uma embalagem blister, como aquelas usadas para medicamentos, contendo cinco objetos como o ponto visto à esquerda. Este ponto é um computador minúsculo, caracterizado por um identificador único, processamento mínimo, armazenamento e entrada/saída de energia por meio de ondas de rádio: o auge da miniaturização da identificação por radiofrequência (RFID). Ele é utilizado em projetos da Indústria 4.0 com o objetivo de identificar e rastrear objetos físicos nos quais é inserido; sua tecnologia permite a aquisição de energia de campos eletromagnéticos do ambiente, viabilizando seu funcionamento e comunicação com outros dispositivos.

A maioria desses sistemas é usada apenas para detectar a presença (ou ausência) de objetos, para identificá-los e assegurar sua autenticidade. São funções úteis em aplicações que vão desde a prevenção de furtos até o levantamento e controle da cadeia de suprimentos — tudo por meio de um único dispositivo.

Além de controlar a fabricação e a remessa de produtos aos clientes, algumas empresas usam esses dispositivos como um painel de controle, atualizado em tempo real para mostrar o progresso do trabalho de construção das fábricas, em etapas que envolvem vários fornecedores e componentes de diferentes países. Alguns modelos maiores, por outro lado, também incluem sensores de vários tipos, como leitores de temperatura, pressão, aceleração, inclinação, luminosidade, umidade etc., e podem ser usados para uma infinidade de funções, desde o controle da iluminação até a saúde preventiva.

Milhões de sensores conectados no mundo

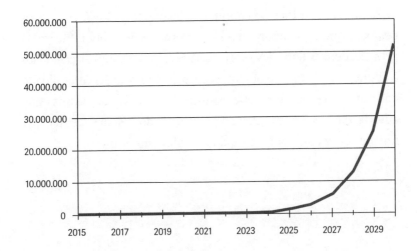

As antigas centrais de controle devem enfrentar um crescimento exponencial de ataques, com o consequente aumento da preocupação em relação à segurança e à confiabilidade. Nos próximos anos, esse refrão se repetirá constantemente. Muitas vezes, infelizmente, aqueles que implementam os sistemas de "internet das coisas" não prestam a devida atenção aos potenciais problemas de segurança. Há uma tendência geral em priorizar os investimentos que enriquecem os produtos com múltiplas funções, ao invés de investir na segurança dos dispositivos. E as consequências disso podem ser perigosas.

Considere, por exemplo, todos os dispositivos que são utilizados na assistência médica: sua conexão em rede abrirá brechas significativas para ataques, com riscos preocupantes. Recentemente, a Johnson & Johnson notificou mais de 100 mil clientes ao detectar uma vulnerabilidade em um modelo específico de bomba de insulina. A u.s. Food and Drug Administration [Administração de Alimentos e Medicamentos, agência responsável pela regulação de produtos alimentícios e fármacos nos Estados Unidos] anunciou que vai estabelecer diretrizes oficiais para a divulgação de falhas computacionais em dispositivos.

Além das questões de confidencialidade na proteção de dados pessoais, que serão abordadas na próxima seção sobre o futuro da privacidade, o sistema deve ser protegido contra ataques direcionados à alteração de informações, que comprometem sua confiabilidade. Portanto, é de vital importância impedir o acesso de pessoas não autorizadas. Assim, controlar a identidade dos usuários e suas permissões de acesso será prioridade absoluta no futuro.

2.2. Desintermediação e reintermediação

O lado esquerdo do diagrama representa uma típica organização de vários níveis. Considere, por exemplo, uma fábrica com distribuidores e revendedores, companhias aéreas com distribuição de passagens, o comércio de eletrodomésticos, a organização territorial de um banco ou de uma concessionária de energia. É evidente como a evolução contínua dessas indústrias está levando-as a uma estrutura algoritmicamente mediada e dirigida por um centro.

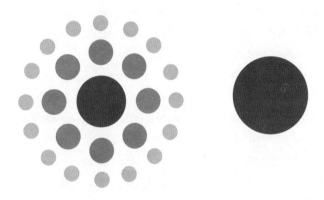

Tendo em vista que as propriedades imateriais transformam o mundo em um grande "aqui", as estruturas de controle multinível estão perdendo relevância. Graças ao processo de digitalização, integração digital da cadeia de suprimentos e contato direto com as periferias e consumidores, os núcleos centrais tendem cada vez mais a comandar todas as funções. E tudo isso é feito com baixos investimentos e custos variáveis de componentes imateriais que se aproximam de zero.

No início da fase de transição, muitos usuários tinham como referência estruturas como a da esquerda. Quando uma operadora entra em cena seguindo o modelo à direita, ela já começa com uma grande vantagem de custos em relação à organização tradicional. No começo, seu público-alvo será naturalmente menor, mas, com a progressiva desmaterialização das relações, sua fatia do mercado crescerá substancialmente à custa da operadora tradicional — e, graças à base de custos inferior, suas margens de lucro também serão mais altas.

O próximo passo é a pressão sobre os preços, mais uma vez à custa da operadora tradicional. As organizações convencionais se deparam com uma árdua tarefa: elas precisam gerenciar a transição comprometendo a própria estrutura — que, em primeiro plano, é sua fonte de receita e lucro — para enfrentar concorrentes que ignoram um verdadeiro *legado* de condicionamento em negócios.

O valor atribuído à intermediação algorítmica é pago com *royalties* que podem ser livremente transferidos de acordo com a alocação da propriedade intelectual sobre o algoritmo, aumentando o fenômeno BEPS (Base Erosion and Profit Shifiting [Erosão da Base Tributária e Transferência de Lucros]), ou seja, a erosão da base tributável nos países onde as atividades são desenvolvidas, precisamente porque os impostos são mais convenientes. Desse modo, a desintermediação atinge as empresas tradicionais, enquanto a reintermediação algorítmica é realizada pelos novos competidores.

2.3. Acelerando em um ciclo contínuo

A dimensão material é caracterizada pelos conflitos menciona-dos na seção 1.2., ou seja, as implicações de que transferir bens materiais requer tempo, e o manuseio é de responsabilidade das pessoas — tudo isso a custos relativos. Ademais, essa dimensão está desconectada, enquanto a dimensão imaterial se conecta permanentemente, com tudo ocorrendo em tempo real, proces-sado por máquinas que trabalham 24 horas ao dia, capazes de lidar com grandes volumes de dados e viabilizar o processamen-to e o armazenamento a um custo variável zero.

Aprimorar um bem material leva tempo, desde as etapas de design, grupo focal, prototipagem, testes e produção, até a distri-buição e o rastreamento de dados. Somente no final do processo é possível conduzir análises (ao menos em termos estatísticos) e planejar melhorias que serão reintroduzidas no próximo ciclo, a partir da primeira fase. Em contrapartida, o aprimoramento de um bem imaterial pode ser feito quase em tempo real.

Um produto não se refere apenas aos átomos que o compõem, mas a todo o conjunto de ativos, serviços e atividades que o definem, do design até o planejamento, prototipagem, fabricação, comercia-lização, atendimento ao cliente, pós-venda e descarte. Quando uma mudança é feita em um papel impresso, por exemplo, o processo é bastante lento: a alteração implica investimentos consideráveis e o feedback do consumidor só é obtido meses depois, por meio de dados estatísticos.

Enquanto eu trabalhava no projeto *Il Sole 24 Ore*,[39] vários testes A/B foram conduzidos em produtos digitais: metade do público via uma versão, enquanto o restante via outra totalmente diferente.

■

39 Jornal financeiro diário produzido pela Confederação Geral da Indústria Italiana (Confindustria). [N.T.]

As variações entre os dois grupos eram analisadas, e se após uma semana os comportamentos se mostrassem consistentes, com melhora de alguns pontos percentuais, a versão campeã se tornava oficial — com novos testes implementados na semana seguinte. Nem todos os setores podem ser tão radicais. Mas, geralmente, digitalizar várias etapas do ciclo de vida do produto e enriquecer sua dimensão material com imaterialidade gera inovações (no produto e em seus processos) e aprimoramentos num ritmo muito mais constante.

O paradigma conhecido como Indústria 4.0, termo cunhado pelo governo alemão como parte de suas estratégias industriais de alta tecnologia, diz respeito ao uso de dados digitais para enriquecer os componentes imateriais dos produtos, com diversos benefícios em termos de inovação e otimização, além dos avanços no atendimento ao cliente — tudo isso com o mínimo de impacto ambiental.

Pense na produção de roupas: algumas empresas possuem ciclos de design e produção que duram mais de um ano. Para impor ao mercado as preferências e os estilos que escolheram um ano atrás, essas empresas precisam investir fortemente em marketing, e podem acabar acumulando muitas mercadorias não vendidas (que são reapresentadas em liquidações); por essa razão, possuem imensos estoques. As empresas mais eficientes encomendam um quarto de sua produção com antecedência, enquanto os outros três quartos são produzidos durante a estação, com um tempo mínimo de duas semanas para produção do design até a entrega às lojas, com a vantagem de reduzir estoques e mercadorias paradas.

2.4. O mundo em um único ponto

Uma vez que a transferência de dados não tem custo e não requer tempo, o acesso à informação e o controle por dispositivos remotos são gratuitos e oferecem muitas vantagens. Como resultado, qualquer objeto que possa ser conectado à rede certamente o será. Tudo estará acessível a qualquer hora e lugar para aqueles que tiverem a devida permissão. Já que não há limites de tempo e espaço, é possível trabalhar de diferentes lugares ao mudar a natureza das relações de trabalho e compartilhamento de tarefas, como veremos em mais detalhes mais adiante. As redes de *co-working* estão se desenvolvendo, oferecendo espaços de escritório e salas de reuniões equipadas para aluguel semanal, ou mesmo diário. Algumas empresas estão começando a propor redes de espaços ao redor do mundo, onde nômades digitais poderão viver e trabalhar. Assim, a globalização está estritamente imbricada ao desenvolvimento da tecnologia, que tende a concentrar o mundo inteiro em um único lugar.

Há apenas algumas décadas, imigrar significava romper radicalmente com sua cultura de origem, sua vida social, sua comida e seus hábitos familiares. Antes de 2001, viajar a outro continente era sinônimo de perder contato com seu país, ter acesso a comidas e roupas diferentes e ter problemas para se comunicar com seus amigos e parentes (você tinha que pensar duas vezes antes de fazer uma ligação devido aos preços exorbitantes). A comunicação nos negócios era baseada no Telex,[40] e as pessoas tinham que viajar até as feiras internacionais para conhecer as novidades do próximo

■

40 Sistema internacional de comunicação escrita que prevaleceu até o fim do século XX, consistindo em uma rede mundial de endereçamento numérico que permitia o envio de mensagens escritas para qualquer outro terminal (fax). [N.T.]

ano. Para adquirir os últimos lançamentos em livros e manuais, você tinha que se deslocar até o local de produção das obras. As tarifas aéreas eram definidas e publicadas anualmente em grandes livros da Associação Internacional de Transporte Aéreo, que eram distribuídos às agências de viagem autorizadas. Nesse contexto, as publicações para o mercado estrangeiro — privilégio de grandes corporações e escritórios diplomáticos — eram impressas em papéis semelhantes a lenços, para reduzir seu peso e os custos do transporte aéreo.

Hoje em dia, independente de onde estivermos, podemos encontrar comida e roupas típicas de nosso país de origem; estamos em contato permanente com nossos parentes e amigos, temos acesso de baixo custo a serviços de transporte, estamos constantemente informados sobre os últimos lançamentos e integrados à cadeia de suprimentos. Até 1998, por exemplo, os números de telefone na Itália não possuíam o código de área que precisava ser adicionado para fazer uma ligação internacional, enquanto hoje nós assistimos ao vivo aos jogos de futebol do Campeonato Italiano diretamente do Uzbequistão.

Já por volta de 1999, os professores Kjell Nordström e Jonas Ridderstråle anteciparam a importância que a tecnologia viria a ter em nossas escolhas de vida: no passado, o lugar onde crescíamos, estudávamos e trabalhávamos era determinado pelo acaso; hoje somos nós que o escolhemos. A concentração do mundo facilita a transferência de pessoas a países estrangeiros, fornecendo todas as informações necessárias sobre o destino, as conexões com a comunidade local e — uma vez no exterior — com sua comunidade de origem. Se considerarmos as tendências demográficas do mundo, podemos ver como a pressão intrínseca ao fenômeno migratório está fadada a crescer exponencialmente por muitas décadas.

Muitas culturas diferentes irão coexistir nas cidades e, dada a facilidade em manter contato com o local de origem e com outros imigrantes conterrâneos, as estratégias de integração terão de ser adaptadas para superar as crescentes dificuldades de permeabilidade das culturas locais — com o devido respeito à preservação das tradições originais.

2.5. Terceirização do trabalho

O surgimento dos *call centers* em meados de 2000 foi um dos primeiros exemplos visíveis da terceirização de funções empresariais, com a consequente redução da estabilidade profissional. Nesse cenário, muitas empresas ainda mantinham seus arquivos em classificadores, pois sempre funcionou dessa forma e as pastas dão a impressão de menor risco de perda de informações. Os arquivos estão ali, onde podemos vê-los o tempo todo.

Em 1994, eu e meus colegas fundamos o I.NET, o primeiro provedor de acesso à internet da Itália, voltado para o mercado B2B (*business to business*, ou empresa para empresa). Nossa receita dobrava todos os anos, com lucros expressivos — uma raridade entre as empresas de internet naquele tempo. Em 2000, tivemos uma receita de 40 milhões de euros, estávamos cotados na bolsa de valores e vendemos a maior parte de nossas ações para a British Telecom.

Em todo país, há pelo menos um lugar em que os provedores de internet se interconectam na troca de tráfego. Isso permite que um assinante do provedor X tenha acesso às páginas da empresa assinante do provedor Y. Na Itália, o principal Ponto de Troca de Tráfego (PTT) é a Milan internet eXchange (MIX), em Milão. Trata-se de um consórcio envolvendo várias empresas, que nós ajudamos a construir de modo experimental por volta de 1996, e então consolidou-se em 2000. No Brasil, os PTTs são gerenciados a partir do projeto IX.br do Núcleo de Informação e Coordenação do Ponto BR (NIC.br).

Em 2001, a MIX começou a receber tráfego do RDSNet, um provedor da Romênia que servia inúmeras empresas que haviam inaugurado fábricas no nordeste do país e precisavam de uma conexão eficiente com a Itália. No grupo da I.NET, tínhamos nossos arquivos físicos para documentos assinados, mas todos os registros, contratos, negociações, problemas e soluções dos nossos clientes estavam desmaterializados. Eles eram arquivados em computadores devidamente protegidos e as informações eram acessadas somente pela equipe indicada.

As primeiras trocas telefônicas baseadas na tecnologia conhecida como VoIP (Voice over Internet Protocol) apareceram em 2001. Esses sistemas eram capazes de conectar os telefones — ou seja, as vozes — à internet, de modo que uma linha podia ser desplugada da tomada e enviada pela rede com baixíssimo custo. A extensão de linha telefônica se desmaterializara, tornando-se um sinal transmitido pela internet. O objeto material, com suas características próprias, agora podia chegar a qualquer lugar do mundo, sem custo, em tempo real. As comunicações podiam ser armazenadas e processadas (para propósitos estatísticos) por sistemas automáticos que funcionavam 24 horas por dia.

Então, em 2001, uma empresa do grupo I.NET fundou o primeiro *call center* na Romênia (um pequeno grupo que gerenciava aspectos administrativos das relações com clientes), graças à desmaterialização de arquivos e ligações telefônicas. Os arquivos desmaterializados e ramais telefônicos, que podiam ser transportados a qualquer lugar do mundo instantaneamente e sem custo, tornaram as fronteiras da empresa totalmente permeáveis. Enquanto os documentos ainda estavam em papéis e os telefones eram estritamente locais, essas funções não podiam ser terceirizadas e precisavam se concentrar na empresa.

Antes da desmaterialização, a maioria das funções corporativas era desempenhada na empresa, devido às propriedades dos objetos físicos que os funcionários utilizavam em seu trabalho. Elas tinham que ser gerenciadas internamente, porque era difícil coordenar qualquer trabalho a distância, e grandes quantidades de informação estavam disponíveis apenas em documentos físicos, que não podiam ser retirados das dependências da empresa.

Com a desmaterialização — que faz do mundo um grande "aqui e agora" —, grande parte destas funções que não integram a atividade-fim da empresa estão sendo terceirizadas. Isso se aplica às áreas de *call center*, gráficas, prestação de serviços, cobrança, contabilidade, e até mesmo produção.

A terceirização não envolve apenas o setor de serviços, mas também o setor de produção. Quando os custos e esforços de coordenação tornam-se mais acessíveis, a desmaterialização impulsiona os processos para fora dos muros da empresa. Logo, como demonstra o gráfico, o valor se concentra nas atividades a montante da produção, como pesquisa, desenvolvimento e design, e nas atividades a jusante, como marketing, pré-venda, pós-venda e mercado pós-venda.

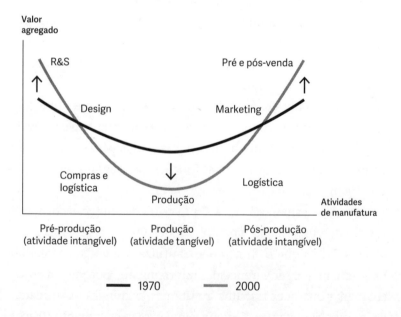

Fonte: *Observatory on Europe* — The European House Ambrosetti em dados de Bruegel, 2014

Essas atividades posteriores são cada vez mais realizadas online e, como os números já mostram, a experiência do usuário está se tornando um fator primordial de competitividade. Como geralmente acontece com estrelas de cinema, as recompensas e os privilégios do mercado serão disputados entre os melhores programadores e designers interativos, capazes de monopolizá-lo.

A produção, todavia, não perdeu importância; seu papel permanece central, exceto pelo fato de não ser mais considerada uma sequência de etapas independentes, mas sim um fluxo integrado de modo imaterial por meio das tecnologias digitais. Todos os estágios da fabricação são gerenciados e influenciados pela informação obtida, comunicada e acumulada ao longo de toda a cadeia, desde o design até o serviço pós-venda. Esse, de forma sucinta, é o significado do paradigma chamado Indústria 4.0,[41] que corresponde ao desafio atual enfrentado pelo sistema industrial.[42]

Assim, a dimensão imaterial eliminou os gastos com armazenamento, processamento e transmissão, permitiu a conexão permanente e promoveu uma verdadeira revolução com a facilidade de coordenação, transferindo uma boa parte dos custos para fora da empresa. Desse modo, as relações de trabalho e emprego estáveis, baseadas em um regime nacional de comum acordo, estão perdendo espaço para contratos flexíveis com empresas de terceirização.

■

41 O termo "Indústria 4.0" foi cunhado pelo governo alemão como parte de suas estratégias de alta tecnologia (http://bit.ly/1LAs740). A ideia central é replicar os efeitos que a dimensão imaterial teve nas relações de consumo para a esfera da indústria.

42 Em junho de 2017, o governo federal brasileiro, por meio do Ministério do Desenvolvimento, Indústria e Comércio, instituiu Grupo de Trabalho para a Indústria 4.0. O grupo apresentou sua visão estratégica para a Indústria 4.0 em <http://www.industria40.gov.br/>. [N.R.]

2.6. Inovação exponencial em empresas

Por que a maioria de nós, ao observar o mundo ao redor, não consegue ver nenhuma mudança nos cenários competitivos, nos produtos, nos sistemas de produção e demais aspectos para além de nossas empresas? Será que nada está mudando? Ou será que algo está acontecendo, algo que nos situa nos minutos pré-mudança, com sinais tão sutis que não podem ser percebidos?

O fato é que, se não percebermos logo, pode ser tarde demais para preparar uma resposta: o concorrente pode ter avançado antes, criando um abismo intransponível. Isso ocorre porque o fenômeno exponencial costuma ser negligenciado por um bom tempo, até que, de repente, se torna extremamente relevante. Por essa razão, é crucial que toda empresa tente canibalizar a si própria antes de ser devorada por seus concorrentes, especialmente quando se trata de superar os desafios da digitalização da economia — é preciso tomar consciência o quanto antes.

Não é fácil introduzir inovações exponenciais em uma empresa: como é possível ter confiança em um projeto que por vários meses basicamente não vai trazer resultados, com exceção de duplicações que mal podem ser notadas? Como implementar algo que está abaixo do padrão de aceitação dos projetos tradicionais? A alta gerência de uma empresa precisa ter uma grande confiança e uma profunda compreensão dos mecanismos de base para aceitar investir, trimestre após trimestre, em coisas que produzem efeitos quase impossíveis de mensurar, mas cujos resultados — certamente — serão exponenciais. Obviamente, nem todos os projetos de natureza exponencial são bem-sucedidos, e muitos terão de ser encerrados. Mas, quando isso deve ser feito? E como a decisão deve ser tomada?

O longo tempo necessário para produzir efeitos na primeira fase do projeto exponencial e o risco associado à chance de falha são duas das principais razões por trás do paradigma denominado *Open*

Innovation [Inovação Aberta]. Ou seja, uma inovação (de produto ou processo) empresarial que vai além dos limites tradicionais (que se tornam porosos na dimensão imaterial), abrindo-se sistematicamente para a colaboração de pessoas, centros de pesquisa e empreendimentos. A aquisição de *start-ups*[43] por empresas consolidadas é um meio de implementar a Inovação Aberta, integrando novos talentos e soluções criativas, e, de certo modo, terceirizando o risco para um grande número de colaboradores que focam suas habilidades e energias em um único projeto.

Dessas *start-ups*, apenas uma pequena parte alcançará o sucesso, e ser comprada por uma grande empresa é o grande reconhecimento daquelas que passam no teste — altamente disputado —, ganhando tempo e limitando os riscos à empresa compradora.

---

43 Empresas emergentes que apresentam um modelo de negócio repetível e escalável em ambientes de alto risco, geralmente com propostas inovadoras no desenvolvimento de soluções. Apesar de serem tradicionalmente associadas aos negócios digitais, podem abranger qualquer segmento. [N.T.]

2.7. Preços independentes de custos

A economia na dimensão material sempre foi caracterizada pela escassez. Em outras palavras, quanto maior a demanda e menor a oferta, maiores são os preços dos produtos. A economia no mundo imaterial é baseada no fato de que, uma vez que o investimento tenha sido feito para criar o produto/serviço, praticamente toda a demanda poderá ser suprida com custos progressivamente insignificantes.

Esse é um ponto essencial, e seus efeitos são muito interessantes. Nós vimos que a produção de um bem ou serviço imaterial tem um custo inicial potencialmente alto, mas a partir do momento em que é produzido, todo o rendimento subsequente é puro lucro. Se considerarmos o investimento na produção como "custo irrecuperável",[44] podemos definir qualquer preço para nossos produtos/serviços, já que não há custos variáveis. O preço, de alguma forma, é desprendido dos custos e depende apenas do quanto o consumidor está disposto a pagar. O mecanismo adotado pelo Google para receber pagamentos por publicidade em seu motor de busca é o exemplo máximo. Não é a equipe de marketing do Google ou o departamento de vendas que decidem quanto deve custar um anúncio. O preço é definido pelos clientes, que conduzem um leilão em tempo real por cada palavra-chave.

■

44 Um custo que não pode mais ser resgatado é conhecido como custo irrecuperável (*sunk cost*). Mas não se trata de um prejuízo. Uma perda, por exemplo, é a diferença entre o preço de compra de um carro novo e seu valor enquanto usado. A quantia paga originalmente, no entanto, deve ser considerada um custo irrecuperável e não deve influenciar nenhuma decisão futura, independentemente do valor recebido na revenda. Este deveria ser o preço mais razoável para essa transação em particular.

Para o Google, o custo do sistema que gerencia os anúncios é fixo (tecnicamente, um custo irrecuperável). O preço final, contudo, é a maior quantia que os anunciantes estão dispostos a pagar na disputa.[45] Portanto, o produto vendido tem seu preço determinado unicamente pela demanda, sem nenhuma correlação com custos subjacentes, que correspondem a praticamente zero (depois do investimento inicial). Esse fato tem implicações importantes para certas indústrias, particularmente a editorial, como veremos adiante.

■

45 O Google usa um mecanismo de leilões secundários para definir o preço de seus anúncios. É um tipo de leilão em que o maior lance ganha a primeira posição, o segundo maior ganha a segunda posição, e por aí vai. No entanto, o maior lance não paga o preço proposto, mas o preço lançado pelo concorrente em segundo lugar. Logo, o proponente do segundo maior lance paga o valor do terceiro, e assim por diante. É um mecanismo semelhante ao modelo utilizado por colecionadores de selos no século XIX.

2.8. Efeito de rede e aprisionamento tecnológico: tudo pela atenção do usuário

As características particulares dos produtos e serviços imateriais também explicam a razão de seus rendimentos crescentes — estudados por Brian Arthur —, assim como as práticas de marketing digital e o grande interesse dos investidores-anjo[46] e investidores de risco nas *start-ups* de tecnologia.[47] Imagine investir uma boa

■

46 Investidores-anjo são pessoas físicas e empresas financeiras especializadas em investimentos de alto risco que, se bem-sucedidas, podem gerar altíssimos lucros. Nesses casos, um investimento positivo pode compensar até trinta apostas malsucedidas. Há uma gigantesca cadeia de investidores que acompanham as *start-ups*. Inicialmente, o capital costuma vir dos próprios empreendedores e seus familiares e amigos; então, com sorte, há uma contribuição de estágio inicial de um investidor especialista, ou um investidor-anjo para prestar consultoria e oferecer um pequeno incentivo. Assim, um protótipo do produto ou serviço é criado, capaz de demonstrar seu potencial ao mercado (MVP: Produto Viável Mínimo). O próximo passo é a primeira rodada de financiamentos, chamada Round A, que geralmente viabiliza o lançamento e a consolidação do produto/ serviço, seguida pelas Rounds B e C, que miram na expansão do mercado. Cada etapa requer financiamentos mais robustos, para os quais há investidores especializados. Em qualquer estágio do processo, a *start-up* pode ser vendida para uma empresa interessada em adquirir tecnologias inovadoras, produtos ou serviços, além dos talentos responsáveis. Quando isso ocorre, os empreendedores saem de cena e, depois de um período sem concorrências ou atividades dentro da empresa compradora, podem se engajar em novos desafios. Aliás, é comum se deparar com empreendedores em série nesse mercado.
47 Empresas recém-criadas com ideias inovadoras de negócios que, se bem-sucedidas, podem resultar em um rápido crescimento ou realizar contribuições significativas em termos de inovação para as empresas consolidadas que as

quantia no desenvolvimento de um novo software de planilhas. Convencer o primeiro cliente a comprar a primeira cópia será uma tarefa difícil, sem contar que todos sabem como utilizar o Excel, da Microsoft, e trocar arquivos nesse formato. No entanto, uma vez que 19.999.999 pessoas tenham adotado nosso novo programa, conseguir o vigésimo milionésimo cliente será muito fácil. Ele ou ela estará desejando profundamente a planilha para interagir com as outras pessoas.

O terreno mais difícil de cultivar está na fase inicial, quando você precisa convencer os primeiros consumidores. Conforme a base de usuários (terra cultivada) amplia-se gradualmente, menos esforço é requerido. Em nosso programa hipotético de planilhas, o mecanismo de compartilhamento de arquivos que leva todos a adotarem o sistema escolhido pelos primeiros usuários é chamado de *efeito de rede*. Se nenhum outro programa puder ler os arquivos de nosso software de planilhas, é muito improvável (senão impossível) que nossos vinte milhões de usuários decidam mudar de sistema. O primeiro que decidir fazer isso não vai conseguir trocar arquivos com mais ninguém. É muito melhor esperar até que surja uma massa crítica para fazer a mudança coletivamente. Como todos os vinte milhões pensam dessa forma, no entanto, o movimento pelo programa alternativo não surge nunca.

É como uma armadilha: uma vez que você tenha entrado no

■

compram. Essas *start-ups*, criadas para mostrar ao mercado que as ideias são viáveis, são um produto por si só, oferecido às grandes empresas que podem se beneficiar de ideias criativas e pessoas jovens com diferentes experiências, para além dos funcionários tradicionais. É uma vantagem para os compradores, que otimizam seus investimentos em pesquisa e desenvolvimento e rejuvenescem a empresa. Por essa razão, é um mercado em plena expansão em países com altas taxas de crescimento. Há, na verdade, uma correlação entre o financiamento de capital de risco e a taxa de crescimento do PIB.

sistema, não pode mais sair dele. Este efeito é chamado de *aprisionamento tecnológico*, e é a razão pela qual um serviço de e-mails como o Gmail, do Google, é fornecido gratuitamente: já que todos os arquivos de nossos e-mails antigos estão lá, e todos os endereços dos nossos contatos, é muito difícil mudar de sistema. O usuário fica preso e então pode ser monetizado.[48]

Além disso, a comunidade é um sistema de aprisionamento incrível. Se você quisesse comprar uma bicicleta usada, em que site procuraria? No eBay, é claro, onde todos vendem seus produtos de segunda mão. E se você tivesse que vender uma bicicleta usada, onde colocaria um anúncio? Também no eBay, onde estão todos os anunciantes.[49] Mover uma comunidade inteira de seu local habitual é muito, muito difícil. Assim, fica claro porque alguns jogos têm sistemas *multiplayer* e versões básicas totalmente gratuitas. Isso permite que os jogadores criem sua própria comunidade sem gastar nada, tornando a saída muito difícil, porque, depois de algum tempo, quando já completarem os níveis disponíveis e quiserem passar para a próxima fase, terão que pagar...

Custos de produção significativos (custos irrecuperáveis), ausên-

---

■

48 Se não houvesse lâmpadas padronizadas e elas fossem vendidas somente pelos fabricantes de soquetes e bocais, nós não teríamos escolha. Para comprar lâmpadas diferentes, como as de baixo consumo, teríamos que trocar também nossos encaixes, e poucas pessoas estariam dispostas a isso. O fornecedor teria lucros altíssimos, muito além do possível em um mercado comum, e não teria nenhum incentivo para inovar, porque continuaríamos comprando as mesmas lâmpadas (o fabricante poderia até vender os encaixes abaixo do preço de mercado, pois os lucros viriam com as lâmpadas de qualquer forma). Os padrões públicos ajudam a prevenir situações como essa, que são contrárias aos interesses dos consumidores.
49 No Brasil, o site mais utilizado e conhecido para comércio de itens usados é o Mercado Livre. [N.T.]

cia de custos variáveis, efeitos de rede e aprisionamento tecnológico explicam a maioria das estratégias de marketing online. A primeira pessoa que entra em cena usando os efeitos de rede e o aprisionamento tecnológico cria uma comunidade que se torna sólida. Chegar primeiro vale mais do que ser o melhor. Nesse caso, o recurso escasso não é o dinheiro ou as matérias-primas, como no mundo físico. Na dimensão imaterial, o recurso raro, que deve ser adquirido rapidamente, é a parcela de atenção do usuário que o faz preferir um serviço ao invés de outro. A verba investida renderá mais lucros se for utilizada para atrair novos usuários e monetizá-los (com uma estratégia clara), ao invés de ser aplicada na construção do melhor produto/serviço possível.

O WhatsApp certamente não é o primeiro nem o melhor sistema de mensagens instantâneas. Seu sucesso, porém, se deve ao equilíbrio entre recursos disponíveis e altos investimentos em divulgação concentrados em um breve período, com o objetivo de angariar um grande contingente de usuários. Essa tática disparou um efeito de rede irrefreável, e, como consequência, um aprisionamento tecnológico massivo. A estratégia de monetização sempre esteve muito clara: em um estágio inicial, para facilitar a adesão dos usuários, o serviço era oferecido sem custo pelo primeiro ano, com uma pequena taxa para os anos subsequentes. Mais recentemente, desde que foi comprado pelo Facebook, o serviço é oferecido de graça para quem o utiliza diretamente em seus celulares — com a opção de um serviço pago para empresas que querem enviar mensagens aos usuários, já que o aplicativo é utilizado por uma enorme população de consumidores.

Desse modo, qualquer empreendedor com uma ideia de negócio pode usar as diretrizes de bens e serviços imateriais na hora de abordar um financiador: oferecer uma explicação clara sobre modelo de receita, um mecanismo capaz de disparar o efeito rede e uma boa técnica de aprisionamento tecnológico. Tais propriedades ainda revelam um importante aspecto sobre o funcionamento do mercado: a primeira operadora a alcançar uma posição dominante (obtida por meios legais, evidentemente) com um aplicativo terá uma grande vantagem sobre os outros concorrentes que disputam seu lugar.

Os monopólios podem ser construídos com muito mais rapidez na dimensão imaterial. Muitas vezes, esses modelos monopolistas só enfraquecem quando uma tecnologia é descontinuada e abre espaço para a adoção de novas ferramentas/serviços pelos usuários. Esse aspecto é explorado pelas multinacionais na área de tecnologias da informação e comunicação (TIC), e explica a valorização estratosférica de certas empresas: os financiadores preferem um monopólio à competição e apostam na empresa capaz de estabelecer um território inviolável — em outras palavras, uma organização que possa assegurar sua liderança rapidamente e se tornar altamente resistente à concorrência, de modo que tomar seus usuários seja caro demais para os competidores.

É por isso que os investidores de risco que financiam empreendimentos inovadores tendem a se concentrar em *start-ups*, mirando na conquista de posições de liderança em novos mercados. Logo, o foco da competição se dá em novos nichos, não nos tradicionais. Além disso, na disputa entre duas empresas com produtos similares, vence aquela que tiver o melhor financiamento.

Comparadas às empresas com menos recursos, aquelas bem financiadas terão mais chances de sucesso e serão encorajadas a captar mais fundos. Assim, o resultado é uma grande concentração de capital e centralização dos investimentos. Por essa razão, os laboratórios de desenvolvimento podem ser instalados em qualquer lugar, mas os escritórios comerciais e de gerenciamento estão todos na Califórnia[50].

■

50 Um dos efeitos de uma possível descentralização, favorecida pela regulação proposta no capítulo 4, seria a mudança no

A internet, no entanto, nasceu e cresceu a partir de uma perspectiva diferente, no seio da pesquisa acadêmica, e certamente já foi mais competitiva. Retornaremos a esse ponto ao falar sobre as normas, a interoperabilidade e a propriedade intelectual.

cenário de financiamento da inovação. Ao estimular a competição não somente nos novos mercados, mas também nos mercados consolidados, o capital tenderia a se focar menos nos exemplos individuais e se tornaria mais distribuído, em favor dos inovadores e criadores de *start-ups* ao redor do mundo.

2.9. Efeitos da informação via *backchannel*

Outro elemento que distingue a dimensão material da imaterial é que a segunda, diferentemente da primeira, pode ser conectada — e geralmente é o que acontece. A operadora, o provedor ou o fornecedor do produto imaterial conta com a disponibilidade de informações que podem ser utilizadas para obter dados de seus consumidores. Por exemplo, como eles interagem com o produto/serviço, as configurações e modificações que realizam, seu estado de uso, etc. A partir dessa massa de dados, o fornecedor tem acesso a informações consistentes sobre seu campo de atuação, podendo otimizar o design das próximas versões, acrescentar recursos e promover melhorias no produto.

O mesmo foi feito na dimensão material por meio da criatividade dos designers e da criação de grupos focais, nos quais os consumidores são entrevistados ou demonstram sua utilização do produto na prática: uma forma extremamente lenta e dispendiosa de interação e avaliação do ciclo de vida do produto. Além do mais, são observações limitadas que geram pouca informação e podem levar a generalizações errôneas. A dimensão imaterial, por outro lado, conta com o *backchannel*,[51] que permite uma grande compilação de dados de todos os usuários, processamento automático das informações e definição altamente precisa de seus perfis. Esse método proporciona um refinamento contínuo do produto e a criação de novos serviços a partir da combinação de informações da comunidade de usuários — conhecida como *crowdsourcing* [con-

■

51 *Backchannel* é um termo utilizado para caracterizar as conversações online e em tempo real sobre um tópico, evento ou tendência específica, que fornecem uma fonte de informações paralelas a respeito do comportamento e da opinião do público. Também é chamado de *live tweeting*, pois o Twitter é a rede social mais utilizada para a criação de *backchannels*.

tribuição colaborativa], e que será examinada mais adiante. Em meu grupo do *Il Sole 24 Ore*, demos a esse fenômeno o nome de "customização de massas", que soa como um paradoxo na dimensão material, já que é impossível criar um produto de massas e customizá-lo para cada usuário.

Sem sombra de dúvida, um dos aspectos mais relevantes sobre um produto ou serviço é o preço, cuja determinação é fortemente influenciada pelo conhecimento adquirido sobre consumidores em contínua interação. Um exemplo notável é a publicidade online em conteúdos, motores de busca ou redes sociais. Como já expliquei, os anúncios são vendidos a um preço definido em tempo real, por meio de leilões. O espaço para anúncios está aberto a lances de qualquer parte interessada, que pode estar em qualquer canto do planeta.

Outra área que sofreu profundas transformações foi a aviação civil. Na década de 1980, como dissemos, os preços de viagens aéreas eram decididos com grande antecedência, até mesmo em bases anuais, e compilados em pesados volumes semelhantes a listas telefônicas. Os consumidores que quisessem comprar uma passagem aérea tinham que ir até uma agência, onde os especialistas consultavam essas listas e calculavam o trecho mais econômico. Logo, os preços eram fixados a cada temporada; as tarifas eram realinhadas de acordo com a base anual dos concorrentes; e a capacidade de transporte das rotas aéreas era determinada anualmente, resultando em aviões com baixíssimas taxas de ocupação. As redes de vendas de passagens aéreas consistiam, por um lado, em distribuidores locais amplamente difundidos; e, por outro, em escritórios centrais para cada país ou mercado relevante, responsáveis pelas logísticas de emissão de passagens físicas e apoio à rede de distribuidores.

Na era digital, a desmaterialização das passagens, o pagamento online com cartões de crédito e as atualizações de preços de acordo com a demanda quase em tempo real (no mínimo diariamente) promoveram cortes radicais nos custos de marketing e alavancaram as taxas de ocupação dos aviões — reduzindo drasticamente os preços das passagens. O resultado é que, em comparação a 1980, quando viajar da Itália para a América do Sul custava por volta de um milhão de liras italianas (o que dá cerca de 2.400 euros, considerando a inflação), uma viagem semelhante hoje em dia custa menos de 600 euros. Essa redução significativa se deu graças à evolução tecnológica em todas as áreas da aviação (incluindo a logística em terra, nos aeroportos, matérias-primas e combustíveis), assim como o aumento no número de passageiros e na segurança de voo.

Simultaneamente, desenvolveu-se outro fenômeno fruto da desmaterialização: os aeroportos secundários não fornecem todos os serviços necessários à gestão da interoperabilidade aérea, como a troca de passageiros e bagagens, então podem oferecer preços mais baixos às companhias que os utilizam. Em sua maioria, são aeroportos de partida/chegada para rotas de ponto a ponto — do ponto A ao ponto B. O tempo de permanência em terra também é menor, aumentando o número de voos que um avião pode fazer em um único dia, enquanto outros serviços complementares, como estacionamentos e linhas de ônibus para cidades próximas, também se beneficiam da redução de custos operacionais proporcionada pela tecnologia, que permite aos passageiros reservarem com antecedência. A combinação de todos esses fatores, em especial a desintermediação comercial e a contínua flutuação de preços, leva à emergência das companhias aéreas ponto a ponto, que conseguem operar a baixos custos.

Com o aumento da disponibilidade da internet, os aeroportos secundários se desenvolveram à custa dos aeroportos de médio porte. O mercado acelerou rumo ao desenvolvimento de grandes terminais para voos de longa distância e aeroportos pequenos para voos ponto a ponto. O minúsculo Aeroporto de Orio al Serio em Bérgamo, na Itália, por exemplo, tem hoje quase metade dos passageiros do Aeroporto Central de Milão-Malpensa. Logo, a infraestrutura imaterial condiciona (senão define) o uso da infraestrutura material.

Com o passar do tempo, as companhias especializadas em voos de longa distância também aprenderam a usar as técnicas de marketing digital desenvolvidas pelas empresas de baixo custo, adaptando a estrutura de distribuição ao modelo de desintermediação. A Via Larga, de Milão, já foi a rua oficial dos escritórios das companhias aéreas (as sedes locais para logística comercial e suporte à rede indireta mencionada anteriormente); agora, esses escritórios não são mais necessários.

Talvez esse seja um dos exemplos mais claros de como algumas dinâmicas podem ser contraintuitivas: pensava-se que, se as pessoas pudessem se comunicar online, viajariam menos para se encontrar pessoalmente. Contudo, ocorreu exatamente o oposto: as pessoas se comunicam continuamente com seus amigos distantes, e por isso os visitam com mais frequência. É claro que muitos se correspondem e trabalham remotamente (e a legislação vem se adaptando a essa nova realidade), mas a natureza do ato de viajar está mudando no mesmo ritmo. Este também é um exemplo de como a disponibilidade e o processamento de informações pôde reduzir a entropia e otimizar o uso de recursos materiais.

Ademais, o uso do *backchannel* e suas informações não se limita ao transporte aéreo. Há inúmeros exemplos: gestão preventiva da distribuição em armazéns, serviços de compartilhamento de veículos que nos informam onde há carros disponíveis, seguradoras de veículos que ajustam suas coberturas à experiência e à habilidade do motorista, ofertas de hotéis, preços de publicidade etc.

2.10. Contribuição dos usuários

"Era apenas um dia comum na Piazzale Cadorna, em Milão", escreveu a agência de notícias ANSA. "De repente, em dado momento... ao meio-dia e meia, mais de 120 percussionistas de toda a Itália se reuniram para um *flash mob*.[52] Os participantes, recrutados online e pelo boca a boca, tocaram repetidamente a introdução da música 'L'Ombelico del Mondo', de Jovanotti, causando surpresa e convidando o público a interagir. Então, desapareceram na multidão."

Quando a comunicação é instantânea, sem custo, e a informação pode ser processada automaticamente para traçar, selecionar e organizar os detalhes desejados, os custos de coordenação podem ser reduzidos a uma nova ordem de grandeza, se comparados aos do mundo material. Um dos efeitos desse processo, como já mencionado, é a terceirização das funções corporativas e a consequente queda da estabilidade no emprego. Outra consequência são os *flash mobs*, essas multidões instantâneas descendentes diretas da dimensão imaterial. Muitas pessoas que vivem distantes umas das outras e nunca se encontraram fisicamente podem colaborar para um propósito divertido, como o *flash mob*, motivadas por questões sociais ou profissionais.

A Wikipédia é outro produto colaborativo da digitalização: cerca de dois milhões de pessoas ao redor do mundo contribuem regularmente com o site graças ao fato de que as distâncias na dimensão imaterial são apagadas, e o armazenamento de informações tem custos insignificantes. O Waze é um aplicativo de navegação que nós podemos descrever como "social". Ele reporta os pontos de con-

---

52 Espetáculo apresentado por um grupo de pessoas que se reúne repentinamente em um local público, realizando uma performance inusitada e dispersando-se logo em seguida. São muito utilizados em campanhas de marketing viral e como crítica e expressão artística. [N.T.]

gestionamento no trânsito, acidentes e velocidades permitidas em rodovias, atualizados em tempo real pelas informações fornecidas por outros usuários. Nós pagamos por esse valor agregado ao abrir mão de nossa privacidade, deixando que o Waze saiba exatamente onde estamos. Não é de se surpreender que isso tenha chamado a atenção do Google, que, em sua jornada pelo monopólio da informação, adquiriu o aplicativo em 2013 por pouco mais de um bilhão de dólares. O Waze opera baseado no *backchannel* e no processamento automático de informações, que determinam sua posição por GPS e transmitem-na a uma central.

Ainda iremos abordar a questão da privacidade e examinar suas diferentes visões na Europa e Estados Unidos. Por ora, diremos que o baixo custo de coordenação viabilizado pela dimensão imaterial permitiu que alguns processos tradicionais fossem redesenhados. Um bom exemplo são os bancos, que recolhem dinheiro e pedidos de empréstimos que analisam cuidadosamente, e então priorizam seus investimentos.

Sites como Retedeldono.it e Eppela.it[53] são apenas alguns exemplos de serviços de *crowdfunding*, isto é, sistemas que permitem a organização de financiamentos coletivos para propósitos específicos. Os primeiros sites do tipo foram criados para captar recursos para projetos de organizações sem fins lucrativos, ou seja, doações; outros permitem o financiamento de projetos empreendedores ou sociais em troca de compensações determinadas pelos autores da ideia; e há ainda aqueles que angariam fundos para iniciar *start-ups*, transformando os apoiadores em acionistas. Convém notar que essas formas de financiamento colaborativo não são mobilizações de poupança pública, apesar da óbvia semelhança com uma das principais funções dos bancos. As nuances são muito

---

53 Exemplos semelhantes no Brasil seriam Catarse.me e Kickante.com.br. [N.T.]

mais complexas, e cada parte envolvida usa o serviço de acordo com seus objetivos.

Outro caso, desta vez de *crowdsourcing*, é a empresa Zooppa, que atua no campo da "criatividade coletiva". Um cliente com um projeto criativo pode usar o site da Zooppa para anunciar a oportunidade a uma comunidade de talentos do ramo, na forma de competição entre os profissionais.

O microprocessador de cada um de nossos computadores permanece inativo por um bom tempo, seja enquanto o utilizamos ou simplesmente quando o deixamos ligado. Pesquisadores da Universidade de Berkeley decidiram explorar esse poder computacional, delegando uma parte de um problema complexo a uma série de computadores participantes, com o objetivo de resolvê-lo coletivamente. Assim, eles criaram a plataforma BOINC, sigla para Berkeley Open Infrastructure for Network Computing [Infraestrutura Livre para Computação em Rede de Berkeley]. Seu primeiro campo de aplicação foi a busca por inteligência extraterrestre, analisando ondas de rádio do espaço à procura de padrões que pudessem indicar ausência de aleatoriedade, envolvendo milhões de computadores que "doaram" o tempo ocioso de seus sistemas.

Essa aplicação pode parecer um pouco bizarra, mas a mesma tecnologia é usada para realizar cálculos complexos em áreas como química, biologia, astronomia, climatologia e medicina, em projetos que incluem pesquisas genéticas, simulação molecular de proteínas e análises epidemiológicas e sísmicas. Todas essas iniciativas se tornam possíveis na dimensão imaterial, sem a qual os custos seriam impraticáveis. Elas existem, de fato, graças às propriedades de processamento automático, à disponibilidade de informações em *backchannel* e aos custos mínimos para transmissão de informações, assim como à transferência instantânea de dados.

Outras formas de *crowdsourcing* são menos óbvias, mas igualmente efetivas. Todos nós já nos deparamos com aquelas janelas irritantes que verificam se realmente somos humanos na internet.

Normalmente, elas contêm algumas palavras escritas aleatoriamente ou imagens de números. O sistema utilizado para os chamados CAPTCHAS[54] funciona a partir da conversão de conteúdo de xeroxes para textos, ou a partir do reconhecimento de um número de rua em uma fotografia. Quando a informação é duvidosa, o sistema nos apresenta o teste, pois somente seres humanos (por enquanto) podem discernir ambiguidades e oferecer a resposta certa. Então, o sistema aprende conosco.

Com o passar do tempo, nós vamos participar de várias pesquisas desse tipo, realizando tarefas que contribuem com o sistema — muitas vezes, sem o nosso conhecimento. Assim como nossos smartphones fornecem informações de trânsito ao Waze, com a "internet das coisas" nossas estações meteorológicas vão fornecer dados para pesquisadores, nossos refrigeradores vão informar sobre hábitos alimentares e nossas lâmpadas, sobre o consumo de energia, e assim por diante.

Uma vez que tenhamos um sistema confiável de identificação de usuários, um sistema de notificações e um sistema para localizar e acessar documentos imateriais, os provedores de serviços poderão criar soluções para usuários privados e empresas que integrem vários componentes de administração. Assim, nós também estaremos diretamente envolvidos nos processos administrativos públicos. Logo, o nível do serviço será aprimorado (como ocorre atualmente com as empresas que oferecem relações contratuais vantajosas) e, ao mesmo tempo, a carga de trabalho dos servidores públicos será reduzida. Gradualmente, menos pessoal será requerido e o peso da gestão pública pode ser aliviado.

■

54 Acrônimo de Completely Automated Public Turing Test to tell Computers and Humans Apart, ou teste de Turing público completamente automatizado para diferenciação entre computadores e humanos. [N.T.]

2.11. Economia compartilhada

Eu tive dúvidas se deveria incluir um breve capítulo sobre a economia do compartilhamento,[55] ou, ainda, se deveria descrever o fenômeno com esse termo. A expressão ainda é muito recente, e não se sabe por quanto tempo terá validade. Pessoalmente, não acho que vá muito longe, como mostrarei na conclusão desta seção.

2.11.1. Fundamentos da economia do compartilhamento

Organizar um serviço e trabalhar com diversos fornecedores é algo que requer dinheiro e esforço. Ou seja, o custo desse tipo de gestão só é justificável quando há contribuições de alto valor. Por exemplo, as pequenas oficinas de tricô que trabalham como subcontratantes para marcas famosas, ou os artesãos de couro que fazem partes de bolsas. Além disso, assim que uma iniciativa é organizada, ela precisa ser inserida no mercado, e isso também envolve custos significativos. No entanto, se deslocarmos essas atividades para a dimensão imaterial, uma vez que tenhamos criado uma plataforma (custo irrecuperável), os outros custos variáveis são ínfimos e as regras mudam drasticamente. O custo variável da gestão é reduzido a quase zero, graças ao fato de que uma boa

---

55 No Brasil, pesquisadores adotaram a expressão "economias do compartilhamento", no plural, indicando a variedade de possíveis formatações econômicas, ora mais cooperativas, ora mais corporativas e verticalizadas. As economias do compartilhamento também podem ser orientadas ao consumo ou à produção. Ver ZANATTA, Rafael; DE PAULA, Pedro; KIRA, Beatriz (orgs.). *Economias do compartilhamento e direito*. Curitiba: Juruá, 2017. Disponível em <http://www.internetlab.org.br/wp-content/uploads/2017/12/Economias_do_compartilhamento_e.pdf>.

parte do trabalho é feita diretamente pelo prestador, que provê materiais e conteúdo, e o custo da plataforma se resume ao controle (majoritariamente automático) e à tratativa das exceções.

Uma vez que o nível crítico de oferta agregada e usuários adquiridos é atingido, há um ponto de virada, e se o serviço agregado assegurar ao intermediário uma margem de lucro maior do que os custos variáveis de divulgação e marketing, e ainda os custos mínimos de coordenação, o negócio será sustentável. Particularmente no estágio inicial, o recurso mais escasso para o agregador é a atenção do consumidor, e boa parte de sua verba será utilizada para adquirir uma posição estável na mente dos consumidores. Levy Weitz diz que os três principais fatores de sucesso no mercado varejista são "localização, localização e localização". De modo similar, se o serviço agregado é fornecido por meio de um aplicativo, a propriedade mais valiosa para um negociante do mundo imaterial é a tela do smartphone. Instalar um aplicativo impossível de ser deletado no smartphone de um usuário equivale a construir um shopping center no quintal de um cliente, em termos materiais.

Os baixos custos de coordenação da dimensão imaterial permitem que os serviços sejam organizados de um modo antes impensável. Qualquer pessoa com um recurso que é utilizado apenas parcialmente pode torná-lo disponível para outros se houver demanda em potencial. No início, os empreendedores que lançaram essas plataformas de intermediação estavam respondendo às principais demandas por produtos e serviços: transporte, hospedagem e alimentação. Assim, foram criadas plataformas como Blablacar, Uber, Airbnb e Gbnammo, e o fenômeno estendeu-se gradualmente a todos os tipos de atividades que podem ser desempenhadas por indivíduos no seu próprio tempo, com recursos antes subutilizados: desde entregas de última milha, como a Rappi, até pinturas de casas e vestidos de gala.

2.11.2. As regras do jogo

Essas plataformas são implementadas, tradicionalmente, em setores cujas demandas eram supridas por empresas com custos de gestão muito maiores. Para isso, seus idealizadores exploram uma brecha legal que dispensa os intermediários da sociedade da informação de suas obrigações. O eCommerce Directive [Diretiva sobre Comércio Eletrônico], implementado em 2000 na União Europeia, garante explicitamente a isenção de responsabilidade para os operadores de plataformas de comunicação. Na época, o objetivo geral era encorajar o desenvolvimento da sociedade da informação, considerando seu baixo impacto nos recursos e a perspectiva de um bem-estar sustentável. Assim, as legislações partiam do princípio de que as plataformas de comunicação eram somente um meio, que o conteúdo era fornecido pelos usuários e que cabia somente a eles essa responsabilidade.

Imunidades foram concedidas para os sistemas que apenas ofereciam a transmissão (considerados como meros canais, semelhantes a passarelas pelas quais passa o conteúdo), para aqueles que hospedavam o conteúdo de terceiros (hospedagem, similar a uma mesa usada como suporte) e um meio termo entre os dois serviços (*caching*,[56] uma espécie de plano inclinado por onde o conteúdo escorrega e tende a desaparecer). Então, as plataformas evoluíram. E, com os primeiros aplicativos de fóruns para discussão online, surgiu a questão: esses serviços podem ser enquadrados como plataformas e, portanto, incluídos na isenção de responsabilidade prevista nas leis da União Europeia?

Por fim, decidiu-se que eram sistemas de software sem intervenção humana, que faziam parte da plataforma e estavam, por

---

56 Memorização temporária de dados em um sistema para acesso rápido. [N.T.]

conseguinte, incluídos na imunidade legislativa dos serviços de hospedagem. Ou seja, entendeu-se que, por exemplo, uma plataforma de compartilhamento de serviços para pintores amadores ou decoradores de fim de semana não faz nada além de unir a oferta à demanda, e que o software não é responsável por pintores que usam tintas tóxicas ou decoradores que recomendam lâmpadas irregulares.

Os intermediários recebem uma porcentagem da transação e são, geralmente, empresas globais que operam de paraísos fiscais ou usam acordos fiscais privilegiados. Assim, essas companhias não pagam impostos no país em que atuam. Seu serviço de intermediação é prestado no exterior, logo, uma parte do valor da transação deixa o país e acaba em locais com tributações mais convenientes. Em 2016, o caso da Apple causou grande repercussão. Graças a um acordo especial entre os Estados Unidos e a Irlanda, baseado em uma interpretação diferenciada do conceito de "residência", a empresa acumulou 190 bilhões de dólares na Irlanda, subtraindo o montante da tributação normal e pagando apenas 0,005% em impostos.[57]

Essas práticas são conhecidas no comércio exterior como BEPS, do inglês Base Erosion and Profit Shifiting [Erosão de Base e Transferência de Lucros]. É um problema que deve ser resolvido em âmbito político, por meio do controle bancário dos fluxos financeiros, visando recuperar fundos de tributação nos ganhos com geração de receita, sujeitos a ajustes negociados com as autoridades fiscais. A Organização para a Cooperação e Desenvolvimento Econômico

■

57 "Apple Ordered by EU to Repay $14.5 Billion in Irish Tax Breaks" [União Europeia ordena Apple a pagar 14 bilhões de dólares após fraudes tributárias na Irlanda], em *The Wall Street Journal*, 30 ago. 2016. Disponível em <https://www.wsj.com/articles/apple-received-14-5-billion-in-illegal-tax-benefits-from-ireland-1472551598>.

(OCDE) vem trabalhando ativamente nessa questão.

Até mesmo nos dias de hoje, devido à injustiça intrínseca entre os contribuintes e, acima de tudo, à perda de receita dos Estados, a sonegação de impostos é uma das principais preocupações políticas, embora os tributos correspondam a uma fração dos rendimentos. Recuperar esses impostos fraudados em transferências de lucros pode resolver os problemas tributários de um Estado, mas não vai solucionar o maior problema de todos: a transferência de valor por meio da alocação em um país diferente daquele em que a receita é gerada. De certo modo, pode-se dizer que a sonegação de impostos é um sintoma, um sinal superficial, de um problema muito mais profundo.

2.11.3. Novas regulações e suas tensões

Naturalmente, hoteleiros, motoristas de táxi, donos de restaurantes, pintores profissionais, arquitetos e outros profissionais não estão muito felizes com essa situação. Eles operam na dimensão material e estão sujeitos ao controle e às regulações vigentes. Enquanto isso, eles veem parte de seus clientes indo parar nas mãos de intermediários não regulamentados, que oferecem negócios com particulares a preços mais baixos. As pessoas físicas têm muitas vantagens, pois a sonegação é fácil e elas não têm custos com a conformidade legal do negócio — com higiene, segurança ou acessibilidade, por exemplo.

Para nivelar o cenário competitivo, é provável que algumas obrigações sejam impostas para plataformas de intermediação. Um dos diferenciais para a pessoa física é que essas atividades de meio período podem funcionar como uma pequena fonte de renda extra, especialmente útil durante a crise econômica. Assim, as pessoas exploram a capacidade residual de recursos outrora subutilizados (um benefício para toda a sociedade, que se torna mais eficiente e reduz o desperdício), tais como carros ou casas. Há, no entanto, o risco de que a atividade não se mantenha em nível esporádico e complementar, mas se torne um ofício em tempo integral, no qual o indivíduo continua escapando das exigências, obrigações e inspeções acatadas pelos profissionais dessas áreas. Logo, limites devem ser impostos para garantir que as obrigações do exercício de cada profissão sejam respeitadas.

Há uma linha muito tênue entre uma empresa que anuncia online e emprega pintores em tempo integral, com todas as garantias e restrições legais, e um intermediário imaterial com uma longa lista de pintores "de meio-período". Esta última pode sair na frente ao transferir toda a responsabilidade e o fardo da flexibilidade aos pintores. Onde termina a plataforma e começa uma nova forma de contratação ilegal, ou uma desregulação excessiva imposta pela empresa aos trabalhadores?

Alguns observadores, como o *Financial Times*,[58] defendem que a inovação mais importante da economia do compartilhamento é a transferência de risco. A nova lei trabalhista francesa — aprovada em 2016 e conhecida como Loi El Khomri [Lei El Khomri], em referência à ministra do Trabalho Myriam El Khomri, que impulsionou o texto — reconhece o direito à greve dos trabalhadores de plataforma, bem como seu direito de criar ou aderir a um sindicato próprio. Por essa razão, é possível que as instituições venham a estabelecer exigências específicas para garantir a pluralidade de serviços e impor limites à dependência de uma pessoa em relação ao intermediário. Para aqueles que ultrapassarem esses limites, as obrigações serão cobradas da mesma forma que no mundo material.

■

58 "The sharing economy must share the risks" [A economia do compartilhamento precisa compartilhar os riscos], em *Financial Times*, 17 dez. 2014. Disponível em <https://www.ft.com/content/d3bd6750-848d-11e4-bae9-00144feabdc0>.

Os consumidores que utilizam essas plataformas de intermediação sabem que possuem menos garantias e proteções? Até que ponto se trata de uma escolha livre e consciente, ou de um grande risco em nome dos ganhos financeiros?

São riscos que a sociedade decidiu minimizar, por meio de regulações específicas. Podemos pensar nos custos de acessibilidade para pessoas com deficiência. Indivíduos que possam desconsiderá-los terão uma grande vantagem de custo que pode ser repassada aos consumidores, ao contrário daqueles que seguem a lei e são obrigados a pagar a conta. Contudo, a consequência óbvia é a redução da disponibilidade de serviços e garantias para os setores menos favorecidos da sociedade. Seria uma vantagem para a maioria dos usuários à custa dos mais vulneráveis. Este problema altamente complexo começará a ser enfrentado por meio de códigos autorregulatórios para categorias de intermediários, advertências aos consumidores e exigências às plataformas.

No cerne da questão, porém, repousa uma velha contradição: a soma de benefícios para os indivíduos não corresponde necessariamente a benefícios gerais para a comunidade. Propriedades imateriais que permitem a integração extensiva sem custo acentuam essa contradição, que de outro modo estaria oculta pela ineficiência das estatísticas.

Essas plataformas não escolhem prestadores de serviços nem recomendam clientes — senão, ao participar das negociações, se tornariam não apenas facilitadoras, mas também responsáveis. Ao invés disso, elas oferecem funções automáticas, algoritmos e avaliações coletivas, ou seja, transferem a responsabilidade para os usuários da plataforma, que são encorajados a expressar opiniões sobre os prestadores e consumidores.

As regras gerais para a prestação de serviços incluem certas exigências, como a impossibilidade de recusar clientes e a garantia de direitos trabalhistas igualitários. Leis básicas como essas não são novidade: até mesmo os antigos romanos exigiam que as hospedarias construídas ao longo de estradas garantissem a hospitalidade a qualquer viajante e a seus cavalos, sem discriminação.

Uma plataforma de intermediação como essa não tem nenhuma obrigação de se preocupar com a inclusão social. Desse modo, um motorista pertencente a uma minoria étnica poderia facilmente receber avaliações negativas se trabalhasse em uma cidade com maioria absoluta de outra etnia — o que certamente comprometeria suas oportunidades de trabalho. Ele poderia até mesmo ser excluído da plataforma, sem nenhum direito a recurso, sendo permanentemente proibido de utilizar o serviço. Como explicarei no próximo capítulo, essas plataformas tendem a se tornar monopólios, devido ao efeito de rede e ao aprisionamento tecnológico. O resultado são áreas geográficas inteiras com uma única plataforma dominando um serviço em particular. A Amazon, por exemplo, vende mais do que seus doze maiores concorrentes juntos.[59]

Pesquisadores da Universidade de Harvard mostraram que esta não é apenas uma preocupação teórica: eles descobriram que, no Airbnb, pessoas com nomes afro-americanos têm 16% menos chances de conseguir uma hospedagem, comparadas às pessoas com nomes tipicamente associados à etnia branca. Isso prova que as escolhas atuais para implementação de algoritmos no Airbnb facilitam a discriminação, ameaçando importantes conquistas sociais, como a promoção da igualdade racial.[60] O Airbnb reagiu

59 "After Decades of Toil, Web Sales Remain Small for Many Retailers" [Após décadas de trabalho, as vendas da internet permanecem pequenas para muitos varejistas], em *The Wall Street Journal*, 27 ago. 2013. Disponível em <https://www.wsj.com/articles/web-sales-remain-small-for-many-retailers-1377649860?tesla=y>.

60 EDELMAN, Benjamin; LUCA, Michael & SVIRSKY, Dan. "Racial Discrimination in the Sharing Economy: Evidence from a Field Experiment", em *Forthcoming*, s/d. Disponível em <http://

anunciando que faria grandes investimentos no uso de dados para combater o preconceito,[61] e contratou um ex-procurador federal para definir as novas políticas antidiscriminatórias da empresa.[62]

Portanto, os algoritmos devem ser, de alguma forma, corrigidos para assegurar uma transação justa. Mas como é possível garantir essa imparcialidade? E se o algoritmo for desenvolvido com base nas convicções ideológicas de seus criadores? Isso nos leva à questão central da ética nos algoritmos e da responsabilidade de seus desenvolvedores.

2.11.4. A ética dos algoritmos

Nós utilizamos uma grande variedade de sistemas e serviços todos os dias, e dependemos cada vez mais de seus algoritmos ocultos em nossas atividades sociais e econômicas. Esses algoritmos se comportam de acordo com a programação de seus criadores, e se tornam uma espécie de "lei" geral que governa nossas relações com os serviços online. Muitas atividades econômicas tradicionais são regulamentadas conforme padrões determinados por

■

www.benedelman.org/publications/airbnb-guest-discrimination-2016-09-16.pdf>.

61 CHESKY, Brian. "An Update on the Airbnb Anti-Discrimination Review" [Uma atualização na política antidiscriminatórias do Airbnb], em *Airbnb Blog*, 20 jul. 2016. Disponível em <https://blog.atairbnb.com/an-update-on-the-airbnb-anti-discrimination-review/>.

62 "Airbnb Hires Ex-Attorney General Eric Holder to Advise on Anti-Bias Policy" [Airbnb contrata ex-procurador-geral Eric Holder como consultor de políticas antidiscriminatórias], em *The New York Times*, 20 jul. 2016. Disponível em <https://www.nytimes.com/2016/07/21/technology/airbnb-hires-ex-attorney--general-eric-holder-to-advise-on-anti-bias-policy.html>.

instituições públicas para salvaguardar o mercado e seus usuários. No entanto, esses padrões são frequentemente aplicados de modo questionável ou mal supervisionados.

Os algoritmos dos novos serviços costumam substituir essas normas de um modo mais eficiente, mas menos transparente, determinado exclusivamente pela empresa e sem possibilidade de recurso. A situação ficará ainda mais complicada quando os processos computacionais não forem mais baseados em algoritmos. Em breve, os computadores podem deixar de seguir mecanismos conhecidos e modelos replicáveis, nos quais as condições de entrada sempre produzem os mesmos resultados de saída.

Os sistemas de classificação e decisão serão cada vez mais comandados pela inteligência artificial — "redes neurais" que não são programadas, mas capazes de aprender como seres humanos. Como consequência, esses sistemas podem ter uma capacidade intrínseca de definir critérios. Quem seria responsável nesse caso? Bastaria dizer que uma decisão foi tomada por uma máquina para eximir-se da responsabilidade (já que não foi iniciativa de uma pessoa)?

Até agora, temos visto uma isenção de responsabilidade para as modalidades que facilitam serviços, o que fez sentido no passado como apoio ao desenvolvimento da tecnologia. No entanto, o futuro aponta para a responsabilização dos intermediários, dados os efeitos das atividades que eles desempenham na sociedade.

2.12. Explorando os monopólios imateriais

Em seções anteriores, eu utilizei a palavra "monopólio" de um modo relativamente impróprio, para indicar empresas que possuem poder significativo no mercado. Na Itália, é dito que uma empresa possui poder relevante no mercado "se, individualmente ou em parceria com outras, [...] desfruta de uma posição equivalente à dominância, portanto apresenta tamanha força econômica que pode atuar independentemente de seus concorrentes, clientes e consumidores".[63]

Há certas situações de nítido monopólio, tais como a Società Autostrade na Itália, que domina todo o setor de rodovias e possui a licença de operação do governo. Outros cenários são menos óbvios: a Microsoft detém o monopólio dos programas de planilha com seu Excel, porque todos nós sabemos como usá-lo e o aprisionamento tecnológico é muito grande. O custo de mudar seria muito alto para os usuários, além de requerer esforços cognitivos e o aprendizado de uma nova ferramenta.

É por essa razão que muitas patentes de software abrangem as funções do menu, a aparência e a funcionalidade de certos ícones, a ergonomia do dispositivo e os processos de operação, entre outros aspectos. Isso porque todos esses detalhes reduzem o esforço cognitivo necessário para adotar a ferramenta ou serviço, ou mesmo dificultam a tarefa de modificar o software, fortalecendo a posição da empresa no mercado. Em resumo, o produto se torna menos vulnerável à concorrência. Além disso, o fato de todos nós compartilharmos arquivos de planilha no formato específico do Excel é um fator adicional de aprisionamento. A mudança torna-se muito complicada devido à necessidade de interação com amigos e colegas de trabalho, a não ser que sejam todos convencidos a

---

63 Decreto Legislativo nº 259/2003 da República Italiana.

trocar de ferramenta ao mesmo tempo — um aprisionamento tecnológico imbatível.

Na verdade, essa limitação é atenuada pelo uso de formatos interoperáveis e padrões coletivos: se pudermos interagir com outros usuários utilizando um formato comum que preserve as informações básicas do arquivo (aparência, caracteres em negrito, sublinhados, fontes e gráficos), então é possível conceber uma migração gradual, na qual apenas alguns façam a transição para novas ferramentas.

Esses formatos existem e são chamados de padrões "abertos", pois descrevem como os dados devem ser codificados em um arquivo para que todos possam abri-lo com as mesmas informações. Os monopolistas são obrigados a adotar padrões abertos conforme a legislação antitruste, caso contrário se tornam obviamente anticompetitivos e devem ser punidos.[64] Por essa razão, todas as ferramentas comercializadas incluem a opção de salvar os arquivos em formatos abertos, para garantir a interoperação com softwares concorrentes.

É por isso que, toda vez que as empresas monopolistas lançam uma nova versão de seus produtos, elas tendem a incluir a codificação de dados em formatos exclusivos, permitindo uma gama maior de informações como padrão (configurado como opção automática, a não ser que o usuário selecione outro). Assim, a riqueza de informações é perdida quando o usuário escolhe os padrões abertos. Obviamente, os formatos "completos" que a empresa aplica são patenteados, para prevenir que outras empresas os utilizem de modo a ameaçar sua posição. Assim, os programas

64 As leis antitruste europeias não punem o monopólio, mas a exploração de seus efeitos para ganhar vantagens competitivas. Nos Estados Unidos, o próprio tamanho da empresa pode acarretar penalizações.

são interoperáveis, mas somente até o ponto mínimo necessário para evitar processos baseados na lei antitruste.

As patentes, que teoricamente deveriam promover a competição ao encorajar a busca por inovação, são usadas como alavancas para defender posições de monopólio. Em uma espécie de guerra fria da tecnologia, as empresas constroem seus próprios arsenais de patentes para usar contra os concorrentes: "Se você me processar, eu te processo também!". Salvo no caso de grandes corporações, que possuem verbas astronômicas para o departamento jurídico, a maioria das empresas perde gradativamente sua capacidade de competir.

Um caso emblemático foi a ameaça de Steve Jobs à Palm, empresa que criou computadores portáteis antes do surgimento dos smartphones: caso a companhia ousasse contratar funcionários da Apple, como na dinâmica normal do mercado de trabalho, a gigante de Jobs declararia uma verdadeira guerra de patentes. A Palm respondeu que também possuía várias patentes e que ambos os lados sairiam prejudicados na disputa, tendo que gastar milhões com exércitos de advogados. Jobs voltou a ameaçá-los horas depois: "A Apple não vai aceitar isso. Você deve estar ciente da assimetria financeira entre nossas empresas quando afirma que 'acabaremos simplesmente gastando uma fortuna com advogados'".[65]

Na dimensão material, que é muito mais lenta que sua contraparte imaterial, uma patente que garante o direito exclusivo de uso por um período de vinte anos já soa um tanto quanto excessiva em muitas áreas. Enquanto isso, na dimensão imaterial, onde os monopólios são erguidos em questão de meses e patentes servem

---

65 "Steve Jobs threatened Palm with lawsuit over employee 'poaching'" [Steve Jobs ameaçou Palm com ação judicial contra 'caça' de funcionários], em *CNN*, 23 jan. 2013. Disponível em <https://edition.cnn.com/2013/01/23/tech/innovation/steve-jobs-palm-lawsuit/index.html>.

como fortalezas, tais condições pareceriam anormais para muitos (e alguns, como a economista Michele Boldrin, sugerem que as patentes deveriam ser eliminadas).

Devo ainda enfatizar um ponto importante: as características fundamentais da dimensão imaterial praticamente eliminam custos e prazos, descartando os gastos de processamento e aumentando os lucros. Somadas ao efeito de rede e aos mecanismos poderosos de aprisionamento tecnológico, essas propriedades permitem que empresas construam verdadeiros impérios em um curtíssimo período[66] e, naturalmente, se tornem as ações preferenciais no mercado financeiro.

O gráfico ilustra os dados de capitalização das maiores empresas do mundo entre 2011 e 2016, mostrando que a relevância da economia imaterial superou sua contraparte material. As empresas atuantes na esfera imaterial conseguem defender suas posições privilegiadas explorando todos os aspectos regulatórios que foram

■

66 Compare-se, como exemplo, o WhatsApp ao SMS. O WhatsApp é um sistema fechado e não interoperável, e portanto é controlado por uma única entidade. Já o SMS é um sistema aberto e interoperável, permitindo a concorrência entre operadoras. O SMS surgiu muito antes, antes da internet e dos smartphones, e por isso tinha custos de transmissão, mas o mecanismo básico de mensagens trocadas entre terminais continuou o mesmo. O que mudou foi o vetor (agora a internet), que permitiu a eliminação dos custos. Quando a empresa decide mudar um recurso, pode fazê-lo sem negociar ou dialogar com ninguém. De maneira inversa, um sistema competitivo, com muitos operadores interagindo, transforma-se bem mais devagar, uma vez que necessita de acordos e prazos de negociação entre os envolvidos. De certo modo, é uma distinção semelhante à democracia vs. monarquia. Tudo só vai bem quando o rei está bem-comportado. Já a democracia custa mais, pode ser mais lenta e tornar as decisões mais ineficientes, mas, em contrapartida, oferece muito mais garantias.

criados em um contexto material, portanto muito mais vagaroso (inclusive nos prazos para processos jurídicos, que são longos em todo o mundo).

Fonte: *visualcapitalist.com*

2.13. Um cenário difícil de nivelar

A *Harvard Business Review*, revista de administração da Universidade de Harvard, questiona por que nós ainda classificamos as empresas de acordo com setores verticais, comparado ao modo como produzem valor atualmente. Segundo uma pesquisa, isto pode ocorrer de quatro formas:

- Produtores de recursos materiais fabricando e vendendo bens materiais;
- Prestadores de serviços usando pessoas para entregar serviços;
- Inventores de tecnologias gerando e fornecendo propriedade intelectual;
- Orquestradores de redes facilitando interações e transações.

Os provedores de tecnologia e orquestradores de redes muitas vezes são as mesmas empresas, e levam a cabo as intermediações algorítmicas das relações com clientes, que, como já dissemos, estão "reintermediando" vários setores tradicionais da economia de produtos e serviços. Várias atividades que costumavam ser operadas por uma série de intermediários, atuando em setores tradicionais que eram regulamentados para fomentar a competição justa, hoje são desempenhadas por meio de ferramentas digitais.

Logo, a concorrência entre as operadoras tradicionais e aquelas que aproveitam ao máximo os privilégios da dimensão imaterial ocorre em um cenário caracterizado por regras diferentes. As operadoras convencionais reclamam dessa assimetria regulatória, pedindo normas menos rígidas para sua atuação e regulações mais efetivas para os novos competidores — para alcançar o que se chama de "igualdade de condições de concorrência".

Atualmente, o cenário é desigual, principalmente devido ao efeito das propriedades imateriais comparadas às materiais:

produzir é barato e repetir a produção, armazenar, transferir e processar têm custo zero, com transferência instantânea. Logo, na dimensão imaterial, os custos de gerenciamento são reduzidos centenas, milhares de vezes, eliminando os obstáculos típicos dos mercados tradicionais.

Este é o caso, por exemplo, da hospedagem em hotéis comparada aos proprietários online, transporte público comparado ao compartilhamento de veículos, editoras de jornais comparadas ao conteúdo online etc. As tradicionais barreiras de acesso, determinadas pela materialidade dos negócios, requerem investimentos substanciais. Esses investimentos também justificam certo nível de custos de conformidade, isto é, os custos que as empresas têm que arcar para cumprir as obrigações impostas por padrões industriais específicos. Por exemplo, as normas para proteção da saúde no setor alimentício, o tratamento de pessoas com deficiência no setor hospitalar, segurança no transporte, entre outros. Esses custos, consequentemente, são embutidos nos preços repassados ao público. Quando o montante de investimentos é reduzido por conta das propriedades acima mencionadas, a porcentagem de conformidade deixa de ser proporcional. Muitas vezes, devido à ambiguidade ou imprecisão regulatória, esses padrões são evitados pelas novas empresas imateriais.

Assim, a redução de investimentos e custos de conformidade gera preços vantajosos para os consumidores, mas também gera serviços que desprezam as regras de conformidade adotadas pela sociedade para proteger trabalhadores, minorias, o direito à saúde, o direito à informação equilibrada, e por aí vai. Os custos monetários são muito menores (com o efeito deflacionário caindo novamente sobre os operadores tradicionais), mas os impactos sociais não podem ser ignorados.

Por essa razão, as empresas tradicionais — oneradas pelos investimentos e cobranças consolidadas ao longo de décadas — exigem uma concorrência em igualdade com os novos competidores, que são os intermediários da dimensão imaterial. Estes últimos reivindicam, por outro lado, que a inovação não pode ser impedida por conta dos benefícios econômicos proporcionados aos consumidores (que são intermediados por eles, geralmente em condições de monopólio/monopsônio,[67] como destacado na seção anterior).

O problema se intensifica com a expansão da relevância da dimensão imaterial para a economia, uma vez que a intermediação está se tornando rapidamente a principal interface do usuário para relações econômicas. E isso está acontecendo em uma velocidade impressionante. O sistema Android — usado atualmente por mais de um bilhão de pessoas — foi lançado em 2008, ou seja, tem apenas dez anos de existência.

Na tentativa de encontrar uma solução, a Comissão Europeia completou recentemente uma consulta às "plataformas" — um termo bastante infeliz a meu ver, já que não captura o ponto central da questão: a desintermediação das tradicionais operadoras competitivas e sua "reintermediação" algorítmica por operadoras dominantes baseadas em nichos de mercado, em um contexto de completa assimetria regulatória. Seria viável onerar as novas operadoras imateriais com responsabilidades que possuem custos de conformidade muito maiores que seus investimentos e custos de operação? Ou estes encargos e garantias teriam de ser eliminados também para as operadoras tradicionais? É socialmente aceitável que se formem domínios imateriais, que se opõem à tradição material, sem regras em defesa da competitividade? Ou queremos que as empresas tradicionais sejam liberadas das cobranças relativas a inclusão, proteção e garantias? Este é um desafio político, para

---

■

67 Em economia, monopsônio se refere a uma estrutura de mercado caracterizada por haver um único comprador para o produto de vários vendedores. [N.E.]

o qual proponho algumas ideias no capítulo 4.

Por outro lado, uma cultura digital fraca, como a da Itália na área de negócios, resulta em baixos investimentos e, consequentemente, em operadoras estrangeiras conquistando nosso mercado por meio da interceptação de valor agregado no relacionamento com os usuários finais. Este também é um desafio para nossos empreendedores.

2.14. O mal-estar do imaterial

A imaterialidade da dimensão digital cria alguns problemas em nível cultural, com consequências econômicas. Como não podemos tocar a realidade digital, temos dificuldade em perceber seu valor. Isso também gera consequências (negativas) em decisões políticas a respeito de investimentos no setor. É tentador investir dinheiro e lidar com coisas que possuem uma dimensão material, que você pode ver e tocar, e que possuem "massa". Isso ocorre porque nós somos tradicionalmente ensinados a reconhecer valor naquilo que experimentamos com todos os sentidos. A solidez de um tijolo é uma metáfora de estabilidade e garantia para o futuro. Assim, os bens tangíveis sempre foram um alicerce para o balanço financeiro das empresas.

Ainda assim, vivemos em um mundo onde nossa maior empresa de táxi (Uber) não tem nenhum veículo, nossa mídia mais popular (Facebook) não cria conteúdo, nosso varejista mais valioso (Alibaba) não tem inventário próprio, nossa maior companhia telefônica (Skype) não tem um único quadro de distribuição e nossa maior empresa de hospedagem (Airbnb) não tem sequer um hotel. Todas essas empresas nasceram recentemente e cresceram em um ritmo explosivo — exponencial, para ser mais preciso — devido à ausência de disputas na dimensão imaterial em que operam.

Será que os bens tangíveis ainda têm a mesma importância de antes, quando as relações comerciais ainda não eram intermediadas por operadoras imateriais? Se o Google, mecanismo de busca dominante no Ocidente, nos rebaixar ou remover de suas listas, nosso site/serviço/produto será como uma voz distante chorando no meio do deserto. Se a Booking ou a Expedia, as intermediárias líderes em hospedagem, nos removerem de suas listas, nossos hotéis praticamente deixarão de existir. Se um jovem for removido do Facebook ou do WhatsApp, será privado de uma ferramenta essencial para suas relações sociais. Além do mais, não cabe nenhum recurso à decisão, porque não há garantias ou protocolos de regulação. Esses serviços privados não são compreendidos como serviços públicos, com obrigações igualitárias enquanto fornecedores. Em alguns anos, a maior concorrente da Brembo — a conhecida fabricante de freios — pode ser a Amazon, que não possui fundições, mas controla as relações com consumidores. A dimensão imaterial tende a prevalecer sobre a material no relacionamento com usuários e consumidores; logo, esse sentimento de confiança e credibilidade oferecido pelos bens tangíveis está ameaçado pelos novos cenários que podem ser criados em uma velocidade inimaginável — e destruir séculos de solidez.

Nós percebemos esse processo com relação ao nosso trabalho, nossos produtos, investimentos e renda futura, e essa volatilidade causa um grande mal-estar. Como notou Charles Leadbeater em seu livro *Living on Thin Air: The New Economy* [Vivendo no ar rarefeito: a nova economia], as invenções do século XIX formataram o século XX: o telégrafo, o trem, o carro, o telefone, o avião, o cinema, a televisão e as máquinas levaram ao nascimento e desenvolvimento de organizações poderosas. Seu poder estava intrinsecamente ligado às melhorias nos padrões de vida e associado à evolução das instituições.

Foi a pressão social causada pelas grandes migrações de trabalhadores da agricultura para a indústria que levou os presidentes dos Estados Unidos Theodore Roosevelt (1901-1909) e Woodrow Wilson (1913-1921) a investir em educação superior, entidades reguladoras da concorrência, relações sindicais, políticas industriais, entre outras áreas importantes. Com o advento da digitalização, as inovações científicas e tecnológicas aceleraram exponencialmente, graças aos efeitos das interações cognitivas e econômicas em nível global e em tempo real — enquanto a inovação institucional permaneceu quase inalterada.

Essa diferença de velocidade entre as mudanças tecnológicas e a inovação institucional é uma das fontes do mal-estar. Desde a proteção dos consumidores e trabalhadores até a competição global, nós falhamos em criar as instituições necessárias para nos proteger dos riscos e distribuir igualmente os benefícios trazidos pelo desenvolvimento imaterial. As bases da nossa economia estão mudando. Seu centro de gravidade está cada vez mais próximo de um salto dimensional, que é incompatível com o prazo requerido para uma verdadeira inovação nas instituições (gradual ou radical).

A dimensão imaterial desconstrói os pilares que sustentam a comunicação, eliminando prazos e distâncias, destruindo a rigorosa distinção de papéis que costumava existir entre o produtor e o consumidor da informação. Consequentemente, a falta de referência abre espaço para uma desestruturação das relações; nesse cenário, a superficialidade e o sentimentalismo prosperam, e até mesmo prevalecem sobre os fatos. Este é um terreno fértil para a demagogia e o populismo que estamos destinados a suportar. Na confusão entre vozes equipotentes, nossos pontos de referência confiáveis não existem mais. Prometer soluções simples para problemas complexos se tornou trivial; ao mesmo tempo, é tranquilizador pensar que seria possível voltar ao passado com intervenções simples, evocando os dias de glória dos nossos melhores anos. E é igualmente reconfortante "atenuar" as duras, porém inescapáveis, intervenções necessárias ao futuro, sob a pressão dos interesses legítimos do passado e diante de uma complexidade impossível de compreender no presente.

Interpretar a contemporaneidade e encontrar respostas modernas para questões presentes e futuras requer profunda qualificação. E conseguir explicá-las exige um grande comprometimento. Nessa fase altamente complexa de transformação, uma boa parte da população está se apegando às políticas tradicionais, evocando valores do século passado, enquanto outra parcela está reivindicando políticas inovadoras, compatíveis com esta realidade.

As organizações empresariais tradicionais também refletem os tempos passados; elas foram projetadas e construídas para acumular grandes quantidades de ativos físicos. Já as organizações criadas pela progressiva desmaterialização da economia terão métodos de gerenciamento muito diferentes. Este é um grande desafio para os pequenos e médios empreendedores, conhecidos pela sua visão estratégica. Ainda assim, é a única forma pela qual eles poderão capitalizar seus ativos, que, na maioria dos casos, serão imateriais.

Embora a economia imaterial posicione o conhecimento — e, consequentemente, nossas capacidades — no centro de seu modelo de produção, muitos de nós sentem insegurança e incerteza, como se nossas vidas estivessem à mercê de fatores incontroláveis. Muitas pessoas sentem que forças incompreensíveis estão esmagando suas vidas como uma prensa, enquanto alguns poucos privilegiados no topo da pirâmide abocanham fatias cada vez maiores da riqueza. Muitos outros veem suas vidas em risco e seus futuros incertos, e se sentem impotentes. No entanto, esse sentimento de impotência é mais um sintoma da falência das instituições do que dos indivíduos.

Boa parte das instituições que nos guiavam e protegiam quando a sociedade e a economia eram baseadas na materialidade agora parece inadequada à nova ordem. O último século nos trouxe inovações institucionais que acompanharam a transformação da indústria, assim como a expansão da democracia, do bem-estar público e privado, da representação sindical organizada por trabalhadores e empregadores e da pesquisa científica em laboratórios e universidades. O tradicional conflito entre capital e trabalho (o cerne das mudanças — e, infelizmente, das guerras — que caracterizou o século xx, levando às proteções e garantias institucionais) está sendo intensificado por outro embate. De um lado, estão aqueles que ainda são protegidos por essas garantias, porque vêm de um contexto passado. Do outro, encontra-se quem está excluído das proteções, pois já opera em um futuro diferente, movido pela evolução tecnológica que vem desmembrando a sociedade.

Esse acúmulo de conflitos está ocorrendo na típica velocidade imaterial, porque tem ligação direta com essas tecnologias e é transmitido por meio dessas ferramentas. Tudo isso é praticamente invisível para aqueles que permanecem enraizados nas relações tradicionais da dimensão material e não conseguem perceber e decifrar as mudanças em curso. Nós somos projetados balisticamente para a economia imaterial, mas ainda dependemos das instituições herdadas da economia industrial material do século xx, que são incapazes de propor uma solução para os desafios atuais.

A sociedade está testemunhando verdadeiras revoluções científicas e tecnológicas, com intenso progresso em todos os setores-chave, da saúde à energia, mas ainda somos essencialmente conservadores em nossas políticas e instituições. Queremos proteger direitos adquiridos em uma era que já passou. Enquanto isso, pessoas que não podem mais contar com as garantias históricas de proteção e segurança ainda têm que carregar a maior parte do fardo das "velhas" instituições. Temos que dar a essas pessoas uma nova visão do futuro. É para esse público que novas soluções devem ser inventadas. Esta é a principal fonte de mal-estar que experimentamos: nossa incapacidade de propor outra perspectiva e inovar radicalmente.

3 Alguns futuros possíveis

3.1. As difíceis previsões do futuro

Uma vez que você conhece as regras do jogo, é fácil prever o que vai acontecer na partida. É exatamente isso que pretendo fazer nesta parte do livro. Aplicando os princípios da dimensão imaterial descritos no capítulo 1 e analisando os efeitos já visíveis em nossa sociedade e economia, podemos dar um passo além neste capítulo e traçar alguns possíveis futuros baseados nas evidências do presente.

Obviamente, não há garantia de que os eventos acontecerão desta forma. Fatores contingentes que parecem improváveis hoje podem entrar no jogo a qualquer momento: uma revolta política, uma crise profunda, medidas regulatórias extremas, ou mudanças na atitude dos consumidores. Além disso, é importante lembrar que nem sempre as melhores tecnologias ou os melhores produtos são os que dominam o mercado. Em grande parte, a liderança depende de como eles são adotados, com forte influência do marketing e do contexto social. Um ótimo produto lançado no momento errado pode ser um fracasso. Quem se lembra do CD-i?[68]

Entretanto, podemos dizer quais consequências são mais prová-

---

[68] CD-interactive, um disco multimídia lançado pela Philips em 1991.

veis — e, portanto, mais previsíveis — baseados em tendências que o leitor, a essa altura, já será capaz de compreender. Para apresentar meus "futuros", selecionei algumas áreas em que possuo conhecimentos específicos, que serão drasticamente transformadas pelo mundo imaterial. Como você verá, estes são frequentemente os setores mais afetados: mídia, comércio, turismo e emprego. Outras áreas também passarão por revoluções — indústria, artesanato, agricultura, etc. — mas eu preferi não abordá-las a fundo por não possuir a *expertise* necessária.

Seja como for, minha previsão é de que estamos vivendo apenas o começo de um longo processo. Devemos esperar por consequências mais extremas com o avanço da dimensão imaterial. Se os efeitos serão negativos ou positivos, é difícil dizer. Não há uma abordagem ou prática consolidada que possa nos guiar pelo processo de transição digital até a predominância da imaterialidade na economia e na sociedade. Isto se deve à sua natureza difusa e à tendência a reformular as organizações e processos em um ritmo sem precedentes na história das Tecnologias de Propósito Geral. Logo, é muito difícil apresentar uma classificação sistemática dos métodos, impactos e efeitos da intervenção imaterial nas diversas áreas que serão discutidas nesta seção.

Toda empresa deveria buscar ativamente sua autocanibalização, antes que seus competidores a devorem, particularmente em meio aos desafios da digitalização da economia. Empresas que não são particularmente complexas costumam responder à transição criando um novo cargo executivo, o diretor-executivo digital (CDO, do inglês *chief digital officer*), que se reporta ao CEO e supervisiona um vasto leque de estratégias digitais, com o objetivo de gerenciar as mudanças nas várias unidades da organização.

Em relação à sociedade como um todo, nós devemos começar pelo entendimento de que a inovação não pede licença: ela se infiltra na tradição e força a criação de novos mercados, ou mesmo captura as margens de vendas controladas por outros.

A política vem depois da inovação: primeiro as tensões são criadas na situação presente, com as brechas de desregulação, ou em pontos de interpretação duvidosa, ou mesmo abuso das normas. Então, em seguida, os dirigentes políticos intervêm para regulamentar a ordem estabelecida. Casos em que a oportunidade de inovação tecnológica é criada por políticas prévias são muito raros. Sendo assim, a tarefa das autoridades e das instituições é ler os sinais das transformações atuais e identificar pontos de equilíbrio entre as tendências de inovação e a viabilidade dos impactos sociais.

O risco, no entanto, é seguir o caminho contrário e, por um impulso nostálgico, preservar certos setores econômicos, resguardando-os da dimensão digital por meio de um protecionismo insustentável. A grande dificuldade está em direcionar a mudança para um bem-estar mais amplo, em termos de direitos civis e sociais. De qualquer modo, esse é o tema de uma proposta de intervenção política e regulatória à qual dedico a conclusão deste livro. Por ora, seja bem-vindo aos seus (nossos) possíveis futuros, moldados pela imaterialidade.

3.2. Vivendo dentro do computador

Conforme destacado na seção anterior, vamos relembrar a extensão das atuais capacidades de armazenamento digital, que correspondem a uma pilha de papel com altura equivalente a uma distância e meia entre a Terra e Vênus. A corrida não para. De acordo com os desenvolvedores das centrais de dados (os centros de processamento que abrigam os computadores aos quais nos conectamos), dentro dos próximos quinze anos, a capacidade de armazenamento aumentará mais de quatro mil vezes.

Muito embora a relação performance/preço dos componentes eletrônicos deva interromper sua queda em algumas décadas, a quantidade de processadores e "poder computacional disponível" instalados nos centros de processamento vão continuar a aumentar, como demonstrado nos gráficos.

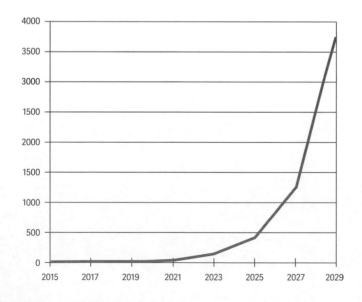

Tendência de armazenamento em centrais de dados

Tendência de FLOPS (operações de ponto flutuante)

Operações de ponto flutuante, uma medida da capacidade de processamento

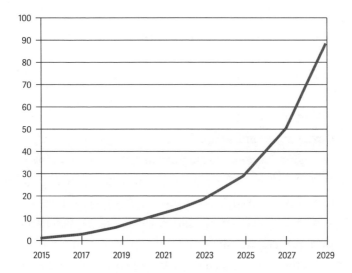

Tendência de TBPS (Terabytes por segundo)

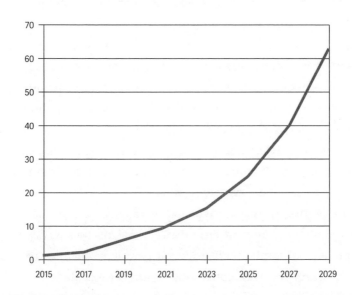

Hoje, esses computadores passam a maior parte do tempo ociosos, tipicamente subutilizados durante a noite. Porém, seus softwares de gerenciamento serão aprimorados, e isso permitirá, por exemplo, que europeus utilizem computadores da Ásia enquanto os asiáticos dormem. Consequentemente, o "poder computacional utilizável" aumentará num ritmo ainda mais intenso que o mostrado no gráfico. Qualquer um que possuir um computador será capaz de compartilhar seu poder computacional inutilizado no mercado, atendendo àqueles que precisam dele. Isso será possível porque, evidentemente, a capacidade de comunicação também irá aumentar algumas ordens de magnitude nos próximos quinze anos.

Mas vamos voltar alguns passos e pensar sobre nossos computadores, na época em que costumavam ficar sobre a mesa, desconectados. Eles possuíam certa quantidade de armazenamento, processamento e comunicação entre a memória interna, o processador e a memória externa, que os permitia interagir conosco por meio de teclado, mouse e monitor — e também compartilhar dados por meio de discos. Tudo estava bem ali, em nossas mesas.

Agora vamos retornar à web e a nossas circunstâncias atuais. Só de olhar para uma página do YouTube, pude contar mais de mil componentes de 57 servidores diferentes, dos quais 34 são programas agregados pelo meu navegador. Nos dias de hoje, os computadores estão de fato conectados. Do mesmo modo, o processamento local (até certo ponto) é conduzido por muitos servidores remotos; o resultado é então exibido em uma página da web como um único objeto em nossa tela. O mesmo vale para o armazenamento: assim como localmente (em um grau ínfimo), ele é administrado por uma grande variedade de servidores remotos.

Finalmente, os dispositivos de entrada/saída com os quais interagimos podem estar em nossas mesas ou bolsos. O poder computacional local é mais utilizado para mostrar informações na tela e receber nossos comandos. Assim, a capacidade de armazenamento local é mínima comparada à remota, e vem sendo utilizada somente para gerenciar conteúdos de que precisamos em caso de ausência de conexão.

Quanto mais o tempo requerido para enviar informações online e receber uma resposta (chamado tecnicamente de "latência") é reduzido, e quanto mais a extensão da rede (chamada de *throughput* ou, mais frequentemente, "largura de banda") aumenta — permitindo a transferência de grandes montantes de dados, que antes necessitavam de um disco rígido local —, menor é a necessidade de armazenamento e processamento local.

É como se os cabos internos dos circuitos dos computadores fossem estendidos, esticados e fixados à rede global, e nossos "computadores pessoais" fossem desmontados e seus componentes principais — memória, processador e entrada/saída — espalhados ao redor do mundo. Este paradigma é chamado de "nuvem".

Conforme a capacidade de processamento aumenta, os dispositivos de entrada/saída não se resumem mais a teclados, mouses e monitores, mas incluem alto-falantes e microfones, atuadores e sensores de vários tipos. Nossos "computadores" (as aspas são propositais) são distribuídos ao redor do mundo e nossa interação ocorre por meio de dispositivos de entrada/saída localizados em diversos lugares. No limite, o que define a possibilidade de acessar nossos próprios "computadores" é nossa identidade, que pode ser reconhecida e garante o acesso aos dados e aos processos (e à coleta e gerenciamento de dados). Termostatos ou tevês que ouvem nossas instruções, consoles de videogame que reconhecem nossos movimentos, telefones de mãos livres que interagem conosco no carro, leitores de digitais e câmeras de reconhecimento biométrico facial, dispositivos Bluetooth que emparelham com nossas "chaves" (celulares) etc., ou seja, os antigos dispositivos de entrada/saída tornaram-se um grande conjunto de sensores que nos rodeiam.

Com suas funções de processamento, armazenamento e comunicação centralizadas e compactadas, totalmente isoladas em uma mesa diante de nós, o PC tradicional deu lugar à computação dispersa por toda a parte, dados espalhados pelo mundo e sistemas de entrada/saída que exploram os mais diversos dispositivos, atuadores e sensores, embutidos em todos os objetos com os quais interagimos.

Um cenário como esse requer garantias expressivas em termos de autenticação de usuários e gestão de credenciais, que permita o acesso seguro de todos esses recursos. No entanto, a segurança é frequentemente negligenciada, e precisamos resolver esse problema se quisermos garantir a confidencialidade, a disponibilidade e a confiabilidade dos sistemas.

3.3. O futuro dos jornais

Os lucros das vendas de jornais estão destinados à queda, a distribuição física de impressos está fadada ao declínio e os centros de imprensa tendem a diminuir; as bancas de jornal terão cada vez menos clientes e, eventualmente, cairão em desuso. No entanto, o futuro aponta para o crescimento das formas alternativas de lucrar com anúncios.

Essas serão as consequências da grande transformação em curso. Na dimensão imaterial, produzir, reproduzir, armazenar e transportar jornais não custa absolutamente nada. Além disso, movê-los não requer tempo. Antes, havia uma barreira econômica para a produção e a distribuição de conteúdo: máquinas de impressão, papéis, logísticas... A rivalidade e a exclusibilidade dos bens materiais (papel) impunham limites à sua distribuição, e, portanto, o fornecimento de conteúdo era restrito.

Taxa de disponibilidade de conteúdo

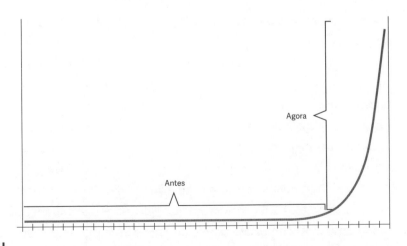

Agora, basta escrever conteúdo online, de modo totalmente gratuito ou no mínimo infinitamente mais barato do que os antigos métodos, e você já está competindo pela atenção do público como qualquer "jornal". O resultado é uma explosão da produção de conteúdo. O gráfico representa uma taxa exponencial de crescimento na disponibilidade de conteúdo, graças à tendência causada pela ausência de disputas na dimensão imaterial.

O jornalista Luca De Biase, do *Il Sole 24 Ore*, contou-me sobre o projeto de Martin Hilbert, pesquisador da Escola Annenberg de Comunicação e Jornalismo, que calculou a quantidade de informação registrada em meios digitais e analógicos. De fato, o estudo oferece uma imagem palpável da transformação ocorrida na primeira década do novo milênio. Em 2000, 75% da informação era armazenada em formato analógico. Em 2013, esse número caiu para apenas 2%.

Quem escreve esse conteúdo? Qualquer um — jornalistas, blogueiros, entusiastas, especialistas, universidades, cientistas e até softwares. Em áreas altamente especializadas, na verdade, uma grande quantidade de conteúdo pode ser escrita diretamente por computadores. Boa parte desse conteúdo pode ser pago por meio dos anúncios exibidos aos leitores, mas também pode excluir qualquer tipo de remuneração, porque não é o objetivo central daqueles que o produzem.

No meu blogue (blog.quintarelli.it), por exemplo, eu publico uma grande variedade de conteúdos sobre a relação entre internet, tecnologia, economia e sociedade, mas não estou interessado em lucrar com isso. O blogue me permite manter contato com meus leitores, que me enviam informações, e comunicar minhas ideias aos meus colaboradores, enquanto otimizo meu tempo de trabalho. Além disso, também serve como um arquivo para meus escritos, onde eu posso tomar nota de coisas que valem a pena lembrar. De modo similar, as empresas criam conteúdo e publicam online gratuitamente porque reconhecem o benefício de criar uma relação direta com seus consumidores, promovendo suas marcas e produtos — por exemplo, uma empresa que produz ingredientes culinários pode se beneficiar de um blog de receitas.

O conteúdo, antes organizado em um formato relevante e significativo pelo meio físico — o jornal —, agora alcança os leitores de modo atômico, por meio de posts compartilhados por usuários em redes sociais, em meio aos vídeos de gatos e o primeiro banho do sobrinho.[69] O resultado é um grande sortimento de conteúdo. O conteúdo gratuito compete pela atenção do usuário com as mesmas organizações cujo principal negócio é baseado em conteúdo pago. Essas empresas não têm outra saída, já que seus custos variáveis não são nulos.

Não é de se surpreender que seja tão difícil receber pagamento por conteúdo online: há muitas opções gratuitas para satisfazer a atenção do leitor. Logo, na transição do mundo material ao imaterial, uma das principais fontes de receita das editoras e da imprensa está gravemente ameaçada. De acordo com o *The Economist*, o volume de negócios gerado pela informação vendida em mídia física ainda é maior do que o da informação distribuída imaterialmente. Isso indica que ainda há uma parcela do público que não se adaptou à leitura online, e exige o texto impresso. No entanto, trata-se de uma parcela residual, que eventualmente desaparecerá por completo.

■

69 As consequências disso para a formação de opinião ainda não são totalmente evidentes. Um estudo recente da Universidade do Sul da Califórnia mostrou que as redes sociais podem levar uma pessoa a acreditar que um fenômeno é comum, quando na verdade é muito raro. Ver "The Social-Network Illusion That Tricks Your Mind" [A ilusão das redes sociais que enganam sua mente], em *mit Technology Review*, 30 jun. 2015. Disponível em <https://www.technologyreview.com/s/538866/the-social-network-illusion-that-tricks-your-mind/>.

A segunda fonte mais importante de remuneração para o mercado editorial (incluindo as maiores empresas) sempre foi a publicidade. Na dimensão imaterial — na qual o mundo não passa de um ponto e tudo está acessível 24 horas em qualquer lugar sem custos variáveis —, as plataformas locais que possuem custos para produção de conteúdo (além dos custos com o próprio veículo) são obrigadas a disputar a atenção dos leitores com plataformas globais que propagam seus custos em escala mundial e consideram seus investimentos simplesmente como custos irrecuperáveis. Entretanto, os custos de produção de conteúdo tendem a aumentar com o uso da multimídia, ou seja, a apresentação das informações por meio de textos, gráficos interativos e vídeos; e provavelmente não serão sustentados por receitas de publicidade geradas por uma audiência de dezenas de milhões de pessoas.

Desse modo, as plataformas globais têm uma vantagem de custos incomparável, sem custos variáveis inclusos. Isso lhes permite estabelecer preços de anúncios com base no quanto os anunciantes estão dispostos a pagar, por meio dos mecanismos de leilão abordados na seção 2.7. O anunciante, por sua vez, disputa o leilão com outros concorrentes, baseado na margem que está disposto a alocar para a campanha. A quantia está relacionada à eficácia comercial do anúncio, que pode ser medida de forma precisa e direta na dimensão imaterial.

Antes, a publicidade era baseada em custos variáveis da indústria e seus preços eram gerenciados pela editora. Todo o mercado editorial possuía custos de produção similares. Agora, o preço é estabelecido pelo próprio cliente em plataformas imateriais, e está diretamente ligado à verba disponível para adquirir anúncios. O cliente também pode monitorar a eficiência da mensagem mais acuradamente, graças à rastreabilidade oferecida pelos componentes imateriais. Logo, esse tende a ser o canal preferido dos patrocinadores, embora a parcela de publicidade das marcas que não possuem um escopo diretamente comercial — por exemplo, a propaganda institucional — deva continuar fora dessa tendência.

Cada vez mais, o conteúdo será mostrado aos usuários por intermédio das plataformas, e essas plataformas irão agrupar anúncios associados à seção de texto apresentada diretamente em seu site, evitando que o usuário tenha que acessar o conteúdo no site original. Os responsáveis pelas publicações serão meros produtores de *commodities* — o conteúdo — com um terceiro selecionando os leitores por meio de algoritmos,[70] e monetizando-os por meio de anúncios. Uma parte será revertida ao produtor, que estará em uma posição de absoluta desvantagem em termos de negociação.

É por essa razão que os jornais dependerão cada vez mais de fontes alternativas para vendas e publicidade. Nesse cenário, acredito que o conteúdo usado como ferramenta de trabalho por certos profissionais, conteúdo produzido com propósitos sociais por organizações sem fins lucrativos e conteúdo produzido por

■

70 Devemos lembrar de quando os partidos disputavam acirradamente o controle da rede televisiva, para garantir sua visibilidade e ganhar relevância eleitoral. A seleção algorítmica da informação tem uma importância semelhante e deve tornar-se ainda mais decisiva, tanto na escolha das notícias exibidas nas linhas do tempo de redes sociais quanto nas pesquisas em motores de busca. A opinião das pessoas pode ser influenciada e suas escolhas eleitorais condicionadas por meio da apresentação cuidadosa de pontos negativos, ao invés de informações positivas. Não é preciso virar uma grande quantidade de votos a seu favor, mas somente uma pequena porção dos chamados votos indecisos, particularmente aqueles dos eleitorados divididos. Um estudo publicado na revista *Politico* estimou que uma mudança nas pesquisas pode levar a um resultado diferente em 25% das eleições do mundo. Talvez isso já esteja acontecendo. Ver "How Google Could Rig the 2016 Election" [Como o Google pode manipular as eleições de 2016], em *Politico*, 19 ago. 2015. Disponível em <https://www.politico.com/magazine/story/2015/08/how-google-could-rig-the-2016-election-121548>.

empresas em outros setores podem crescer significativamente. Ademais, o número de jornalistas nas redações será reduzido. No entanto, o papel dos jornalistas pode se desenvolver dentro das empresas, para produzir conteúdo direcionado ao público-alvo, e não mais intermediado por agências de notícias ou editoras.

No entanto, haverá algumas exceções nesse panorama geral: informação especializada essencial ao trabalho do cliente; plataformas de publicação que operam em uma escala muito ampla e difundem seus custos por uma audiência muito grande; informações produzidas a partir de conteúdos de custo zero (ou quase zero); e produção automática de conteúdo.

Desse modo, os produtores de conteúdo irão adotar estratégias alternativas a vendas e anúncios tradicionais para complementar suas receitas. Depois de ganhar a atenção dos leitores e consumidores, eles irão monetizá-los organizando eventos financiados pelo público e por patrocinadores, cobrando uma porcentagem pela intermediação no marketing de serviços e produtos de terceiros, ou, em alguns casos, criando e vendendo produtos e serviços tradicionais por conta própria.

3.4. O futuro dos livros

Apesar de haver maior inércia nessa previsão em relação às outras,[71] os centros de poder estão se impondo na distribuição de livros e vão exercer ainda mais influência pelos meios da dimensão imaterial (Amazon e Apple, por exemplo). Com o tempo, as editoras eventualmente irão desaparecer, porque quem controlar a plataforma de distribuição estará entre as novas produtoras de conteúdo. No entanto, diferentemente das editoras tradicionais, esses novos publicadores terão enorme controle sobre os usuários.

Isso ocorre porque, com a tecnologia digital, produzir, reproduzir, armazenar e transferir "livros" não tem custo nem prazo. O futuro dos livros também é afetado por outras propriedades imateriais: são produtos não rivais e não excluíveis. Como resultado, a tradicional forma de propriedade é substituída por uma licença de uso, um tipo de contrato entre o usuário e o distribuidor. As plataformas de e-books, na verdade, não "vendem" livros (sejam físicos ou digitais). Elas concedem licenças de uso para arquivos que apresentam o conteúdo anteriormente impresso nas páginas de um livro.

Esses e-books podem ser codificados em um formato padrão para uso em todos os dispositivos eletrônicos, embora os meca-

---

■

71 Ler no papel é mais ergonômico, pois os livros são lidos por meio da luz refletida, e não pela luz emitida dos computadores e tablets, que prejudica a leitura prolongada devido ao reflexo da tela. Existem telas com tecnologias baseadas em luz refletida, como a Mirasol, da Qualcomm, e a Triton, da e-Ink, mas são produtos de alto custo e incapazes de exibir vídeos por conta da baixa taxa de atualização. No momento em que esses problemas forem resolvidos, será um ponto de virada para a adoção massiva de leitores de e-books.

nismos de marcação digital (marca d'água) possam ser utilizados para inserir dados criptografados de usuários nos arquivos, detectando imediatamente cópias não autorizadas.

Com frequência, o distribuidor com maior poder de mercado oferece seu próprio serviço de leitura (*e-reader* ou leitor digital) e usa seu próprio formato, para que os e-books "adquiridos" possam ser lidos apenas em leitores compatíveis. Contudo, o distribuidor não permite que terceiros produzam ou vendam leitores compatíveis, e não autoriza que outros distribuidores usem sua codificação, de modo que o formato de seus e-books não possa ser identificado em outros leitores. Consequentemente, os usuários se deparam com a impossibilidade de mudar de distribuidor, já que perderiam "suas" coleções de livros digitais.

É um efeito de aprisionamento tecnológico muito poderoso. Ter uma licença ao invés da propriedade de um produto limita seu uso às condições impostas pelo distribuidor e acordadas na licença de uso, com infinitas páginas de cláusulas contratuais escritas em cinza claro, na fonte tamanho 7, com as quais o usuário concorda em um único clique.

Como já mencionado, são restringidos os direitos a emprestar, revender ou doar. Na realidade, as maiores plataformas possuem um sistema de "empréstimo" de e-books entre usuários, mas somente dentro da própria plataforma. Por exemplo, se José e Maria são clientes do serviço Kindle, da Amazon, Maria pode "emprestar" um "livro" para José; então a Amazon vai retirá-lo temporariamente do leitor de Maria (conectado à rede) e deixá-lo disponível no leitor de José até que ele o "devolva".

Mas isso é mesmo um empréstimo? O que acontece se José for um cliente da Internet Bookshop (ibs.it)? Nesse caso, a Amazon e a IBS teriam que fazer um acordo e criar um mecanismo para compartilhar certas informações. Por exemplo, a Amazon teria que saber que José é um cliente da IBS, e vice-versa; então, ambos teriam que concordar com as regras da Amazon para "emprestar" e-books à IBS, e a IBS teria que disponibilizá-los no leitor de José, e assim sucessivamente no processo reverso até o fim do "empréstimo". Ou seja, os dois sistemas teriam que interoperar baseados em regras de comunicação (protocolos), assim como nas ligações entre múltiplas operadoras móveis de celular.

Se os protocolos fossem definidos por um único fornecedor, como a Amazon, ela poderia controlar o mercado ao permitir apenas algumas funções, forçando os outros distribuidores a atualizarem rapidamente seus sistemas, com várias inconveniências para seus clientes. Por outro lado, se os dois distribuidores não interoperarem seus serviços, e se José tiver cem amigos que usam a Amazon e dez que usam a IBS, ele terá uma boa razão para comprar seu leitor da Amazon e aproveitar a chance de "compartilhar" livros com mais pessoas.

É o mesmo exemplo das operadoras móveis que não se conversam: nós sempre assinamos aquela que possui mais usuários, porque aumenta a probabilidade de manter contato a custos menores com as pessoas que queremos. Em resumo, sem a interoperabilidade, o "empréstimo" oferecido pelas plataformas de "venda" de conteúdo digital torna-se uma arma secreta usada pela operadora contra as outras, e acaba limitando as escolhas dos usuários. É por essa razão que os setores mais experientes, como telefonia móvel ou TV digital, possuem órgãos que definem padrões gerais de interoperabilidade e uma autoridade de regulamentação para as comunicações que impede a concorrência abusiva.

Em um encontro recente em Bruxelas, perguntei à diretora da Federação dos Editores Europeus quais regulações ela mais desejava. "Interoperabilidade" foi sua resposta. Entretanto, não é suficiente apenas ter padrões de interoperabilidade; eles também precisam ser públicos, não discriminatórios e implementados em todos os distribuidores, que não podem recusar a interconexão de seus serviços com os outros. Além disso, normas técnicas teriam de ser definidas para permitir a portabilidade de perfis e conteúdos dos usuários. Finalmente, sua implementação e operação adequadas teriam de ser supervisionadas para penalizar quaisquer abusos.

O mesmo se aplica a qualquer serviço imaterial, para prevenir um cenário em que "o vencedor leva tudo", onde a maior empresa fica com a maior fatia do bolo intangível. As autoridades reguladoras também poderiam abrir espaço para concorrência em certas áreas, introduzindo regras similares àquelas utilizadas no setor de telefonia, ao menos para operadoras em posição de liderança.

Em um dado momento, os políticos resolveram abrir o mercado de telefonia à competição e estabeleceram um princípio radicalmente inovador: os números de telefone não pertenciam mais às operadoras, mas aos usuários, que tinham o direito de transferi-los aos concorrentes. Desde que o telefone fora inventado, os números sempre haviam pertencido às operadoras. Não havia alternativa até esse momento, já que o número representava uma sequência topológica de sensores eletromecânicos que precisavam ser ativados para estabelecer um circuito, ou seja, um fio com continuidade elétrica entre os dois lados da linha.

Foi então que a evolução tecnológica viabilizou a separação entre o número (uma forma básica de identidade) da operadora e sua associação ao usuário, que passou a ter o direito de transferi-lo para outro provedor de serviços. Algo parecido ocorrerá com os perfis pessoais online, hoje indissociáveis de aplicativos, sistemas e redes sociais. A tecnologia permitirá que eles sejam separados de seus aplicativos originais e as novas políticas irão determinar seu pertencimento aos usuários, que poderão transferi-los livremente a outro serviço. Assim, os serviços deixarão de constituir os atuais silos de informação,[72] integrando a gestão do

---

72 Silos de informação constituem repositórios de dados mantidos de forma isolada, não integrados aos demais sistemas e recursos. [N.T.]

aplicativo e do usuário no mesmo monólito, e se tornarão mais interoperáveis e descentralizados.[73]

Para chegarmos a esse ponto, no entanto, os responsáveis pelas políticas de regulamentação terão de compreender a relevância dos mercados imateriais e seus mecanismos básicos de operação, para então realizar um balanço geopolítico dos custos e benefícios. Será um longo processo, que cedo ou tarde vai acontecer. Outra consequência da imaterialidade é que a plataforma pode remover os livros que já estão em sua biblioteca digital, remotamente e sem aviso. A Amazon fez isso em 2009, deletando dois livros do autor George Orwell de todos os dispositivos por conta de um problema de direitos autorais.

Resumindo, nós, leitores, teremos menos controle sobre nossos livros com um mero direito (condicional) de uso. É claro que é preferível ler em papel (dessa perspectiva) do que em uma tela, e muitos leitores — a grande maioria — ainda elege o meio material. Todavia, a diferença tende a diminuir, ao passo que surgirão novas tecnologias de cor e adaptação que permitirão até mesmo as anotações em livros digitais. Para os nativos digitais, a forma imaterial se tornará cada vez mais predominante.

Em consequência, as iniciativas nacionais de publicação serão substituídas por plataformas que obterão livros diretamente dos autores. Aliás, sem as intervenções regulatórias acima descritas e outras medidas de natureza fiscal, a margem de lucro dos e-books será toda transferida ao exterior, onde estão localizadas essas plataformas. É o que já está ocorrendo com a publicidade. Essas tendências só podem ser evitadas com as devidas intervenções regulatórias que limitem o poder das plataformas. Não é

---

73 Uma escola de pensamento está se desenvolvendo a partir dessa ideia, por iniciativa do Instituto de Tecnologia de Massachusetts, em Boston, liderada por Nicola Greco.

impossível fazer isso. Um tribunal condenou a Amazon a pagar 150 mil dólares a um garoto que perdeu seus livros de George Orwell — e a gigante prometeu não repetir o erro.

3.5. O futuro da televisão

Graças à internet, a televisão está se tornando um sistema bidirecional e multidispositivo. Ele pode ser acessado de qualquer lugar, em vários formatos e dispositivos, com uma gama cada vez maior de conteúdo sob demanda. Em algum momento, quase todo o conteúdo estará permanentemente disponível sob demanda para os usuários.

Novamente, três propriedades digitais influenciam o cenário futuro: a transferência de conteúdo gratuita, os prazos instantâneos e a conexão permanente do usuário. Uma das consequências é que os usuários terão um papel mais decisivo no formato do programa televisivo, com o qual poderão interagir cada vez mais, por exemplo, via redes sociais. A tela principal continuará em seu lugar — a tevê da sala —, na qual toda a família poderá assistir à atração ao mesmo tempo, mas cada um poderá interagir (antes, durante e depois da transmissão) com seus próprios dispositivos móveis.

Também é possível imaginar jogos online em massa organizados como programas de TV, nos quais um grande número de competidores conectados poderá participar de *quizzes* ao vivo, muito além do tradicional voto do telespectador. Um experimento desse tipo foi aplicado em 1992 na Siggraph — o principal evento mundial desta categoria — por Loren Carpenter, um grande pesquisador da computação gráfica que também foi um dos primeiros colaboradores da Lucasfilm, atual Pixar.

Neste cenário de transformação, a TV preservará sua função de "metrônomo social". Somente a televisão é capaz de determinar a agenda diária da população e reunir os principais grandes eventos da sociedade, particularmente nas transmissões de alta definição de campeonatos esportivos[74] — que todos ainda querem assistir ao mesmo tempo, ditando a pauta de informação em larga escala, graças ao seu apelo que atinge tanto os indivíduos incluídos quanto os divididos digitalmente.

Assim, todo o conteúdo estará disponível sob demanda, em um momento posterior (em transmissões gravadas), e estará aberto a novas formas de interação online, ameaçando os atuais acordos contratuais entre detentores de direitos e emissoras. Por efeito da internet e da explosão de canais na televisão digital aberta, a oferta se tornará muito abrangente, mas com uma média de qualidade inferior devido aos custos fixos totais.

Uma das consequências disso será a migração para plataformas de mídia da Europa, particularmente para viabilizar conteúdos mais caros e relevantes. Isso ocorrerá por meio de um sistema integrado via satélite e cabos de rede, para oferecer conteúdo de qualidade a todos os cidadãos europeus. Um primeiro passo poderia ser a criação de grupos de compra coletiva entre as diversas emissoras, com o objetivo de atingir uma massa crítica. O mercado de direitos tende a se tornar europeu em termos de decisões políticas, mesmo que as economias de escala não sejam significativas, devido à diversidade de línguas. Nós já estamos vendo os primeiros sinais disso: um *pub* inglês mostrou imagens de partidas do campeonato italiano com um receptor de tv por satélite, usando o *smart card* de um canal via satélite da Grécia, onde o conteúdo do campeonato é vendido a um preço mais baixo do que na própria Inglaterra.

Uma ação judicial foi movida por violação de licença (ou seja, porque um estabelecimento inglês usou um cartão destinado ao mercado grego), mas o Tribunal de Justiça Europeu decidiu que

■

74 O futuro também será imersivo, graças ao vídeo em 360°, que permite ao espectador a visão de um lado ao outro da cena.

o princípio de livre-circulação de produtos e serviços na União Europeia prevalece nesse caso. A propósito, se o decodificador do satélite estivesse conectado à internet, a emissora poderia ter desativado a transmissão de pontos de acesso online fora da Grécia — a não ser que configurações técnicas bastante complexas fossem usadas para exibir dados falsos de localização.[75]

Ademais, a tendência aponta para a migração das televisões ao sistema de distribuição via satélite, devido à transição para o formato 4K e, em breve, 8K — definições de vídeo quatro e oito vezes superiores à alta definição de hoje. Essas tecnologias já estão disponíveis e prontas para se tornarem padrões de mercado, mas os requisitos de transmissão por banda larga, que aumentam ainda mais com o grande número de canais de TV, indicam que elas só serão viáveis via satélite — e desta forma poderão libertar-nos do tradicional escopo utilizado para a TV digital aberta nas telecomunicações móveis.

À luz dessas mudanças, o papel dos serviços públicos deverá ser reavaliado. À medida que a capacidade de memória digital aumenta, a distribuição de vídeo ocorrerá em uma nuvem com um número cada vez maior de dispositivos dos consumidores. Em outras palavras, uma enorme quantidade de conteúdo será salva nos smartphones, tablets e tevês, que estará sempre disponível para os usuários por meio do software oferecido pela plataforma. A plataforma da televisão enviará conteúdo para nossos dispositivos via internet, prevendo nossos gostos e interesses a partir da análise de hábitos, que serão armazenados em gigantescas bases de dados e processados por inteligência artificial. Essas bases de

■

75 Esse episódio nos faz refletir a respeito do enorme controle que uma empresa privada pode ter sobre nosso comportamento, graças à evolução tecnológica, e quais direitos a lei deveria defender para manter o equilíbrio social necessário.

dados serão turbinadas com informações de nossas interações online e relações sociais, que descreverão precisamente o perfil de cada um de nós, identificados individualmente.

A função da internet será ainda mais relevante, e, como resultado, os contratos de distribuição vão mudar, a fim de permitir nossas indicações e compartilhamentos de programas (protegidos por *copyright*) nas redes sociais. O que hoje é considerado uma prática ilegal se tornará comum. Em termos de infraestrutura de transmissão, uma quantidade cada vez maior de vídeos será acessada pela internet, à qual todos os monitores, grandes telas[76] e projetores de vídeo estarão conectados. Os dispositivos estarão ainda mais ligados e os smartphones e tablets — telas tipicamente individuais — vão interagir com telas maiores, destinadas ao entretenimento coletivo.

Não sei se podemos classificar isso como televisão, filme ou alguma outra coisa, mas no outro extremo dos dispositivos nós teremos os sistemas de realidade virtual. As pessoas vão assistir a monitores instalados em uma espécie de visor imersivo, e a vídeos 3D, primeiramente para certos tipos de eventos esportivos, documentários, reportagens investigativas e conteúdo adulto. Não estou falando de vídeos com imagens que dão impressão de profundidade, mas vídeos gravados em um ângulo muito amplo (até 360°), lateral e verticalmente. Isso permitirá que nossos olhos passeiem por toda a imagem, observando vários aspectos de uma mesma cena. Nós também poderíamos ter o

---

76 Talvez em OLED (LED orgânico), uma tecnologia similar ao LED (sigla para Diodo Emissor de Luz), mas com um suporte de carbono no lugar do silicone, e por isso pretensiosamente descrita como "orgânica". Essa revolução nas telas ainda levará muitos anos.

mesmo efeito com um tipo de joystick ou mouse que mudasse a orientação das imagens em um filme exibido no telão.[77]

■

77 Já vemos algo semelhante nos "tours virtuais" de hotéis, mas com imagens estáticas. Evoluir para as imagens em movimento requer largura de banda, espaço de armazenamento e capacidade computacional superiores, que estão se tornando realidade com a constante expansão das redes de fibra óptica e com o crescimento exponencial dos componentes digitais.

3.6. O futuro do cinema

Graças ao processamento automático e com quantidades cada vez maiores de dados, devido ao armazenamento gratuito, os filmes serão repletos de personagens geradas por computadores — que serão indistinguíveis das pessoas de carne e osso. O fotorrealismo será perfeito, por mérito de um grande poder computacional utilizado nas técnicas de modelagem. Os primeiros sinais desse futuro podem ser vistos em filmes como *Avatar* ou em séries de super-heróis da Marvel, que fazem uso extensivo de elementos criados por computadores.

No futuro, grandes atores venderão às empresas produtoras seus direitos de uso de imagem como um dublê digital, que será representado em modelos matemáticos que podem ser utilizados por softwares de animação. Atores e atrizes terão suas próprias representações digitais, que continuarão "atuando" em filmes sem que eles ou elas participem fisicamente das gravações. Será preciso investir para manter os modelos atualizados, para que permaneçam compatíveis com o desenvolvimento dos sistemas de modelagem e animação.

Uma consequência disso será a redução dos salários dos astros, porque será muito mais barato utilizar os personagens sintetizados digitalmente e animados por computador, ou animações modeladas a partir de movimentos escaneados em um estúdio de som. Poderá haver ainda um aumento no uso de pessoas comuns — talvez os próprios diretores, ou atores de baixo custo —, cujos movimentos e expressões serão reconhecidos e captados por computadores enquanto representam o papel, e então reproduzidos com as características da personagem desejada.

As verdadeiras estrelas dos filmes não serão mais os atores extremamente bem pagos, mas modelos cada vez mais sofisticados criados pela computação gráfica, com operadores de supercomputadores tomando o lugar dos técnicos e cinegrafistas de hoje. A produção do filme não dependerá mais de locações físicas específicas. O novo Cineccità[78] será uma sala cheia de supercomputadores, provavelmente comandada por um escritório em algum paraíso fiscal.

A transição não será brusca e as produções com custos estruturais tradicionais vão continuar a existir por um tempo. As estrelas (atual matéria-prima do cinema) certamente não vão concordar com a redução de seus salários, e esta fase de transição será marcada por esforços para aumentar os rendimentos das produções, de modo a pagar seus cachês.

Assim, por um lado, nós veremos grandes recordes de bilheteria alcançados pelos *blockbusters* graças à programação avançada aliada a verbas de marketing colossais. Por outro, veremos subsídios públicos sendo usados para atrair produções.

Uma vez que o recurso mais escasso — a atenção dos consumidores — seja capturado, grandes esforços serão feitos para monetizá-lo de todas as formas. Junto às inúmeras produções cinematográficas, por exemplo, serão lançados games temáticos. Afinal, o que é um jogo fotorrealístico com uma história senão um "filme" moderno, interativo e *multiplayer*?

---

78 Complexo de teatros e estúdios situado na periferia oriental de Roma, onde se produz a maior parte dos filmes italianos. [N.T.]

3.7. O futuro do comércio

3.7.1. Sobre a hiperdistribuição

As relações comerciais com os consumidores serão baseadas na possibilidade de sugerir o que eles querem, no exato momento em que o desejam. Essa é a consequência de uma dimensão imaterial onde tudo está conectado, disponível o tempo todo e em qualquer lugar, além de ser fornecido por sistemas de baixíssimo custo, com capacidade de coletar dados, armazená-los em quantidades massivas e processá-los em análises minuciosas.

O comércio eletrônico continuará crescendo, porque o imaterial é a interface do usuário para o material. O processamento de dados vai acontecer tanto na pré-venda, com um público-alvo cada vez mais específico, quanto na venda e pós-venda, para adquirir informações úteis à produção — em termos de uso (aprimoramento do design) e manutenção. Enquanto isso, a "internet das coisas" vai criar novos espaços nas principais funções logísticas e nos relacionamentos.

Com a progressiva migração para as vendas online, aqueles que continuarem offline vão sofrer impactos em suas margens de lucro. Logo, as cadeias de suprimentos serão encurtadas para recuperar rendimentos. Os fabricantes começarão a vender diretamente aos consumidores pela internet, ou por meio de um único intermediário, que será responsável pelas funções logísticas, substituindo os armazéns por logística digital sempre que possível.

Onde as redes de abastecimento não forem reduzidas, surgirão novos intermediários, na forma de portais online agregando ofertas verticais (mesmo para tipos específicos de produtos). Esses portais terão interfaces com os servidores dos fabricantes, para reunir suas ofertas. Assim, serão responsáveis pelas estratégias de marketing para capturar a atenção dos consumidores e oferecer-lhes produtos de terceiros. O que a Booking faz hoje com os hotéis será estendido a todos os produtos e serviços que conhecemos.

A única condição dessas plataformas será uma margem de lucro superior ao total dos custos de logística e aquisição de clientes,[79] que possa cobrir os custos semivariáveis de atendimento ao cliente e cobrança (a plataforma em si é um custo irrecuperável). Os sistemas de informação dos fabricantes terão de possuir descrições compatíveis dos produtos, a fim de serem reproduzidas pelos agregadores. Logo, quem controlar os padrões de descrição de produtos terá o domínio do mercado, pelo menos até que padrões públicos sejam estabelecidos.

As plataformas de logística, por sua vez, serão cada vez mais eficientes e permitirão a redução expressiva dos inventários, com estoque suficiente apenas para alguns dias — graças a um compartilhamento mais efetivo de informações entre as partes envolvidas. A importância da marca e da reputação do fornecedor será ainda maior: são fatores que determinam a atenção do consumidor, o recurso mais escasso da dimensão imaterial, que deve ser conquistado com baixos investimentos. Assim, a produção de conteúdo para atrair clientes será crucial, a fim de conquistar sua confiança e ofertar produtos e serviços.

Os grandes varejistas vão focar na definição de perfis de seus clientes para criar ofertas personalizadas, usando as tecnologias de *Big Data*, análises estatísticas e geolocalização. Toda essa informação será coletada e armazenada em quantidades até então inimagináveis, graças ao fato de que o armazenamento não custa nada e à possibilidade de "minerar" dados com processos automáticos, encontrando as melhores combinações de ofertas para cada indivíduo.

■

79 Em outras palavras, o custo para captar a atenção dos consumidores comparado à sua taxa de conversão, ou a razão entre os visitantes da loja imaterial e aqueles que realizam a compra.

Os tradicionais panfletos, distribuídos indiscriminadamente, não farão mais sentido. A publicidade, além de ser totalmente personalizada, será baseada em recomendações de algoritmos. Os mecanismos não vão apenas sugerir coisas que combinem com você, mas também coisas que você nem sabia que queria, graças à análise de seu histórico de compras e preferências — e de pessoas parecidas com você.

Neste cenário, as atividades comerciais conectadas a *hobbies* e nichos específicos tendem a sobreviver mais ou menos intactas, pois estão ligadas a relações humanas interpessoais que colocam os entusiastas no jogo. Isso porque essas atividades proporcionam espaços de socialização. Em *Os meios de comunicação como extensões do homem*, Marshall McLuhan observou que as pessoas costumavam caminhar, então passaram a utilizar cavalos, e então bicicletas para viajar, e ainda hoje não deixaram de utilizá-las, mas para propósitos relacionados a *hobbies* e socialização. Esse pode ser o destino das compras em lojas físicas.

No entanto, há produtos com margens unitárias (ou margens líquidas médias) que não viabilizam sua venda online, já que o custo unitário de aquisição e logística seria maior. Estes continuarão a ser vendidos em lojas físicas. Será o caso de estabelecimentos como armarinhos, ferros-velhos, empresas de sucata etc., que ainda hoje costumam ser pequenos negócios de família, sem controle de jornadas de trabalho ou turnos, já que o faturamento não cobre a contratação de trabalhadores.

Os intermediários tenderão a operar como monopólios — ou, no limite, oligopólios — na dimensão imaterial, devido aos efeitos de rede, ao aprisionamento tecnológico e à falta de regulações que facilitem uma competição mais fragmentada, e também porque o rendimento unitário pode aumentar com o tamanho. Com a migração progressiva de relações comerciais da dimensão material para a imaterial, os respectivos mercados de intermediação serão capturados, impondo preços finais aos intermediários materiais (que terão de reduzir seus preços para garantir suas vendas online). Eles também deverão impor condições de compra aos fornecedores, que continuarão dependentes de seus canais de vendas para sobreviver no mercado. Configura-se, assim, uma situação conhecida como monopsônio, em que há apenas um comprador possível, ou um único comprador com tamanho poder aquisitivo que elimina a competição. A concentração de mercado será muito maior do que conhecemos hoje, com varejistas de larga escala para *commodities* básicas e um ou dois operadores por setor, que terão poderes nunca vistos em relação aos produtores.[80] Além disso, a qualidade da experiência do usuário em um serviço se tornará o fator decisivo para o sucesso.

Nós podemos dizer que, com a transição das relações comerciais à dimensão imaterial, passamos do comércio de larga escala à *hiperdistribuição*. No período de transição, vamos observar uma consolidação dos grandes distribuidores materiais, buscando economias de escala e possíveis integrações de margem por meio de transações financeiras. Poder comprar qualquer coisa, de forma extremamente simples, sem ter que aprender nada novo, com acesso às melhores condições possíveis e com entrega em qualquer lugar é certamente um cenário maravilhoso para o consumidor. Entretanto, cada uma dessas vantagens para o consumidor causa impactos consideráveis do outro lado do mercado.

■

80 Em muitos setores, esse fenômeno pode levar a uma grande concentração de riqueza monetária e à redução dos preços; muitos produtos e serviços imateriais que substituem as versões materiais estarão cada vez mais disponíveis para os consumidores, a preços muito menores ou insignificantes. Logo, a medida monetária da riqueza tenderá a se tornar menos representativa das condições de vida de uma comunidade.

3.7.2. Turbologísticas materiais

O motor do crescimento econômico mundial é o comércio internacional, baseado em quatro principais componentes: logística, seguro, finanças e comércio. Esses quatro pilares são igualmente válidos para bens materiais e imateriais. A logística, por sua vez, é o tecido conjuntivo que une as transações materiais entre vários países, e é dominada por grandes empresas globais com baixo índice de sofisticação tecnológica — e, consequentemente, altos custos (ou ao menos redutíveis).

No futuro, os produtos e serviços aos quais se aplica a logística receberão os reforços da dimensão imaterial, capaz de aumentar a eficiência e a transparência dos processos logísticos em nível global. O comércio será simplificado por meio da eliminação de custos ocultos que hoje representam um obstáculo ao desenvolvimento econômico, especialmente nos países menos desenvolvidos, que poderão acelerar seu crescimento econômico e a geração de empregos.

A invenção do contêiner, em 1956, demonstrou como um aumento na eficiência da logística provoca efeitos positivos na economia. Antes dos contêineres de metal, os produtos viajavam em caixas de madeira sob medida, que eram todas diferentes, exigindo altos custos de manuseio nos portos, péssima otimização de carga e baixa resistência a impactos. Os contêineres resolveram esses problemas e reduziram o risco de roubo, proporcionando uma redução de 97 % no custo por tonelada transportada.

Estima-se que, com a introdução das tecnologias digitais capazes de aprimorar a dimensão imaterial do transporte de produtos e serviços relacionados, o custo do comércio internacional será cortado em setecentos bilhões de dólares ao ano, sendo que uma parte desses benefícios virá da otimização de cargas e fluxos. Assim, a dimensão imaterial dos produtos transportados em longas distâncias também será usada em outros segmentos, como as logísticas de última milha, que serão aperfeiçoadas com a redução do número de caminhões vazios ou com pouca carga. Em nível global, de acordo com a organização suíça Global Coalition for Efficient Logistics, esse crescimento representaria um incremento de 1,2 trilhão de dólares no comércio e geraria oportunidades de serviços adicionais avaliados em seis trilhões trilhões, com a expectativa de cem milhões de novos postos de trabalho por todo o mundo. Será o grande momento das empresas de médio porte com excelente competência em marketing e habilidade de criar relacionamentos online, graças à evolução da logística e da dimensão imaterial que está sempre conectada e disponível 24 horas por dia.

3.8. O futuro das escolas

A escola do futuro, que já está sendo inventada, leva em conta um simples e importante fato: a internet veio para ficar. O montante de conhecimento acumulado só vai aumentar, porque o armazenamento é gratuito, independentemente se estamos amontoando conteúdo de qualidade ou totalmente inútil. O processamento automático, com capacidades computacionais cada vez melhores, tornará o acesso ao conhecimento e sua aplicação ainda mais eficientes para a tradução, identificação de conceitos, resumo, extração de dados e sua representação. Isso estará disponível para todos e de modo instantâneo, a qualquer hora e lugar.

As crianças vão aprender a usar computadores de forma inteligente e a atenção será voltada às habilidades algorítmicas e ao pensamento computacional, assim como há algumas décadas era requerido das escolas que oferecessem o ensino de idiomas estrangeiros. Hadi Partovi, criador e orientador do projeto code.org, que aposta na introdução de cursos de programação básica nas escolas, declarou que 91% das famílias norte-americanas já expressam esse desejo a respeito da educação de seus filhos.

Uma consequência inicial será que, graças à internet, seremos capazes de verificar qualquer coisa. Logo, em muitos casos, nós teremos a obrigação de confirmar informações. Temos que ensinar as crianças a serem curiosas, conscientes e críticas. Elas não podem acreditar em rumores. Por isso, um dos meus motes preferidos é: "Você acha ou você sabe?". Uma segunda consequência será a necessidade de ensinar às crianças como filtrar bilhões de fontes disponíveis. Elas devem saber como avaliar informações e separar o joio do trigo.

Na escola que estamos inventando hoje, também há muitos livros. Isso sempre será essencial. Assim como no presente, acessaremos livros para adquirir conhecimento. Mas, para isso, contaremos com uma fonte multimídia na qual o conteúdo será atômico, ao invés de selecionado, classificado e montado por alguém. Em nossas escolas do futuro, os professores — treinados para colaborar e compartilhar — vão planejar o conteúdo educacional junto com as crianças. Eles terão a função de definir os principais tópicos e permitirão aos estudantes separ o joio do trigo por meio de pesquisas na internet, criando tags e correlacionando dados baseados em átomos individuais online, com a ajuda de algumas "páginas" de "livros" — até mesmo impressos, por que não?

Então, teremos a terceira consequência: o conteúdo será pulverizado, e os livros ou e-books não serão as únicas ferramentas utilizadas por professores, tampouco os únicos produtos possíveis de serem criados por estudantes. Em vez disso, os pupilos produzirão objetos integrados com realidade aumentada, tais como videogames, robôs e mapas interativos para sumarizar o conteúdo aprendido e habilidades adquiridas. O professor, então, poderá verificar os resultados, analisando o processo de criação junto ao estudante — na busca por uma avaliação autêntica, e não meramente externa. Nestas condições, não faria nenhum sentido confiar apenas nos livros enquanto pacotes de conteúdo agrupado e sequenciado. Esse processo de compilação só se tornou padrão por ser a única forma de distribuir conhecimento no mundo material.

Se não fosse mais necessário agrupar informações desse modo, a educação não dependeria exclusivamente de professores ou dos livros e e-books: a aprendizagem viria com a interação entre colegas e aqueles com maior conhecimento, permitindo ao aluno apresentar seu ponto de vista para verificar sua validade, e ainda confrontar e compartilhar significados com a ajuda do professor. Assim, o papel do docente seria estimular a discussão sobre o processo e destacar os procedimentos escolhidos, as constantes, as variáveis e as ligações entre os significados. Se todo o conteúdo atômico for reunido em um grande repositório, o acesso será livre e gratuito para todos — ao contrário de antes, quando a atividade educacional consistia em provisão de conteúdos e avaliação do aprendizado. O impacto da imaterialidade será o rompimento dessa lógica vertical, e, consequentemente, a separação entre o conteúdo e a avaliação ou orientação, deixando-nos livres para focar a atenção na construção de habilidades.

Ademais, mecanismos de busca semânticos permitirão uma abordagem interdisciplinar e multidisciplinar, além de novas formas de usar o conteúdo que superam a natureza estática das tradicionais bases de dados. A atenção estará centrada na essência dos conceitos, o que facilita a interdisciplinaridade e previne a fragmentação da aprendizagem e do conhecimento. É assim que funcionam os Massive Open Online Courses [Cursos Online Abertos e Massivos] ou mooc. São grandes repositórios de conteúdo online, nos quais o papel da instituição é guiar os estudantes em seu estudo (orientação e motivação) e então conduzir avaliações, com certificados de aprendizagem (testes e exames).

Naturalmente, as escolas convencionais não vão desaparecer. Os moocs são excelentes ferramentas disponíveis para todos os estudantes, mas apenas os mais motivados as usarão por iniciativa própria; a tarefa da escola é ensinar sua utilização em um processo personalizado de aprendizagem, para apoiar o aluno na criação de suas novas competências. É claro que os moocs também tendem a evoluir, tornando-se mais estimulantes e envolventes para atrair um público mais amplo. Eles também serão beneficiados pela visão imersiva das tecnologias que descrevi na seção 3.5., sobre o futuro da televisão.

De qualquer modo, o imaterial está disponível em todo lugar, em tempo real; portanto, a quarta consequência será a expansão da escola para além de uma instituição confinada entre muros e horários, rumo a um processo muito mais abrangente. As crianças estarão sempre interconectadas, colaborando na nuvem e interagindo com os colegas e professores online, até mesmo de suas casas (ou de qualquer outro lugar), a qualquer hora do dia. A educação só dependerá de seus interesses ou planos de estudo, que tendem a romper com a organização tradicional da escola.

Assim, podemos concluir que o imaterial — tanto nas escolas quanto em outros setores — é totalmente efetivo quando não se limita à digitalização de etapas individuais, deixando o processo geral inalterado. De maneira oposta, o imaterial é capaz de utilizar suas características básicas para rever toda a lógica de aprendizagem e torná-la mais eficiente. Hoje, em um estágio inicial, há uma tendência à digitalização dos livros. Isso é conveniente e prático, mas somente um começo. A verdadeira inovação ocorrerá quando mudarmos nossos métodos de ensino do formato de provisão (impulso) para a abordagem de participação (atração).

3.8.1. E quanto à memória?

Hoje, nós não voltaríamos a usar réguas de cálculo, obviamente, já que temos telefones móveis e tablets. Tampouco voltaríamos a usar tinteiros, uma vez que temos canetas esferográficas. Quando as ferramentas tecnológicas chegam, elas são adotadas sem a menor nostalgia pelos velhos tempos. Nós não sentimos saudades nem das calculadoras. Aliás, mesmo as calculadoras só foram estabelecidas nas escolas depois de muitas discussões a respeito de sua utilidade. Dizia-se que a adoção desses dispositivos perniciosos seria prejudicial aos estudantes, que, ao utilizá-las, não conseguiriam mais desenvolver as habilidades aritméticas mentais. Dizia-se ainda que o uso prolongado de calculadoras poderia ter impactos negativos na evolução da lógica e da memória nas mentes jovens. Aqui vai um trecho de um artigo escrito em setembro de 1977, retirado dos arquivos históricos do jornal italiano *La Stampa*:

As calculadoras de bolso estão disponíveis em tantos modelos no mercado que os compradores estão ficando mal-acostumados. Por treze mil liras você pode comprar um dispositivo de marca capaz de executar as quatro operações, além de calcular porcentagens e raízes quadradas.

[...] depois de um longo período de proibição dos professores (a questão ainda é controversa e nem todos estão dispostos a aceitar o uso de calculadoras de bolso nas salas de aula), as "contas fáceis" estão ganhando cada vez mais adeptos. Elas são muito simples de usar e os resultados estão sempre corretos.

[...] há apenas um inconveniente: o uso prolongado de calculadoras de bolso também pode ter impactos negativos na memória e habilidades lógicas nas mentes jovens. Há várias inovações tecnológicas e educacionais que merecem ser mencionadas. O desenvolvimento tecnológico, a necessidade de atualização constante e o anseio por mais facilidades que se adaptem ao ensino de modo relevante e moderno muitas vezes trazem problemas complicados para os professores.

As calculadoras nos impedem de cometer erros e, embora possamos perder alguma agilidade na aritmética mental, elas liberam recursos cognitivos para atividades mais importantes, como a associação e a dedução. Como escreveu o iluminista francês Michel de Montaigne, "*mieux vaut une tête bien faite qu'une tête bien pleine*", ou seja, "mais vale uma cabeça bem-feita do que uma cabeça cheia". Essa ideia nunca foi tão relevante como atualmente.

Um efeito colateral da informação instantânea, permanente e onipresente atualmente é que nós crescemos acostumados a não memorizar. Esse fenômeno é denominado *amnésia digital*. A propósito, um estudo revelou que 91% das pessoas dependem de seus dispositivos para se lembrarem de qualquer coisa.[81] Outro

---

81 "Você sabe o que é Amnésia Digital?", em *Kaspersky Lab Daily*, 1º jul. 2015. Disponível em <https://www.kaspersky.com.br/blog/digital-amnesia-survival/5482/>.

estudo, de 2011, apresentou experimentos que analisaram como nossa memória depende dos computadores. Foi solicitado aos participantes que escrevessem uma frase complicada; metade do grupo foi informada de que o documento seria salvo, enquanto à outra metade foi dito que não. Então, eles foram desafiados a se lembrar da frase. As pessoas que pensavam que o documento seria salvo tiveram muito mais dificuldade em se lembrar da frase que escreveram do que as outras.

Em uma pesquisa complementar, os participantes tiveram que escrever uma série de frases que seriam salvas em pastas específicas; então, foi solicitado a eles que se lembrassem do conteúdo que haviam escrito e em quais pastas se encontrava. Os resultados mostraram que era muito mais fácil lembrarem-se do local em que o documento fora salvo do que de seu próprio conteúdo. Do mesmo modo, outro estudo apresentou aos participantes uma lista de palavras. Foi solicitado a metade deles que salvasse o arquivo antes de passar para a próxima lista. Aqueles que salvaram o arquivo lembraram-se de muito mais palavras da segunda lista do que os que não salvaram a primeira lista.[82] Esse resultado sugere que baixar informações para o computador estimula a liberação de recursos cognitivos, que

■

82 STORM, Benjamin C. & STONE, Sean S. "Saving-Enhanced Memory: The Benefits of Saving on the Learning and Remembering of New Information" [Memória aprimorada: os benefícios de salvar para o aprendizado e a lembrança de novas informações], em *Psychological Science*, v. 26, n. 2, 2015. Disponível em <https://journals.sagepub.com/doi/abs/10.1177/0956797614559285>.

nos permitem armazenar e memorizar novas informações, além de fazer novas associações e deduções. Assim, os pesquisadores acreditam que os dispositivos digitais se tornaram uma espécie de memória transacional.[83]

■

83 WEGNER, Daniel M. "A computer network model of human transactive memory" [Um modelo de rede computacional para a memória transacional humana], em *Social Cognition*, v. 13, n. 3, 1995. Disponível em <https://scholar.harvard.edu/files/dwegner/files/wegner_computer_network_model_1995.pdf>.

3.9. O futuro do turismo

A transferência progressiva de atividades da dimensão material para a imaterial vai continuar mudando as dinâmicas do turismo. Viajar se tornará ainda mais fácil e barato. A internet também fará com que viajemos mais, porque facilita a conexão e a relação entre pessoas distantes. Esse efeito teria soado contraintuitivo há alguns anos, em contraste com o estereótipo clássico da internet nos isolando em casa, em uma bolha de relações imateriais, e diminuindo cada vez mais o desejo por contato físico. Hoje, essas crenças se provaram infundadas diante das reais consequências de um mundo conectado. Os smartphones levaram a um crescimento astronômico das reservas de viagem feitas durante o trajeto e por meio de aplicativos, revelando outra revolução em curso que permitirá a retomada de uma relação direta com o consumidor.

As propriedades que fazem do mundo um único ponto conectado têm impactos significativos, que causaram a redução do preço dos voos. Podemos nos lembrar da época em que os preços dos voos eram programados com antecedência e de acordo com o destino. Agora, o preço é determinado por voo individual a cada momento e em relação ao estado de ocupação do avião, monitorado em tempo real pela companhia graças à tecnologia imaterial. Os dados podem ser transferidos instantaneamente e sem custo, com as informações sempre conectadas. Como resultado, as aeronaves decolam mais cheias. Os custos de intermediação também foram reduzidos: as passagens são desmaterializadas e a rede de distribuição física tende a desaparecer, como descrito no capítulo sobre os efeitos da interconexão e da informação via *backchannel*.

No entanto, as mudanças vão muito além do aspecto individual da jornada. Uma vez que as viagens são compradas pela internet, plataformas comerciais integradas passarão a oferecer serviços e pacotes de terceiros que incluem todos os aspectos da viagem.

Esses produtos serão muito mais completos e desenvolvidos (com customização) do que os oferecidos atualmente em sites especializados. Haverá uma padronização computadorizada das ofertas de turismo. Softwares automáticos criarão pacotes. Um hotel poderá sugerir um carro, um restaurante e um museu. Toda essa informação será combinada a conteúdos produzidos por profissionais e pela comunidade de usuários, referentes às experiências alternativas e não somente ao turismo tradicional, graças ao desenvolvimento da inteligência artificial e da compreensão semântica de textos.

Atualmente, uma das principais limitações das recomendações turísticas é a dificuldade de criar classificações a partir das informações geradas por usuários e disseminadas online. O avanço da inteligência artificial — proporcionado pelo aumento do poder computacional, pela disponibilidade de conteúdo online e pelo espaço infinito de armazenamento — permitirá que essas atividades sejam realizadas com maior precisão, criando sistemas com itinerários turísticos totalmente personalizados.

Também haverá inovações na área regulatória. Há uma cláusula contratual em vigor, imposta pelos agregadores da internet, como Expedia e Booking, que proíbe empreendedores individuais de praticarem preços abaixo de seus sites. Esse tipo de restrição é chamado de cláusula de paridade ou cláusula da nação mais favorecida (por vezes chamada de "cláusula do consumidor mais favorecido"), uma vez que garante ao intermediário a obtenção das melhores condições ou status favorável. O resultado é a limitação das possibilidades comerciais dos fornecedores.[84] O que

---

84 No Brasil, as empresas Booking, Decolar e Expedia firmaram Termos de Compromisso de Cessação (TCCs) com o Conselho Administrativo de Defesa Econômica (Cade) para suspender investigação sobre uso de cláusula de paridade abusiva em contratos firmados com redes hoteleiras para utilização de suas plataformas de venda na internet. Nos ter-

eles oferecem se torna essencialmente uma *commodity*, enquanto o mediador adquire um papel dominante, controlando toda a distribuição comercial em condições monopolísticas.

É pouco provável que essa situação seja aceita em longo prazo, e em algum momento os reguladores e legisladores terão de intervir para abolir a cláusula da nação mais favorecida. Então, os empreendedores que hoje são restringidos pelos agregadores estarão livres para fazer seus próprios pacotes, realizando acordos entre si e ampliando as ofertas ao público. Como consequência, a função intermediadora do modelo de negócio agregador — com pagamento de comissão — se tornará menos relevante e a função publicitária aumentará, com redes de hotéis pagando para figurar entre as posições mais visíveis.

A intermediação tecnológica também se estenderá às ofertas privadas: o que já ocorre em acomodações (Airbnb), táxis (Uber) e transportes de longa distância (Blablacar) também chegará ao mercado de *catering*, com reservas online e refeições compartilhadas (Gnammo e Eatwith), que oferecem a oportunidade de comer na casa dos anfitriões e conhecer novas pessoas, além do setor de guias turísticos.

Resumindo, a tecnologia permitirá que várias ofertas fragmen-

---

■

mos dos TCCs, Booking, Decolar e Expedia devem cessar o uso de cláusula de paridade ampla em suas relações comerciais com fornecedores de acomodações. Isto é, não é permitido aplicá-la para proibir melhores ofertas, por parte desses estabelecimentos, em seus canais de venda offline (balcão de reservas, agências de turismo físicas e canal de atendimento telefônico). Também não mais poderão exigir paridade em relação aos preços praticados por outras agências de turismo online. Ver "Booking, Decolar e Expedia celebram acordo de cessação com o Cade", em Cade, 27 mar. 2018. Disponível em <http://www.cade.gov.br/noticias/booking-decolar-e-expedia--celebram-acordo-de-cessacao-com-o-cade>. [N.R.]

tadas sejam combinadas sem custo por indivíduos de reputação sólida, que poderão entrar na competição com serviços mais organizados. Nós já examinamos esse aspecto em mais detalhes quando falamos sobre a chamada economia do compartilhamento. Aqui, nos limitamos a considerar que as propriedades do imaterial permitem a intermediação entre a oferta e a demanda de serviços locais, que de outra forma ficam muito dispersos ou implicam altos custos de gestão para se tornar comercialmente viáveis. Além disso, essa mediação não é mais pública, institucional e concentrada, como antes, com garantias e limites estabelecidos por normas. Hoje, o intermédio é privado, global e oferecido por agregadores de serviços.

Esses são os novos desdobramentos que colocam as regulações atuais sob pressão, que por sua vez limitam as possibilidades de pessoas físicas operarem com sucesso no turismo. Assim, é muito provável que as leis relacionadas ao bem-estar dos indivíduos mudem em decorrência dos altos custos de aplicação e das possibilidades de renda extra.

3.10. O futuro do trabalho

No capítulo sobre as propriedades da dimensão imaterial, eu menciono como — graças ao custo zero de armazenamento e manuseio dos sistemas de tecnologia da informação interconectados e às transferências em tempo real de um lado do planeta ao outro — a desmaterialização permitiu que nós, em 2000, criássemos um pequeno serviço de administração de clientes a distância. Em vez de implementar o serviço na empresa, localizada na Itália, nós o instalamos na Romênia, em uma cidade universitária onde a maioria dos jovens fala italiano, sob a supervisão de um dos membros da nossa equipe.

Naquela época, nós recrutamos as pessoas colocando anúncios no quadro de avisos da universidade. Hoje, as atividades que podem ser executadas remotamente, em qualquer parte do mundo, são encontradas em sites intermediários especializados. Gradualmente, isso se tornará norma para qualquer tipo de emprego. Essas atividades serão cada vez mais intermediadas online, ao menos para o recrutamento inicial, com a análise e classificação de todas as informações dos candidatos por sistemas de inteligência artificial.

No entanto, aquele *call center* na Romênia não durou muito, porque, como eu disse na seção 2.10., certas atividades estão começando a ser realizadas pelos próprios clientes, que ampliam o nível de percepção do serviço e fazem dele parte do negócio. Além disso, a noção de baixa qualidade em serviços pode mudar com o tempo, e os *call centers* qualificados estão se tornando um fator competitivo para muitas empresas. Em alguns mercados, ao menos para certas categorias de consumidores, as empresas estão internalizando as centrais de atendimento e incorporando seus valores aos serviços — ainda que continuem baseados em localizações remotas e em componentes imateriais.

Então, algumas funções de maior valor agregado, ou que envolvem a gestão de muitas exceções, além das aplicações que requerem um atendimento ao cliente de qualidade superior, continuaram a ser realizadas dentro da empresa. Naturalmente, nós também não tínhamos uma equipe própria para assumir atribuições esporádicas, como a criação de catálogos, que confiávamos a serviços externos. E mesmo nossas relações com os prestadores se beneficiaram da desmaterialização, que lhes permitiu manter seu comprometimento com o objetivo do projeto por meio do compartilhamento remoto de ferramentas oferecido pela empresa e um nível de interação muito maior. Finalmente, nós chegamos a uma relação constante de trabalho com base em projetos, graças ao compartilhamento de dados, processos e procedimentos corporativos em nuvem com a empresa.

Assim, podemos generalizar: todas as funções que não pertencem à atividade principal do negócio, sejam de aplicação contínua ou esporádica, tendem a ser deslocadas para fora da empresa. Em outras palavras, tudo que se relaciona ao processamento de informações: marketing, publicidade, impressão, comunicações (incluindo *call centers*) estão sujeitos à força centrífuga da terceirização — com exceção, talvez, de atividades que envolvem informações estritamente confidenciais.

Desse modo, a empresa ganha em eficiência; mas, por outro lado, as atividades antes desempenhadas por funcionários, particularmente em grandes empresas, são transferidas a empreendedores que possuem autonomia e também seus próprios clientes (e utilizam suas próprias ferramentas). Isso reduz o comprometimento com a empresa, mas, em contrapartida, aumenta o nível de risco e flexibilidade para os colaboradores. Esse fenômeno ocorre principalmente com trabalhadores intermediados de forma desregulada, como no caso da chamada economia do compartilhamento.

Para uma cultura acostumada a cargos permanentes, a percepção das novas relações de trabalho é majoritariamente negativa, mas não é assim que as novas gerações enxergam a situação. Muitos aprovam esses métodos por conta da flexibilidade e da possibilidade de trabalhar para mais clientes, desempenhando funções potencialmente mais variadas e com maiores lucros. Para os estudantes, por exemplo, essa flexibilidade pode ser particularmente interessante, dando-lhes a oportunidade de serem legalmente empregados e ganharem experiência para valorizar seus currículos, sem perder a condição de estudante em período integral. Claro que esse não é sempre o caso, mas para algumas pessoas esses modelos de emprego podem ser vantajosos.

3.10.1. Centros do saber

Todos os cargos padronizados que não requerem interação humana qualificada tendem a ser realocados geograficamente e distribuídos ao redor do mundo. Na Itália, evidentemente, há uma barreira de idioma, que não é um problema para outros países. Além da emergência dos *call centers*, também estamos testemunhando o nascimento de locais com grande concentração de capital humano: áreas que centralizam profissões de alta criatividade.

Não são apenas as atividades de baixo valor agregado e qualidade que estão sendo terceirizadas, mas também o trabalho de alto valor e qualificação que a empresa não consegue mais produzir internamente a custos viáveis, por conta da falta de capacidade ou talentos à altura. Assim, contratar um fornecedor externo proporciona uma redução de custos significativa. Na verdade, alivia a responsabilidade da empresa em alcançar a economia de escala ideal, pois o fornecedor tem maior capacidade de gerenciar esse aspecto, já que trabalha com vários clientes.

Logo, são criados grandes centros que atraem pesquisadores, criativos e inventores. É o caso dos diversos "vales do silício" que estão se desenvolvendo nas principais cidades do mundo. São polos de agregação tecnológica, não somente para tecnologias computacionais, mas para todos os setores baseados em conhecimento intensivo, como a biotecnologia, a energia e os novos materiais.

A concentração de atividades de base científica e inúmeros tipos de trabalho criativo em um único local proporciona vantagens como a troca de conhecimento não formal, ou o *spillover* de conhecimento, que são muito úteis para o processo de inovação. Por essa razão, os laboratórios de pesquisa e desenvolvimento, empresas inovadoras e *start-ups* costumam estar próximos a universidades com boa reputação acadêmica ou polos de inovação. Em muitos casos, as empresas são até mesmo criadas nesses locais.

As *start-ups*, por sua vez, são a personificação máxima do fenômeno que vem revolucionando o trabalho. Por um lado, nascem diretamente da concentração de trabalho altamente qualificado em certos polos geográficos, que são catalisadores para inovações — e, consequentemente, para fontes de financiamento e infraestrutura jurídica eficiente. Por outro lado, são a própria representação da inovação terceirizada. Na verdade, quando uma empresa consolidada compra uma *start-up*, ela também adquire talentos e recursos humanos.

3.10.2. O fim do porcionamento do tempo

Da perspectiva do trabalhador, o efeito deste fenômeno é o fim do porcionamento do tempo de trabalho, uma característica derivada da sociedade industrial e urbanizada. Conforme as barreiras de tempo e espaço tornam-se menos relevantes em decorrência da imaterialidade, há uma crescente erosão da nítida divisão entre o trabalho pago e outras atividades, afetando a separação entre o expediente e o descanso, além das relações entre o local de trabalho, a moradia e o local de férias.

Por outro lado, esse porcionamento é uma prática relativamente recente, experimentada apenas por uma fração da humanidade, em locais onde o tempo e o espaço de trabalho são ditados pela organização e o planejamento dos negócios. Quando o tempo e local de trabalho eram determinados pela natureza, a vida humana era bem menos dividida em porções.

Graças à desmaterialização, você pode trabalhar em qualquer lugar e a qualquer hora, possivelmente em detrimento da sua vida pessoal. De acordo com uma pesquisa citada pela *Forbes*, 45% dos *millennials*[85] consideram a flexibilidade mais importante do que o salário.[86] Teremos que aprender a encontrar um equilíbrio e utilizar essa flexibilidade em nosso favor. Não apenas em relação ao trabalho, mas também nos relacionamentos com as pessoas com quem convivemos, que nos terão cada vez mais próximos fisicamente, mas com nossas mentes no escritório todo o tempo. Na França, por exemplo, a lei garantiu aos trabalhadores o direito de se desconectar, o que poderia ser muito útil nesta fase de transição.[87]

■

85 *Millennials* é um termo utilizado para se referir a pessoas que nasceram e se desenvolveram na passagem do século xx para o xxi — ou seja, na virada do milênio —, uma época de grandes avanços tecnológicos e facilidade material, em ambiente altamente urbanizado, imediatamente após a instauração da dimensão imaterial como sistema de interação social e midiática e, em parte, no nível das relações de trabalho. [N.E.]
86 "Why Millennials Are Ending The 9 To 5" [Por que os *millennials* estão acabando com a jornada de trabalho das 9 às 5], em *Forbes*, 23 ago. 2013. Disponível em <https://www.forbes.com/sites/katetaylor/2013/08/23/why-millennials-are-ending-the-9-to-5/#42cc9cd2715d>.
87 A França aprovou em 2016 a Lei da Desconexão, que prevê amparo aos empregados para que não respondam mensagens eletrônicas, e-mails ou telefonemas de seus superiores antes ou depois do expediente. A lei é destinada a empresas com cinquenta ou mais funcionários e autoriza que empregados e empregadores negociem como será feito o uso de e-mails e aplicativos de mensagens fora do horário de trabalho. No Brasil, a Lei 12.511, de 2011, determinou que a disponibilidade do empregado por meios telemáticos, seja por e-mail, What-

Conforme avançarmos rumo à imaterialidade, o trabalho será baseado no compartilhamento de informações, arquivos e aplicativos em particular (de propriedade da empresa ou do indivíduo) ou em nuvens públicas. Ademais, os aplicativos serão crescentemente compartilhados entre equipes, com profissionais trabalhando nos mesmos documentos simultânea ou alternadamente em grandes telões, que poderão ser controlados com gestos durante reuniões, ou em várias telas menores para os momentos mais calmos, como em nossos dispositivos pessoais.

Os sistemas serão desenvolvidos para simular a presença dos colegas de trabalho, mesmo localizados nos cantos mais distantes do planeta. Essa apresentação, ainda que imaterial, permitirá que todos iniciem uma conversa com um simples gesto. Alguns dispositivos de telepresença (poderíamos descrevê-los como robôs?) serão implementados em nossas organizações para serem usados como avatares, permitindo que visitemos remotamente outros escritórios para conversar com nossos colegas — ainda que o aperto de mãos não seja possível. Haverá ainda um equilíbrio entre a presença material e imaterial na empresa.

Mesmo em países onde o trabalho remoto é mais comum entre empregadores, verificou-se que as pessoas preferem ir pessoalmente até o escritório por alguns dias de tempos em tempos, para cultivar um relacionamento mais produtivo com seus colegas. A presença material, além de crucial para as relações humanas, também é

■

sApp, Telegram ou qualquer outro aplicativo de comunicação remota, configura trabalho a distância e não se distingue do trabalho realizado no estabelecimento do empregador. Ver MOREIRA CARDOSO, Ana Cláudia. "Direito e dever à desconexão: disputas pelos tempos de trabalho e não trabalho", em *Revista da Universidade Federal de Minas Gerais*, v. 23, n. 1 e 2, 2016. Disponível em <https://seer.ufmg.br/index.php/revistadaufmg/article/view/10992>. [N.R.]

importante para viabilizar o compartilhamento de informações não codificadas, que são mais fáceis de comunicar em interações informais do que por instrumentos eletrônicos. Ou seja, o fluxo de informação que facilita a inovação nas empresas sempre é beneficiado por uma dose de relacionamento interpessoal.

Nós nunca vamos substituir totalmente as relações humanas, mesmo com o desenvolvimento da tecnologia. Devemos nos atentar ao fato de que experimentamos o mundo imaterial primeiramente com nossos olhos (limitados ao campo de visão, pelo menos por enquanto), depois com nossos ouvidos. A dimensão material, no entanto, envolve todos os nossos sentidos. Somente o mundo físico proporciona a presença completa de outro ser humano, com quem nós podemos desenvolver empatia e compreensão mútua.

3.10.3. Trabalhando com robôs e *infobots*

A seção anterior descreve os meios pelos quais o trabalho é realizado, mas a revolução tecnológica também mudará o conteúdo das funções. Há duas forças, movidas pelas propriedades imateriais, que tendem a aumentar o trabalho feito por máquinas: o desenvolvimento da robótica (ou seja, o manuseio material desempenhado por máquinas) e o desenvolvimento da inteligência artificial. Ambas estão estreitamente relacionadas.

Nós podemos constatar os avanços extraordinários no campo da inteligência artificial quando usamos ferramentas de reconhecimento de voz, como Siri ou Cortana. Em 1987, quando eu tinha apenas 22 anos, participei da Conferência Internacional de Inteligência Artificial, realizada em Milão. Os robôs estavam fazendo suas primeiras aparições nas linhas de produção industriais, e o processamento em linguagem natural ainda parecia fantasioso.

A evolução, contudo, é exponencial, e mais mudanças vão ocorrer no próximo ciclo do que as que vemos hoje. A robótica será útil em diversas áreas: das próteses dentárias à mobilidade assistida para idosos, da jardinagem à limpeza da casa, e dos carros autônomos a um grande número de máquinas especializadas em ambientes de produção, onde os humanos cada vez mais serão responsáveis pelas funções de controle e gerenciamento de exceções.

Um importante incentivo para a criação de robôs capazes de desempenhar funções complexas vem do terceiro Desafio de Robótica realizado em 2015 pela DARPA (Defense Advanced Research Projects Agency [Agência de Projetos de Pesquisa Avançada em Defesa] dos Estados Unidos), com ênfase no desenvolvimento de robôs semiautônomos capazes de operar em ambientes degradados e perigosos. Os impactos dessa tecnologia no âmbito civil serão vistos em breve.

Entretanto, os avanços não param por aí. As máquinas podem ir além dos comportamentos descritos nos algoritmos por seus programadores e aprender sozinhas, graças às técnicas da "aprendizagem profunda", que imitam o modo como seres vivos aprendem com modelos matemáticos chamados de redes neurais. Assim, a integração de sistemas nas relações com fornecedores, a transferência de uma parte do trabalho da equipe para os clientes em uma espécie de *crowdsourcing* e o trabalho repetitivo e manual assumido por computadores e robôs são fenômenos que traçam uma nova estrutura de trabalho para o futuro próximo, na qual apenas as atividades cognitivas extraordinárias serão realizadas exclusivamente por humanos.

Esse efeito parece propagar-se do trabalho para a renda, resultando em uma concentração ainda maior de riquezas no topo da pirâmide social, ou seja, uma redução nos ganhos da tradicional classe trabalhadora material. O fornecimento de produtos também será direcionado de acordo com o público-alvo: produtos de larga escala e baixo custo com grande intervenção de máquinas, e produtos de alto custo e sofisticação com grande intervenção humana. O livro do economista Tyler Cowen, *Average Is Over: Powering America Beyond the Age of the Great Stagnation* [O fim da classe média: abastecendo a

América depois da era da grande estagnação], descreve esse futuro e confirma sua teoria ao reportar que 60% dos empregos perdidos com a crise de 2008 eram de médio rendimento.

Esse cenário deriva da queda constante dos preços em tecnologia e recursos cujo componente imaterial aumenta significativamente, e da transferência e difusão dessas tendências aos setores adjacentes. Se a mistura de incidências de componentes de custo por unidade de produto/serviço migra da dimensão material para a imaterial, uma parte mais significativa do valor gerado persiste em mecanismos com propriedades típicas da dimensão imaterial, promovendo então a concentração de lucros que também são obtidos por meio da propriedade intelectual remunerada, em detrimento dos componentes de custo associados ao trabalho — que, portanto, tendem a ser reduzidos, ao menos em termos relativos.[88]

Penso que esse fenômeno ajuda a explicar a estabilidade/queda dos preços dos produtos e serviços e a estabilidade/queda dos salários para a parcela da população que não se beneficia da propriedade intelectual, associada aos componentes de valor imaterial. Vamos considerar, por exemplo, um setor como o bancário, que representa uma importante fonte de empregos e demanda extensiva de trabalho humano. A transferência de uma parte das atividades aos clientes tende a eliminar cargos que envolvem operações rotineiras, aumentando as vagas em *call centers* e trabalhos cognitivos que exigem habilidades superiores. Talvez esse seja um exemplo paradigmático da possibilidade de expansão de um modelo, capaz de explicar parcialmente as dinâmicas de salário.

Decerto, muitos trabalhos criativos podem ser realizados

---

88 Do conceito à produção, logística, vendas, mercado pós--venda e descarte de resíduos. Ao mesmo tempo, a concentração do mundo causada pelas propriedades imateriais resultou em efeitos de crescimento nos países em desenvolvimento.

por máquinas. Há composições musicais e belíssimas gravuras e pinturas que nós nunca imaginaríamos terem sido feitas por computadores. As obras de um software de composição de música clássica desenvolvido na Universidade Yale foram tocadas para um grupo de pessoas, que em seguida tiveram que classificar as músicas entre "definitivamente humanas" até "definitivamente computadorizadas" em uma escala de 1 a 7. No fim, o público classificou as obras como produções genuinamente humanas.[89]

Em 2011, quando eu era gerente geral da área digital no Grupo 24 Ore, conduzi um experimento para produzir conteúdo utilizando técnicas de sumarização automática em um conjunto de artigos de jornal, que foram identificados por um analisador semântico como pertencentes ao mesmo tema. Os textos foram então reproduzidos utilizando um sintetizador de voz (a mesma voz das estações de trem), e os ouvintes apenas notaram e criticaram a voz dura e metálica, sem perceber que o conteúdo estava sendo gerado automaticamente.

Hoje, nos Estados Unidos, uma grande quantidade de conteúdo com análise de campos bastante específicos (como relatórios em listas de empresas) é produzido por sistemas automáticos. Em 2011, um sistema de computadores criado pela IBM, conhecido como Watson, fez uma participação no *Jeopardy*, um famoso programa de perguntas e respostas da TV. O software entendia as perguntas que eram feitas, até mesmo as humorísticas, e dava mais respostas corretas do que os competidores humanos. Em 2013, o Watson foi disponibilizado para aplicações comerciais, e, em 2015, *start-ups*

■

89 "You'd never know it wasn't Bach (or even human)" [Você nunca saberia que não era Bach (ou mesmo humano)], em *Yale News*, 20 ago. 2015. Disponível em <https://news.yale. edu/2015/08/20/you-d-never-know-it-wasn-t-bach-or--even-human>.

que atuavam no mesmo campo já ofereciam os mesmos serviços a custos muito menores.

Com a migração gradual do comércio online, é possível visualizar grandes centrais logísticas onde as máquinas — ou equipes muito mal remuneradas — empacotam objetos que são movimentados ao redor de armazéns por pequenos robôs, e então carregados em veículos autônomos, que enfim os entregam diretamente na casa dos clientes que fizeram seus pedidos em formulários online. Toda a cadeia de suprimentos de produtos, da fabricação de matérias-primas aos depósitos automáticos de distribuição, terá o mesmo destino. Serão poupados apenas os especialistas em máquinas — cientistas da computação, matemáticos, entre outros — e profissionais da alta gerência envolvidos na tomada de decisões estratégicas e questões administrativas ou jurídicas. No entanto, mesmo os principais gestores contarão com a ajuda dos sistemas inteligentes com grande capacidade de análise, que terão acesso instantâneo a uma quantidade de informações inimaginável para a mente humana.

3.10.4. Desta vez será diferente?

Nós já vivenciamos mudanças profundas na estrutura do trabalho, como demonstrado no gráfico, que apresenta a situação do emprego nos Estados Unidos nos últimos dois séculos. Hoje, a contribuição da agricultura na geração de empregos é quase inexpressiva, com a indústria empregando cerca de um quarto da população e os serviços contratando o restante.

Os dados mostram que, ao invés de reduzir empregos, até então, os robôs têm contribuído para um aumento no consumo: de acordo com uma pesquisa do Leibniz-Zentrum für Europäische Wirtschaftsforschung [Centro Leibniz para a Pesquisa Econômica Europeia], entre 1990 e 2010, a automação industrial eliminou

9,6 milhões de postos de trabalho na Europa, mas criou outras 21 milhões de vagas.

Houve mudanças que transformaram radicalmente a estrutura do emprego, mas a força de trabalho não é um dado fixo. Os empregos não são pequenas caixas que podem ser preenchidas por uma pessoa ou outra. Todo trabalho é inventado, e a necessidade é a mãe da invenção; os hábitos de consumo das pessoas mudam, e os cargos eliminados em um setor são substituídos por postos em outras áreas.

De acordo com muitos colegas que respeito, mas dos quais discordo, a eclosão da imaterialidade será negativa e causará uma perda nítida de empregos. As razões apresentadas são: a tecnologia nunca avançou de modo tão exponencial sem o peso da materialidade; a automação vai minar uma grande quantidade de empregos na indústria, sem esperança de que sejam absorvidos pelo setor de serviços, onde as máquinas aprenderão a produzir todo o trabalho criativo típico da economia de serviços[90] — ao ponto de acabar com os empregos para pessoas com menos educação, recursos econômicos, experiência e habilidades relacionais; além disso, o trabalho cognitivo extraordinário será a única área a sobreviver, embora esteja sujeita à concorrência global. Eles argumentam que tudo isso forçará uma mudança em nosso modelo de sociedade, levando à adoção de um subsídio geral, sustentado por um sistema produtivo e econômico altamente automatizado; em outras palavras, uma renda básica universal para pessoas desempregadas ou subempregadas.

■

90 Um ótimo exemplo no setor de finanças, que valerá a pena observar, é um fundo multimercado gerenciado por um sistema de inteligência artificial. Ver "The Rise Of The Artificially Intelligent Hedge Fund" [A ascensão dos fundos de investimentos artificialmente inteligentes], em *Wired*, 25 jan. 2016. Disponível em <https://www.wired.com/2016/01/the-rise--of-the-artificially-intelligent-hedge-fund/>.

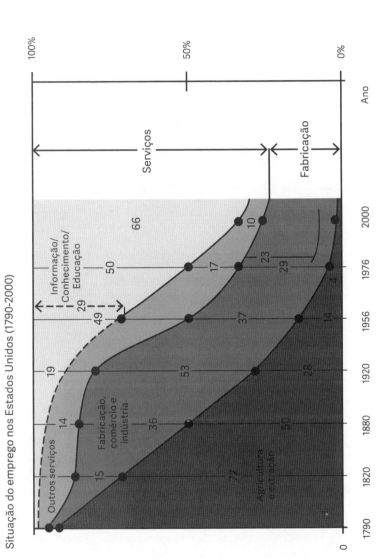

Fonte: US Bureau of Labor

Mesmo considerando aspectos de inovação incremental, nos 21 países da Organização para a Cooperação e Desenvolvimento Econômico (OCDE), quase 9% dos empregos (sem tarefas específicas) podem ser automatizados, 6% na Coreia (onde a automação já está mais desenvolvida), até 12% na Áustria e apenas 10% na Itália. Segundo a pesquisa, embora o risco de desemprego geral seja modesto e até mesmo leve a um equilíbrio positivo, já que resulta em novas demandas e expansão do consumo (como tem sido o caso), o fardo da mudança será concentrado em populações de menor grau de instrução, acentuando as desigualdades.[91]

De fato, um dos maiores desafios será auxiliar o crescente número de pessoas da indústria tradicional que precisam encontrar trabalho na indústria e em serviços avançados, priorizando o treinamento e a requalificação. Na verdade, o desafio é dobrado, pois será preciso atender a uma grande quantidade de trabalhadores em um ritmo de mudanças jamais visto antes no mundo do trabalho. O famoso economista John Maynard Keynes acreditava

---

91 Em março de 2018, a OCDE divulgou nova nota técnica, argumentando que 14% dos empregos na Europa são altamente automatizáveis. Ver "Putting faces to the jobs at risk of automation" [Dando nome aos empregos em risco de automação], em OCDE, mar. 2018. Disponível em <https://www.oecd.org/employment/Automation-policy-brief-2018.pdf>. Ver também NEDELSKOSKA, Ljubica & QUINTINI, Glenda. "Automation, Skills Use and Training" [Automação, uso de habilidades e treinamento], em *Documents de travail de l'OCDE sur les questions sociales, l'emploi et les migrations*, n. 202, mar. 2018. Disponível em <https://www.oecd-ilibrary.org/fr/employment/automation-skills-use-and-training_2e2f4eea-en>. [N.R.]

que esse cenário poderia ocorrer rapidamente e que talvez seria desejável, já que reduziria a necessidade de pessoas para trabalhar.[92] No entanto, eu não posso concordar com uma visão tão extrema.

3.10.5. Novas profissões

Em minha visão, um cenário extremo é improvável por muitas razões. Primeiramente, o campo da tecnologia da informação vai criar muitas oportunidades de trabalho relevantes. A Associazione Italiana per l'Information Technology [Associação Italiana para a Tecnologia da Informação] estima que, nos próximos cinco anos, a Itália terá uma demanda de 170 mil pessoas com competências específicas de tecnologia da informação, para as quais ainda não temos o sistema de treinamento ideal.

Os serviços personalizados[93] podem ampliar consideravelmente o emprego; o trabalho será gerado e nós somos bons em criar o necessário a partir do supérfluo. Além disso, o que parecia supérfluo ontem, hoje é considerado essencial, porque as necessidades evoluem. Uma prova disso pode ser vista neste artigo de Henry

■

92 KEYNES, John Maynard. "Economic Possibilities for our Grandchildren" [Possibilidades econômicas para nossos netos], 1930. Disponível em <http://www.econ.yale.edu/smith/econ116a/keynes1.pdf>. [N.R.]

93 Os professores Daniele Marini e Roberto Moro observam que, de um ponto de vista social, os serviços particulares colocam os prestadores em uma posição de subordinação, ainda que as funções possam ser criativas e muito interessantes em termos de motivação pessoal. De uma perspectiva mais ampla, estamos passando por divisões sociais em novas classes: não temos mais a classe média alta, classe média e classe trabalhadora, mas, de um lado, aqueles que têm acesso e produzem conhecimento, ciência e tecnologia, e, do outro

Anderson para o jornal *Richmond Times-Dispatch*, da Virgínia, nos Estados Unidos, em 1905:

> A propriedade e a operação das usinas de energia municipais se baseiam em um sistema diferente da concessionária de água, com a qual são frequentemente comparadas. A água é uma necessidade primordial à saúde à à vida de todo indivíduo membro de uma comunidade. Como tal, deve ser fornecida em nome da preservação da saúde pública, seja de modo lucrativo ou não, e deve ser disponibilizada a todos, e não somente a alguns cidadãos ou grupos. A iluminação elétrica é diferente. A eletricidade não é de modo algum uma necessidade, e em nenhuma circunstância é utilizada universalmente por pessoas de uma comunidade. Na verdade, é um luxo desfrutado por uma pequena proporção dos membros de qualquer municipalidade; e, ainda que a usina seja operada pela cidade, o ônus de tal propriedade e seu funcionamento

■

lado, os excluídos, seja por escolha própria, circunstâncias ou falta de qualificação.

O grupo dos excluídos, por outro lado, pode ser dividido em profissionais em exercício (aqueles que de alguma forma estão envolvidos na prestação de serviços para pessoas ou comunidades), e aqueles que não são unidos pela profissão, mas por algum tipo de subcultura. No futuro, podem surgir muitos grupos ativistas de pessoas excluídas, que vão protestar e gerar conflitos. Como discutido na seção sobre centros do saber, a classe que detém o saber pode vir a se organizar em categorias ou centros — semelhante ao que ocorria nos conventos medievais — onde a cultura será desenvolvida somente entre os polos universitários e industriais. É para este cenário, que podemos chamar de "Idade Média Tecnológica", que a política tem que ser pensada para trazer soluções efetivas.

A primeira solução só pode ser a expansão do acesso ao conhecimento, enquanto a segunda deve ser a criação de ferramentas para regular os inevitáveis conflitos entre diferentes profissões, similar aos eventos ocorridos na Itália entre a Idade Média e o Renascimento.

deve ser custeado por todos através de impostos. Agora, a luz elétrica não é uma necessidade para todo membro da comunidade.

Nós também podemos considerar o quanto a economia e o emprego cresceram desde essa época, devido às possibilidades criadas pela eletricidade. O digital está para o século XXI como a eletricidade estava para o século XX, e a internet é sua grande rede. Naturalmente, mudanças significativas no emprego serão acompanhadas por transformações no valor atribuído a certas atividades. Coisas que são pouco valorizadas atualmente serão mais bem remuneradas, e coisas supervalorizadas seguirão a tendência oposta.

Em 2013, o Centro Studi Investimenti Sociali [Centro de Pesquisa de Investimentos Sociais], da Itália, escreveu:

> Na última década, os serviços de apoio e saúde para famílias têm gerado muitos empregos em nosso país. O número de trabalhadores que prestam serviços em residências, de várias formas, saltou de apenas um milhão em 2001 para o índice atual de 1,65 milhão (+53%) [...] 2,6 milhões de famílias (10,4% do total) se beneficiaram dos serviços em domicílio, assistência para idosos ou dependentes e serviços de babá. Estima-se que, se a taxa de uso desses serviços permanecer estável, o número de trabalhadores chegará a 2,15 milhões em 2030.

Se considerarmos que o número de pessoas empregadas na Itália é de cerca de 23 milhões, estamos falando de pouco menos de 10% da força de trabalho. Nos Estados Unidos, das dez áreas que mais empregam, a enfermagem é a que paga melhor, com um salário médio de 69 mil dólares anuais.

Algumas pessoas acreditam que o crescimento da capacidade computacional, a evolução da pesquisa em materiais e a evolução dos sistemas de fornecimento de energia (baterias) vão continuar por um longo tempo. Portanto, é possível imaginar todas as atividades humanas sendo executadas por máquinas. Eu não compartilho dessa opinião porque acredito que há limites para a Lei de Moore. Especificamente, há um limite econômico às possibilidades de exploração de novos materiais, talvez não pelas restrições na produção ou fornecimento inicial, mas por conta do mercado secundário. Sem dúvidas, nós vamos ver a evolução das máquinas simplificando a vida das pessoas, mas não acho que chegarão ao ponto de tornar o fator humano redundante.

Observações pessoais não criam estatísticas, mas ainda assim devo fazer uma consideração baseada em minha experiência: em decorrência de um grave acidente, passei muitos meses frequentando inúmeros centros de fisioterapia e contratando fisioterapeutas autônomos ao redor da Itália. A maioria deles era muito jovem. Em todos os casos, exceto um, eles haviam começado a trabalhar antes de completar sua formação acadêmica, e a única exceção ocorreu devido a uma grande oportunidade de viagem. Eu nunca ouvira uma história parecida desde meus tempos de universidade, quando os estudantes de tecnologia da informação começavam a trabalhar sistematicamente antes de se graduarem.

Há um universo infinito em cada mínimo avanço quando se trata de ciência aplicada à produção de materiais mais fortes, mais leves, mais condutivos, com maior capacidade de energia, com melhor isolamento, mais permeáveis e mais biodegradáveis. Cada inovação nesse campo leva a progressos nos setores tradicionais da indústria, tais como a produção alimentícia, construção civil, energia, transporte, saúde, setor têxtil, esportivo etc., e também abre espaço para novas oportunidades profissionais em outras áreas, como a dessalinização da água para irrigação, que nos permitirá cultivar e reflorestar áreas antes irrecuperáveis. Desse modo, também contribuiremos para um projeto de engenharia climática capaz de reduzir o efeito estufa.

3.10.6. Novos trabalhos para novas necessidades

Abraham Maslow foi um psicólogo norte-americano que, na obra *Motivação e personalidade*, de 1954, desenvolveu um modelo hierárquico das motivações pessoais, demonstrando que as categorias de necessidades são universais; logo, uma vez que os níveis básicos sejam satisfeitos, os indivíduos passam a ser movidos pela motivação de satisfazer anseios maiores.

Hoje, se fizéssemos um gráfico para representar o emprego e o valor agregado à economia, teríamos uma inversão da Pirâmide das Necessidades de Maslow. Apenas uma pequena parte da economia e do trabalho é determinada pela satisfação

Pirâmide das Necessidades de Maslow

de necessidades básicas, enquanto a maior parte está relacionada a necessidades materiais.

Em 1863, nos escritórios da estação do Viaduto Holborn, em Londres, as regras para os jogos de futebol foram elaboradas em treze artigos, sob os auspícios da recém-formada Liga de Futebol. Como essas pessoas poderiam imaginar que treze regras escritas em um pedaço de papel para regular como um grupo de pessoas devia se comportar ao chutar uma bola de couro um dia gerariam praticamente 1% do PIB e dos empregos de um país como a Espanha?

Os cenários que preveem o uso extensivo de máquinas para substituir o trabalho humano podem não se concretizar, ou podem ocorrer de uma forma mais branda, devido ao contexto geral. Este é o caso dos veículos autônomos.

3.10.7. Carros autônomos: aja com cautela

De acordo com alguns analistas, o setor de caminhões nos Estados Unidos concentra a maioria dos empregos para homens adultos, com salários relativamente acima da média, a despeito de não exigir habilidades específicas.[94] Embora isso tenha rendido vários *memes* na internet, os dados do Bureau of Labor Statistics [Escritório de Estatísticas do Trabalho] contam uma história diferente. Os motoristas de caminhão correspondem a 1,1% da força de trabalho norte-americana e, além de dirigirem, possuem experiência e habilidades — chamadas de conhecimentos tácitos

---

■

94 "AI, Robotics, and the Future of Jobs" [Inteligêcia artificial, robótica e o futuro dos empregos], em Pew Research Center, 6 ago. 2014. Disponível em <http://www.pewinternet. org/2014/08/06/future-of-jobs/>.

— que ultrapassam suas funções normais e permitem que lidem com situações excepcionais.

O que você faz se todos os porcos que está carregando começam a guinchar ao mesmo tempo? Esses motoristas também abastecem em postos que não possuem mais equipes para essa função. Quem vai fazer o trabalho? Mesmo que os motoristas eventualmente possam ser corruptos, o sistema autônomo pode ser ainda pior. E quanto ao risco de um ataque cibernético capaz de destruir a carga de uma frota inteira ou paralisar todas as entregas? Só para mencionar alguns aspectos contextuais que atuam como fatores de inércia nesse cenário.

É claro que esses problemas podem ser resolvidos até certo ponto, mas cada um terá seus custos e causará outros efeitos em cascata. E o problema principal ainda persiste: seria muito difícil adaptar toda a estrutura regulatória do trânsito para incluir os veículos autônomos, considerando que os acidentes sempre requerem a identificação de responsáveis.

Por muitos anos, os motoristas têm sido os profissionais de recrutamento mais difícil nos Estados Unidos, assim como na Itália. É uma área em que a demanda excede a oferta de trabalho. Acredito que exista uma correlação entre o crescimento dos novos modelos de e-commerce e modelos logísticos; é um exemplo de como o desenvolvimento tecnológico cria um aumento na demanda por trabalho altamente qualificado, e ao mesmo tempo para tipos específicos de trabalhos menos qualificados, com um impacto positivo no emprego de modo geral. Os 2,27% de trabalhadores norte-americanos que dirigem caminhões, ônibus, vans e táxis podem dormir tranquilos por um bom tempo, independentemente dos carros autônomos.

3.10.8. A emergência dos *infobots*

Em 1936, Charlie Chaplin dirigiu *Tempos modernos*, seu famoso filme de denúncia e crítica social no qual um metalúrgico, exausto com o ritmo frenético e obsessivamente repetitivo da linha de produção, acaba perdendo a cabeça. Embora condições semelhantes ainda existam, os efeitos benéficos da automação têm reduzido o número de pessoas trabalhando em situação precária.

A palavra "robô" foi cunhada por um pintor tcheco, Josef Capek, e usada em uma comédia de 1920 escrita por seu irmão, Karel, na qual uma fábrica produzia seres vivos simplificados chamados robôs, que eram destinados a auxiliar humanos em suas atividades. Desde então, o termo robô tem sido usado para referir-se a androides antropomórficos e, em um sentido mais amplo, a máquinas que desempenham tarefas repetitivas sob a supervisão de humanos ou sistemas de inteligência artificial.

Uma visão distópica foi substituída pela outra: de pessoas alienadas por trabalhos infinitamente repetitivos a máquinas que substituem completamente os humanos em qualquer tarefa física. No entanto, as coisas não funcionam bem assim: máquinas e robôs têm substituído pessoas em funções repetitivas, em contextos caracterizados por um alto nível de padronização e paralelismo, enquanto os humanos podem assumir tarefas menos monótonas e alienantes, desde atividades criativas até atribuições de controle, supervisão e intervenção. Logo, as pessoas têm aprendido a trabalhar com máquinas, a fazer com que os robôs trabalhem para elas.

De modo semelhante, a ideia que a maioria de nós tem da burocracia corporativa, do trabalho imaterial, também implica operações repetitivas: checar documentos, compilar dados, carimbar e enviar a outros escritórios: basicamente, as funções do "emprego estável" celebradas no filme *Quo Vado?* [Funcionário do mês] (2016), de Gennaro Nunziante. A análise repetitiva de documentos, compilação repetitiva de setores, operação repetitiva de controle e fornecimento repetitivo de informações são alguns exemplos das atividades imateriais que poderão ser assumidas pela inteligência artificial, por meio da automação de funções.

Definir precisamente "inteligência artificial", todavia, é impossível. Muitos pesquisadores desta área estão envolvidos em atividades totalmente diferentes do que se convenciona chamar de "inteligência artificial". O público tende a perceber esse tipo de tecnologia como a habilidade de uma máquina em imitar o comportamento humano, mas um estudo recente constatou que apenas 2% dos pesquisadores desse campo seguem essa direção, enquanto os outros 99% estão focados em obter comportamentos ideais de computadores e seguir modelos matemáticos, que geralmente são classificatórios[95].

Conseguir um desempenho superior em tarefas repetitivas com um sistema facilmente escalável é muito mais importante do que imitar o comportamento humano, que por vezes resulta em respostas incorretas e demoradas. Logo, acredito que, semelhante ao que ocorreu com os robôs no mundo material, veremos a emergência de um fenômeno parecido, com ferramentas de inteligência artificial focadas em executar tarefas repetitivas com as "coisas" imateriais — em alta velocidade e com efeitos "corretos" em relação aos modelos matemáticos. Eu as chamo de *infobots*.[96]

■

95 SWEENEY, Latanya. *That's AI? A History and Critique of the Field* [Isso é AI? Uma história e crítica da área]. Pittsburgh: Carnegie Mellon University, 2003.

96 *Infobots* eram originalmente *bots* do Internet Relay Chat, um protocolo de comunicação utilizado para chats online entre 1994 e o início dos anos 2000. De acordo com o Dicionário Oxford, *infobots* são "sistemas automatizados que fornecem ou obtêm informações na internet sem o controle direto do usuário". [N.T.]

A inteligência artificial intervirá onde a produtividade de uma tarefa for sinônimo de valor. Dessa forma, aprender a trabalhar com sistemas de inteligência artificial será uma nova habilidade obrigatória para os profissionais, do mesmo modo que é exigido o domínio das ferramentas de automação. As pessoas vão continuar responsáveis pelas tarefas cujo valor está na criatividade, e ainda estarão engajadas em atividades não rotineiras. Logo, as tecnologias cognitivas serão aplicadas para executar funções repetitivas e desempenhar análises individuais de grandes quantidades de dados que não poderiam ser examinadas por humanos (exceto com o auxílio de modelos estatísticos).

Cada sistema utilizado será caracterizado por funções cognitivas, geralmente reproduzidas por uma inteligência artificial na nuvem. Assim, a inteligência artificial se tornará um serviço como a própria nuvem, com diretórios públicos e privados. A automação do trabalho cognitivo de caráter repetitivo facilitará as tarefas baseadas em objetivos específicos, que são menos relacionadas ao tempo laboral e mais focadas em resultados. Nós vamos aprender a trabalhar com os *infobots* da mesma forma que aprendemos a lidar com os robôs e, olhando para trás, vamos nos lembrar do quão alienantes eram aquelas tarefas que nos aprisionavam a uma cadeira por semanas, anos, décadas a fio — dia após dia.

3.10.9. Reinventando setores

Há sempre a possibilidade de criar novos empregos para nichos ou massas que não exigem grandes habilidades. Nós podemos pensar em como a evolução tecnológica trouxe avanços notáveis para as pesquisas de novos materiais e sistemas de comando, graças ao uso de modelos matemáticos altamente sofisticados para análise e simulação. Esses fatores possibilitaram o desenvolvimento da perfuração horizontal para extração de petróleo e gás, que de outro modo não seria viável economicamente.

As técnicas aplicadas envolvem o uso de jatos d'água de alta pressão para fragmentar as rochas e permitir a extração do hidrocarboneto, com possíveis consequências sísmicas. Logo, essa técnica tem sido bem-sucedida em áreas desabitadas de grandes proporções — como nos Estados Unidos —, mas é improvável que seja replicada em países de maior densidade populacional, também pelas tensões sociais. De qualquer maneira, a pesquisa leva à criação de materiais cada vez mais eficientes, que têm se provado particularmente úteis em parques eólicos e fotovoltaicos, como veremos no capítulo sobre o futuro da energia.

3.10.10. Migração do trabalho

O trabalho imaterial é móvel e pode ser levado a qualquer lugar do planeta, uma vez que a dimensão imaterial concentra o mundo em um único ponto. Entretanto, essa característica também encoraja os fluxos migratórios, partindo do princípio de que é muito mais fácil se mudar mantendo os laços com seu local de origem e entes queridos.

O baixo custo do transporte aéreo complementa um cenário de imigração radicalmente diferente do que conhecemos no passado. Por muitos anos, quando as pessoas rompiam seus laços com sua família e sua comunidade de origem, elas tinham pouquíssimas ou nenhuma informação sobre sua terra natal, e ficavam expostas somente à nova cultura, a seus produtos e costumes. Hoje, a exposição global à informação e ao conhecimento em tempo real quebra barreiras de idioma e cultura, e por isso Londres se tornou uma das principais cidades "italianas". As pessoas aproveitam a mobilidade disponível e tendem a se estabelecer onde há melhores possibilidades de moradia. Isso vale para oportunidades de trabalho, mercados em potencial, ou disponibilidade de infraestrutura para os negócios.

A grande facilidade de movimentação permite uma distribuição mais efetiva dos talentos (tanto para profissionais altamente qualificados quanto para os menos especializados), portanto, apresenta mais oportunidades de realização para milhões de trabalhadores, assim como oportunidades de crescimento para países e comunidades — que atraem os profissionais necessários para o aumento de seus índices de produtividade ou inovação. Algumas partes do mundo tendem a se tornar verdadeiros polos de conhecimento e finanças. Afinal, na dimensão imaterial, tudo sempre estará ao seu alcance, onde quer que você vá.

É claro que as regulações que controlam o fluxo migratório desempenham um papel crucial nesse cenário, embora menos óbvio. Os sistemas institucionais e mercados de trabalho não estão suficientemente adaptados para tamanha mudança. Mesmo em um contexto como o da Comunidade Europeia, muitos obstáculos de mobilidade ainda não foram solucionados: um trabalhador que precise ou queira trabalhar por um tempo na Irlanda, mais alguns anos na Espanha e outros na Itália vai encontrar problemas em termos de reconhecimento de sua formação, questões fiscais e, acima de tudo, previdência social.

Até que é fácil para um jovem italiano, em um cenário de livre acordo na Europa e diversos acordos bilaterais com outros países; também é simples para uma pessoa talentosa com habilidades de alto nível que são desejadas em seu país de destino. Mas é muito mais complicado quando se trata de pessoas com competências modestas ou sem qualificação, sem nenhum patrimônio além de sua mão de obra, que vêm de países que oferecem poucas oportunidades e enfrentam um grande crescimento populacional. Contudo, mesmo os menos qualificados terão mais facilidade para imigrar com a dimensão imaterial.

3.11. O futuro da proteção de dados

3.11.1. O papel dos dados

A tensão sobre privacidade entre os Estados Unidos e o resto do mundo, encabeçado por Europa, China, Brasil e Rússia, vai aumentar ainda mais em consequência do desenvolvimento da "internet das coisas". Os dados coletados pelas plataformas — quase exclusivamente norte-americanas — vão incluir não apenas as informações que nós trocamos, mas também aquelas obtidas automaticamente de dispositivos que carregamos conosco ou temos em nossas casas e carros.

Além disso, esses dados não estarão mais ligados apenas a aspectos imateriais, como relacionamentos com serviços e outras pessoas: eles também vão incluir informações trocadas entre máquinas, produtos e fabricantes. Grande parte desses dados, que serão gerados automaticamente, também poderá ser usada para fornecer perfis de nosso estilo de vida, hábitos de consumo e rotina diária. Se a proteção de dados pessoais pretende garantir os direitos fundamentais e as liberdades individuais, nós devemos nos preparar para estender (e muito) seu escopo, para abranger a enorme quantidade de dados e informações que podem ser conectados a pessoas dentro da esfera de controle das leis e autoridades.[97]

Essa nova fronteira envolverá certos tipos de dados que nunca foram processados de forma massiva. Até o presente momento, a

■

97 No Brasil, a proteção de dados pessoais tem ganhado progressivamente status de direito fundamental. A Lei 13.709, de 2018, conhecida como Lei Geral de Proteção de Dados Pessoais, definiu conceitos e princípios para o tratamento de dados pessoais, com um extenso rol de direitos dos titulares dos dados. [N.R.]

computação só tem utilizado os dados que identificam as pessoas e seus comportamentos. Os novos dados, no entanto, vão envolver os objetos que as pessoas possuem e suas relações com a produção.

Depois de testemunhar o esbanjamento absoluto de informações dos consumidores em favor das plataformas globais e OTT (Over the Top, ou seja, todos os provedores de serviços online que operam "acima" das redes de telecomunicações), a Europa deve ter entendido a importância dos dados pessoais para a sociedade e a economia. Baseado na força de sua liderança e de grandes setores industriais, o governo deverá encorajar a digitalização das indústrias e das cadeias de suprimentos, protegendo-as do roubo de dados relacionado a objetos. A General Data Protection Regulation [Regulação Geral de Proteção de Dados], que entrou em vigor em 25 de maio de 2018, é prova da importância dos dados pessoais para a economia europeia e para o projeto de cidadania da União Europeia. O aumento da consciência a respeito da importância dos dados do usuário (dados pessoais e informações em objetos pessoais) vai desembocar em uma evolução das leis, aproximando o conceito de privacidade norte-americano do europeu, como já vem ocorrendo em grandes regiões do mundo (América do Sul e Ásia).

Na dimensão material, quando nós palestramos ou participamos de uma conferência, o ar não discrimina nossas vozes. As ondas de som transmitidas pela boca de um orador até os ouvidos de um ouvinte são conduzidas sem nenhuma possibilidade de preconceito. Quando nós andamos por uma rua cheia de lojas, o ar não bloqueia nosso acesso a um estabelecimento ou discrimina potenciais consumidores. Essa garantia de não discriminação é inerente às propriedades da dimensão material. Conforme nós avançamos pela imaterialidade, a chance de preconceito aumenta, porque o acesso à informação é mediado por ferramentas, que se permitem a parcialidade.

Os partidos políticos tradicionalmente tentam exercer alguma forma de controle por meio das transmissões televisivas por essa mesma razão, devido à possibilidade de comunicar mensagens enviesadas para grandes grupos de usuários. Quando se trata da internet, cada compra ou troca de mensagens não é mais feita em um meio livre de discriminação, mas intermediada por uma série de partes interessadas (desde a operadora da rede até o fornecedor do dispositivo ou do aplicativo), que podem implementar seus próprios mecanismos de discriminação.

3.11.2. A identidade pessoal como ponto-chave

O que nos define melhor? Nome e sobrenome, sexo, altura, cor dos olhos e endereço, ou todos os nossos sites, interações, relacionamentos e atividades já registrados na dimensão imaterial? Nós tendemos a considerar a "identidade" como limitada aos primeiros aspectos, aqueles relacionados a detalhes pessoais; mas, na dimensão imaterial, os últimos aspectos são os mais relevantes e determinam precisamente "quem" somos.

Os dados do usuário são ingredientes que podem ser utilizados para customizar mensagens em massa, que ao mesmo tempo são individualmente muito específicas. Qualquer conteúdo que recebermos de um dispositivo conectado transmitirá diferentes mensagens para cada um de nós. Assim, os textos serão personalizados de modo único para cada usuário, em cada comunicação ou transação. Essa é uma diferença radical em comparação à neutralidade do ar na mediação de nossas relações sociais e econômicas do mundo material.

No futuro, nós podemos chegar a um ponto em que a função do mercado para determinar preços com base na oferta e demanda desapareça, porque o conhecimento absoluto sobre o consumidor e as transações customizadas individualmente vão permitir a cotação de um preço específico para cada cliente — ou seja, o valor máximo que o indivíduo está disposto a pagar (especialmente considerando que os preços são independentes dos custos, como descrito no item 2.7.). Esse conhecimento extenso sobre cada consumidor pode ser um grande obstáculo para a chegada de novas empresas, pois não haverá mais um preço para superar, cotado em um mercado público onde as transações ocorrem, mas sim preços individuais determinados em compras privadas. Nesse cenário, um recém-chegado no mercado que não tivesse absoluto conhecimento sobre todos os consumidores não teria condições de competir efetivamente e, de acordo com o matemático Andrew Odlyzko, perderia o incentivo à concorrência, que é a base de todo o nosso sistema econômico.[98]

Como podemos ver a partir dessas considerações, o aspecto econômico prevalece nos Estados Unidos e a privacidade ainda é considerada um direito comercial: ela pode ser trocada por um serviço. Já na Europa a privacidade é um direito fundamental dos cidadãos, incluso no Tratado da União Europeia, colocado acima da liberdade de expressão, que tem prioridade nos Estados Unidos. É por isso que o direito de ser esquecido (a possibilidade de ter seus dados deletados da rede por ferramentas como o buscador do Google, por exemplo) é percebido como importante na Europa, mas não nos Estados Unidos.

A importância que a União Europeia atribui aos dados pessoais tem raízes profundas em feridas históricas, incluindo as experiências do totalitarismo e das guerras mundiais, que foram travadas em nossos territórios e cidades. São situações que os Estados

■

98 "Video della conferenza di Odlyzko: Privacy, price discrimination, and the seeds of capitalism's destruction" [Vídeo da conferência de Odlyzko: privacidade, discriminação de preços e as sementes da destruição do capitalismo], em *Quinta's weblog*, 15 nov. 2015. Disponível em <https://blog.quintarelli.it/2015/11/video-della-conferenza-di-odlyzko-privacy-price-discrimination-and-the-seeds-of-capitalisms-destruct.html>.

Unidos não vivenciaram, pelo menos não diretamente, e isso tem um efeito significativo nos sistemas de valores. Pessoas que não possuem tais cicatrizes em seu DNA cultural tendem a interpretar esse fenômeno, que é muito profundo, com base em seus efeitos superficiais: elas consideram essas diferenças de valores como pretextos usados para favorecer a Europa em detrimento dos Estados Unidos no cenário econômico.

O escândalo do vazamento de dados revelado por Edward Snowden em 2013, conhecido como *Datagate*, despertou a consciência da população para a quantidade de dados de usuários coletada e acessada pelos serviços de inteligência a partir das plataformas que usamos. Os sinais de preocupação da parte dos cidadãos com a proteção de seus dados pessoais também estão começando a surgir nos Estados Unidos. Logo após as revelações do *Datagate*, uma decisão do Tribunal de Justiça Europeu anulou o Safe Harbour, um sistema de transferência gratuita de dados de cidadãos europeus para os Estados Unidos, baseado em um acordo entre Washington e a União Europeia. Um regime favorável como esse não existe, por exemplo, entre países como o Japão e a Coreia em relação aos Estados Unidos. A Europa e os Estados Unidos negociaram por três anos para chegar à formulação do Escudo de Privacidade (*Privacy Shield*), um novo regime normativo para processamento de dados entre a União Europeia e os Estados Unidos que oferece garantias um pouco melhores do que o antigo Safe Harbor.[99] É um primeiro

---

■

99 Em junho de 2018, a União Europeia anunciou que o nível de proteção garantido pelos Estados Unidos era insuficiente e incompatível com a General Data Protection Regulation, afirmando que "o atual escudo de proteção da privacidade não oferece o nível de proteção adequado exigido pela legislação da União em matéria de proteção de dados e pela Carta, tal como interpretado pelo Tribunal de Justiça da União Europeia". Disponível em <http://www.

passo, mas acredito que deveria ser maior, até o ponto em que possamos garantir o direito dos cidadãos de determinarem suas próprias identidades.

Assim, a Europa também está comprometida em harmonizar a legislação de proteção de dados pessoais em vários países, apesar dos atritos com os termos e condições de diversas plataformas imateriais. Essas plataformas jogam com suas próprias regras, impondo suas condições na forma de cláusulas contratuais aceitas pelos usuários. Não podemos permitir que a situação se agrave ao ponto de criar espaços de atividade online, com bilhões de pessoas interagindo, que acabam regulados por padrões de empresas que falham em cumprir as normas europeias e nacionais.

Por exemplo, um usuário pode ser simplesmente banido do Facebook sem qualquer explicação. Resta saber se isso constitui ou não uma violação de direitos. É fato que o Facebook é uma plataforma privada, com adesão voluntária, mas a rede possui dados de milhões de cidadãos europeus e se tornou uma ferramenta-chave para relações sociais na dimensão imaterial. Assim, as motivações éticas baseadas na interpretação da privacidade como um direito básico serão combinadas às motivações econômicas, impulsionando a legislação nessa direção, como já ocorreu em outras indústrias.

Convém notar que essa evolução da estrutura normativa não é novidade no cenário regulatório: os serviços de telecomunicações

■

europarl.europa.eu/sides/getDoc.do?type=MOTION&reference=B8-2018-0305&format=XML&language=PT>. A União Europeia deu até o prazo de 1º de setembro para adequação dos Estados Unidos, que não se manifestou oficialmente. "A menos que os Estados Unidos garantam a plena conformidade até 1º de setembro de 2018, a Comissão não agiu em conformidade com o artigo 45, nº 5, do RGPD; insta, por conseguinte, a Comissão a suspender o escudo de proteção da privacidade, até as autoridades dos Estados Unidos respeitarem plenamente os seus termos." [N.R.]

sempre foram regulamentados de modo a oferecer máxima proteção aos usuários. Entre os grandes exemplos estão as obrigações de privacidade impostas às operadoras telefônicas, que proíbem o uso dos dados de usuários (localização, forma de pagamento ou perfil social) para qualquer propósito além dos serviços comuns de telefonia. As normas também foram criadas para resguardar a competição entre os serviços, como no caso da exigência da portabilidade de números.

As plataformas online, no entanto, fizeram dos dados dos usuários uma fonte de lucro, e possuem modelos de negócio totalmente baseados em efeito de rede e aprisionamento tecnológico — o oposto dos princípios de portabilidade entre serviços. O efeito de rede, por sua vez, reduz os custos de aquisição de clientes, porque fazer parte de uma rede com muitos usuários já é uma vantagem natural de adesão. Logo, o aprisionamento dificulta a mudança de serviço por parte do usuário: sair do Facebook (ou de serviços similares) significa perder toda sua rede de amigos. Já existem regulações antitrustes nessa área, mas elas são implementadas *ex post* e vagarosamente, portanto, só terão efeito quando o cenário estiver consolidado. Para serem realmente eficientes, as futuras normas terão de intervir *ex ante*.

Por fim, essa questão acabará impactando as plataformas com as futuras regulações, baseadas na preocupação dos usuários com o controle de seus dados (tanto informações pessoais quanto de dispositivos) e com o direito de mudar de provedor. Por enquanto, o Facebook é um sistema fechado; no futuro, a lei pode torná-lo interoperável, por razões antitrustes ou pela proteção dos direitos elementares. Isso significa que nós poderemos transferir nossos perfis para outras plataformas e continuar interagindo normalmente com nossos amigos do Facebook.

É claro que nós ainda não conseguimos enxergar como tal mudança seria possível, mas o desenvolvimento tecnológico abrirá novas possibilidades para os legisladores, como ocorreu no passado. O passo fundamental para que os usuários retomem o controle de seus dados pessoais será a criação de novos sistemas para gerenciamento de identidade online, que serão responsáveis pelo reequilíbrio do mercado.

De outro ponto de vista, nós podemos encarar esse cenário como um novo foco de tensão entre o público e as multinacionais. Será ainda a tensão de um mundo jurídico, material e local, uma vez que opera nas propriedades básicas da imaterialidade, em que a transferência e o armazenamento não têm custo nem prazo — e a informação rende cada vez mais. Essa conjuntura favorece o desenvolvimento de grandes *players*, que pegam todos os nossos dados e tendem a expandir-se para as áreas de informação e controle, influenciando fortemente as esferas social e econômica.

3.12. O futuro das redes de telecomunicações

O futuro da internet será diferente em cada país: dependerá da geografia, da distribuição populacional e das redes telefônicas e de TV a cabo disponíveis. Além disso, a nova web dependerá das leis, especialmente as que controlam a indústria e o meio ambiente. Os dispositivos dos usuários serão conectados à rede quase exclusivamente por meios sem fio. Resta saber se as antenas para esse tipo de conexão estarão dentro ou fora da casa das pessoas. Pode ser que sejam controladas pelos usuários (principalmente as antenas internas, como os pontos de wi-fi) ou por uma operadora (em outros casos). Isso significa que o conceito de redes fixas e móveis ficará para trás. Na verdade, mesmo as redes que chamamos de "móveis" sempre têm uma base fixa no solo; apenas os usuários e os dispositivos são de fato móveis.

As conexões sem fio podem ser direcionais ou omnidirecionais. Na primeira, o sinal é direcionado para um ponto fixo — a casa — de onde o usuário pode distribuí-lo entre os cômodos. No caso do sinal omnidirecional, o usuário poderá encontrá-lo movendo-se em qualquer direção. Podemos explicar melhor com uma analogia: o sinal direcional é como uma caneta laser que ilumina um ponto específico; o sinal omnidirecional é como uma lâmpada que ilumina completamente os arredores.

As redes "móveis" (que não são móveis de verdade) emitem sinais omnidirecionais. No entanto, o sinal enfraquece conforme você se afasta da antena, fazendo com que os telefones e as antenas tenham que aumentar seu poder de transmissão para permitir a comunicação, como se duas pessoas corressem em direções opostas. Uma alternativa à potencialização dos equipamentos é a instalação de diversas antenas, que em grande número viabilizam a comunicação com menor capacidade. Foi o que aconteceu com a telefonia móvel: a cada estágio da evolução, do GSM ao UMTS (ou 3G), do HDSPA (ou 3.5G) ao LTE (ou 4G), as emissões foram reduzidas e a densidade de antenas, aumentada. Consequentemente, o segmento de acesso sem fio (do usuário à antena) ficou mais curto: de vários quilômetros com o GSM (com baixa largura de banda) a apenas alguns metros com o wi-fi (que oferece ampla largura de banda).

Com a chegada do próximo padrão, que chamaremos de 5G, teremos centenas de milhares de pequenas antenas com emissões muito baixas — especialmente na Itália, onde as restrições às emissões são as mais baixas do mundo. Nós vamos encontrar essas miniantenas nos porões dos edifícios e elas serão usadas em todos os lugares, para oferecer uma capacidade semelhante àquela da rede wi-fi.[100] Entretanto, por trás de cada uma dessas antenas deve haver uma banda, uma conexão fixa que as alimente. Por essa razão, a presença das redes de infraestrutura via telefone e TV a cabo, como as linhas de fibra ótica, é fundamental. Convém deixar claro essa diferença conceitual: a rede é sempre meramente uma rede, usada para conduzir dados, sejam quais forem. Não importa se a rede foi criada para telefones (cabo de par trançado) ou para a TV (redes de cabos), ou se é feita de fibra ótica.

Diante de tamanha densidade de antenas, cada equipamento poderá ser usado por menos pessoas. Se uma antena cobrir um raio de dois quilômetros, ela será capaz de conectar vários usuários em uma cidade. Mas, se uma antena cobrir um raio de vinte metros, apenas as poucas pessoas nessa área estarão conectadas a ela. A capacidade de transmissão — largura de banda — disponível de uma antena é compartilhada por todas as pessoas conectadas ao mesmo tempo. No caso das cidades, essa banda será dividida entre

---

■

100 Uma rede extremamente rápida e com baixa latência permite uma computação onipresente. Isso significa obter o máximo do poder de processamento em todos os lugares e a qualquer momento. É uma transformação histórica, pois não afeta apenas o acesso aos dados, mas também a capacidade computacional.

mais pessoas; no segundo caso, será compartilhada em um pequeno grupo, onde as pessoas terão muito mais largura de banda disponível. Assim, podemos concluir que promover a distribuição de antenas ajudará a reduzir as emissões e ainda aumentará consideravelmente a capacidade disponível aos usuários.

Esse resultado parece contraintuitivo: emissões mais baixas com mais antenas; maior capacidade com menores emissões. Aqui vai um exemplo para aclarar as coisas: imagine uma sala com quarenta pessoas, em que duas delas estão falando com megafones. A poluição sonora seria muito alta, e a capacidade da sala se limitaria a apenas uma conversa. No entanto, se todas as pessoas cochichassem, a poluição seria mínima e a capacidade total seria de vinte conversas.

O tipo de rede fixa que vai conectar as antenas também depende da antiguidade do local. As cidades mais novas possuem infraestruturas mais acessíveis para a instalação de cabos, o que reduz os custos para a criação de novas redes fixas. Ademais, cidades de importância histórica devem preservar suas características, e soluções com cabos visíveis não seriam uma opção. Além disso, há cidades com ruas estreitas, que são difíceis de conectar com sistemas sem fio de amplo alcance e requerem uma densidade maior de antenas.

À medida que avançarmos pela imaterialidade, veremos a emergência de redes sem fio operando em frequências mais baixas do que aquelas usadas normalmente para a interconexão de objetos na "internet das coisas". Frequências mais baixas implicam ondas mais longas, que atravessam paredes com mais facilidade e requerem uma baixa densidade de cobertura. A motivação econômica reside precisamente no baixo número de antenas necessárias para uma cobertura extensa, assim como nos dispositivos que não utilizam as tecnologias GSM, com seus altos custos de licença.

Logo, as redes oferecerão velocidades de transmissão mais

modestas, mas a um custo muito inferior, ideal para pequenas transferências de dados e para comunicar o status de objetos. Essas redes poderiam conectar, por exemplo, sistemas de iluminação, distribuidores automáticos, aparelhos de ar-condicionado e dispositivos inteligentes em uma empresa cuja manutenção ou serviço é terceirizado a fornecedores externos. Em última instância, a rede não é da forma que imaginamos; um objeto único, controlado por uma operadora. Ao invés disso, a rede é uma combinação de seções de vários tipos, com diferentes tecnologias, como uma rede viária. Para os usuários do futuro, não haverá distinção entre as redes fixas ou sem fio, a rede será amplamente distribuída e terminará em uma antena.

Se estiver dentro de casa, é provável que ainda seja gerenciada de forma autônoma por usuários experientes em wi-fi; se estiver fora de casa, ou se os usuários não tiverem tanto conhecimento, a rede será gerenciada por uma operadora. Nesse último caso, as operadoras também poderão usar a rede para oferecer serviços a terceiros além do titular do contrato, uma situação que terá de ser controlada pelas leis.

3.13. O futuro dos carros

Graças ao desenvolvimento das baterias, os carros serão quase exclusivamente elétricos,[101] com efeitos positivos nas emissões de CO_2 e desfavoráveis às cadeias logísticas para a produção e venda de combustíveis. A conexão online e a capacidade computacional de custo zero permitirá que os carros enviem dados a uma central de serviços para otimização do tráfego, e o poder de processamento fará com que eles sejam praticamente autônomos, ajudando a reduzir o número de acidentes.

No entanto, não acredito em um futuro em que os carros sejam totalmente autônomos. Não que eu os considere menos seguros ou eficientes do que carros dirigidos por humanos, mas há muitas razões para defender o método tradicional, em sua maioria sociais (sem contar o prazer de dirigir). Além do mais, por todos esses anos os aviões têm decolado, voado e aterrissado por conta própria, mas sempre com a presença — confortante, diga-se de passagem — de um piloto e um copiloto a bordo.

3.13.1. Desafios: multiplicando estudos

Até poucos anos atrás, a ideia de carros autônomos em vias urbanas era considerada impossível. Na estrada, a situação é diferente: embora o tráfego seja mais rápido, também é muito mais simples, com menos fatores imprevisíveis. Eis que a DARPA lançou um desafio e tudo mudou.

■

101 Ciclocarros elétricos menos complexos e com menores exigências de segurança que os carros convencionais podem ser criados de forma colaborativa e distribuída, graças à internet, e produzidos e montados em diferentes lugares graças à fabricação aditiva.

Criada como uma agência do governo norte-americano em 1957, quando a União Soviética lançou o Sputnik — primeiro satélite artificial colocado em órbita — e passou a liderar a corrida pela supremacia tecnológica, a DARPA tinha o objetivo de recuperar a liderança dos Estados Unidos na disputa. Um de seus primeiros projetos, e indiscutivelmente o de maior impacto, foi a criação de protocolos para uma rede de telecomunicações que não dependesse de um único centro de controle (que seria um alvo militar primário). Ademais, desde que uma rota permanecesse aberta entre dois computadores, eles continuariam a se comunicar mesmo que a maior parte da rede fosse destruída. Foi o nascimento da internet.

Um desafio, nos Estados Unidos, corresponde a um tipo de concurso público: um objetivo é dado e um prêmio é oferecido para quem chegar mais perto de atingi-lo. Não se trata de um contrato, com conteúdo especificado, nem de uma proposta, na qual alguém é previamente selecionado para executar o trabalho. Muitas pessoas participam, por sua conta e risco, sem qualquer garantia de receber prêmios ou dinheiro. Assim, somente as melhores inscrições recebem o reembolso e conseguem lucrar, em uma estratégia que transfere para os candidatos todo o risco da comissão responsável. O desafio é então repetido periodicamente com objetivos cada vez mais difíceis, e se os participantes não ganham, pelo menos acumulam uma grande experiência e podem tentar novamente, até serem recompensados.

O primeiro Desafio DARPA que nos interessa envolveu a criação de um carro autônomo, capaz de pilotar por estradas desertas para trazer recursos a tropas isoladas em um cenário de guerra.[102]

■

102 Para uma análise do Desafio DARPA em dez anos, ver "Inside The Races That Jump-Started The Self-Driving Car" [Por dentro das corridas que deram um pontapé inicial nos carros autônomos], em *Wired*, 11 out. 2017. Disponível em <https://

Uma tarefa complexa, mas ainda mais fácil do que desviar de um pedestre empurrando um carrinho de bebê na cidade. Não é à toa que o próximo desafio foi a criação de carros autônomos para ambientes urbanos. Enquanto isso, na Itália, o VisLab, da Universidade de Parma, estava projetando veículos autônomos que pilotavam sozinhos de Parma até Xangai, na China.

Esses sistemas de direção são interconectados e fazem parte de uma grande rede que permite o compartilhamento de dados entre sistemas, para que aprendam uns com os outros e nunca se esqueçam de nenhum detalhe. Eles não ficam bêbados, nunca se rendem ao cansaço e sempre respeitam as leis. Como resultado, causam menos acidentes — de acordo com os mais recentes estudos, como o da consultoria McKinsey & Co.[103]

3.13.2. Questões sociais delicadas

No entanto, nós temos normas sociais implícitas em nosso sistema de transporte que não podem ser dispensadas da noite para o dia, e seria muito difícil adaptá-las. Na teoria dos jogos, há experimentos reflexivos que impedem as pessoas envolvidas de chegar a uma solução aceitável. Um deles é o chamado dilema do bonde: um bonde desgovernado está prestes a se chocar com uma pessoa deitada nos trilhos a poucos metros. Se a rota do bonde não for mudada, a pessoa será morta; se for mudada, o

■

www.wired.com/story/darpa-grand-urban-challenge-self-driving-car/>. [N.R.]

103 *Automotive revolution: perspectives towards 2030,* jan. 2016. Disponível em <https://www.mckinsey.com/~/media/mckinsey/industries/high%20tech/our%20insights/disruptive%20trends%20that%20will%20transform%20the%20auto%20industry/auto%202030%20report%20jan%202016.ashx>.

passageiro a bordo acabará em um desvio sem saída e morrerá. Qual é a escolha certa?

O que um carro autônomo faria nessa situação? Ele atropelaria um pedestre que está no lugar errado, surgindo repentinamente na frente de um veículo incapaz de parar a tempo, ou desviaria bruscamente para fora da estrada, chocando-se contra o poste? E se o carro tivesse que escolher entre atropelar um jovem ou duas pessoas idosas? Nossas normas tradicionais não ajudam a resolver esse tipo de dilema, que normalmente é avaliado depois da ocorrência (e postumamente), em um tribunal. No caso dos carros autônomos, contudo, quem seria julgado e sentenciado?

O exemplo é de um caso extremo, mas o problema se repete mesmo em pequenos acidentes que causam somente escoriações. Quem é o responsável legal? A pessoa que criou o software? O dono do carro? A empresa de serviços que atualiza o software? A empresa que cuida da manutenção do carro? O fabricante do computador? Não é à toa que, desde 2015, as gigantes Ford, General Motors, Audi, Renault e Toyota se juntaram à Universidade Stanford e vêm tentando definir a chamada "ética dos carros autônomos". As regras estabelecem escolhas éticas que podem ser programadas nos algoritmos dos carros do futuro (e outros tipos de máquinas).

No Instituto de Tecnologia de Massachusetts foi criado um jogo online[104] chamado *Moral Machine* [Máquina moral], que apresenta possíveis cenários de acidentes fatais, nos quais os jogadores têm que escolher se salvam os pedestres ou os passageiros, com uma série de variáveis — desde pessoas obesas até mulheres, crianças, animais e ladrões —, para recolher informações sobre

---

104 Disponível em <http://moralmachine.mit.edu>.

as decisões das pessoas. Confesso que tenho minhas dúvidas sobre a possibilidade de abordar a ética a partir da engenharia.[105]

3.13.3. Vale a pena compartilhar

Embora as propriedades imateriais permitam o processamento de muitas informações em tempo real e a grandes distâncias, assim como o aprendizado com a experiência dos sistemas conectados, algumas regras sociais são difíceis de mudar. Se uma cidade decidisse banir os carros privados e permitisse apenas a circulação de veículos autônomos, ela também poderia garantir a integridade e a manutenção apropriada dos carros. Esse é o único cenário em que a responsabilidade por qualquer acidente poderia ser determinada legalmente.

Um estudo recente destacou as vantagens de tal previsão, com a hipótese de um sistema de compartilhamento de veículos autônomos em Lisboa.[106] O resultado, para além da diminuição de

■

105 Um tópico estreitamente relacionado é o das armas: um sistema autônomo seria capaz de matar uma pessoa? As Três Leis da Robótica de Isaac Asimov já foram tratadas como ficção científica, mas hoje se tornaram uma questão ética urgente, requerendo a definição de uma moratória internacional para as armas autônomas. Este é o propósito de uma carta aberta formulada pelo Future of Life Institute [Instituto para o Futuro da Vida] do Instituto de Tecnologia de Massachusetts, da qual sou signatário. Ver "Autonomous Weapons: An Open Letter From AI & Robotics Researchers" [Armas autônomas: uma carta aberta de pesquisadores de inteligência artificial e robótica], 28 jul. 2015. Disponível em <https://futureoflife.org/open-letter-autonomous-weapons/>.

106 "Compartilhamento de carros pode piorar trânsito onde transporte é ruim", em *Folha de S. Paulo*, 17 mai. 2015. Disponível em <https://www1.folha.uol.com.br/saopaulo/2015/05/

acidentes, mostrou a redução no número de carros estacionados, com um aumento da área que poderia ser usada para ciclovias e paisagismo (embora um olhar mais próximo revele que o maior benefício vem do compartilhamento de carros, e não dos sistemas autônomos). No entanto, em um sistema de propriedade privada envolvendo humanos e robôs, com o risco iminente de manutenções inadequadas na mecânica da esquina, um horizonte de carros autônomos me parece muito distante.

3.13.4. A importância da segurança física e lógica

Outra questão importante é se a polícia deveria ter o direito de tomar o controle de um veículo autônomo remotamente. Um policial poderia forçar um carro a encostar e parar, pela segurança de seus passageiros ou de outras pessoas? Nós podemos pensar, por exemplo, em situações em que o policial está ciente de uma ocorrência (uma multidão, uma enchente...) que o leva a parar o veículo. Mas ele poderia fazer o mesmo se houvesse um suspeito dentro do veículo? E se o passageiro não quiser parar o carro — por exemplo, em uma situação de emergência com alguém precisando de cuidados médicos —, ele terá o direito de decidir pelo desacato da ordem?

Além disso, uma vez que um sistema de comando a distância for concebido, nós teremos que encarar o problema da segurança dos sistemas de direção computadorizada em carros online, já que os veículos estariam expostos a ataques cibernéticos.[107] Este será

■

1629726-compartilhamento-de-carros-pode-piorar-transito-
-onde-transporte-e-ruim.shtml>. [N.E.]

107 Em 21 de julho de 2015, a revista norte-americana *Wired* apresentou o trabalho de dois pesquisadores da área de segurança que eram capazes de explorar erros de softwares para um problema recorrente, porque todo sistema é seguro até que alguém prove o contrário. Por conta disso, a preocupação pública está aumentando: uma pesquisa do Instituto Gallup sobre os crimes mais temidos pelos norte-americanos revelou que o roubo às residências está em terceiro lugar, atrás de ter seus dispositivos invadidos e suas informações de cartão de crédito roubadas.[108]

Todo sistema computacional possui vulnerabilidades desconhecidas, que podem ser exploradas por pessoas mal-intencionadas para causar danos. Carros autônomos são como computadores de duas toneladas sobre rodas, uma das armas mais mortais que um hacker malicioso poderia ter. Os sensores utilizados para carros autônomos também podem ser alvos de ataques: um pesquisador da área de segurança demonstrou como os sensores do Google Car podem ser confundidos, permitindo até mesmo a paralisação do veículo com ferramentas simples que custam apenas sessenta dólares.[109]

■

tomar o controle do sistema de transmissão, do acelerador e dos freios de um carro nos Estados Unidos de forma totalmente remota. Eles estimaram que havia cerca de 471 mil veículos vulneráveis em circulação. Depois de uma atualização do sistema implementada via rede móvel, a empresa fez o *recall* de 1,4 milhão de veículos para tentar corrigir o problema. Ver "Fiat Chrysler Issues Recall Over Hacking" [Fiat Chrysler convoca *recall* depois de hackeamento], em *The New York Times*, 24 jul. 2015. Disponível em <https://www.nytimes.com/2015/07/25/business/fiat-chrysler-recalls-1-4-million-vehicles-to-fix-hacking-issue.html?_r=0>.

108 "Hacking Tops List of Crimes Americans Worry About Most" [Hackeamento encabeça a lista dos crimes que mais preocupam os norte-americanos], em *Gallup*, 27 out. 2014. Disponível em <https://news.gallup.com/poll/178856/hacking-tops-list-crimes-americans-worry.aspx>.

109 "Researcher Hacks Self-driving Car Sensors" [Pesquisador hackeia sensores de carro autônomo], em *IEEE Spectrum*, 4 set. 2015. Disponível em <https://spectrum.ieee.org/cars-that-

A capacidade computacional de custo zero e a conexão online permanente vão envolver o mundo em uma teia de objetos interconectados. Assim como os sensores nos carros, cada objeto capaz de produzir informações ou que tiver funções de controle estará conectado à rede, abrindo novas possibilidades para os ataques cibernéticos. Logo, novos sistemas de contramedidas serão desenvolvidos para a segurança informática, em grande parte compostos por inteligência artificial.

Anos atrás, dizia-se que um computador faz o que é esperado quando dois erros são contrabalançados. Cada sistema de computador que simplifica a vida do usuário transfere toda a complexidade para si próprio, com o consequente aumento no risco de vulnerabilidade. Os objetos conectados à "internet das coisas" oferecem amplas facilidades, mas também muitas possibilidades de mau funcionamento e vulnerabilidades, bem como golpes de vendedores.[110] Esses problemas não são tão graves no caso de colchões, refrigeradores ou lâmpadas, mas quando se trata de sistemas aos quais as pessoas confiam suas vidas, a história é outra. Por essa razão, no que diz respeito aos carros autônomos, teremos que ao menos minimizar o risco de problemas decorrentes da hiperconectividade e implementar práticas de controle locais.

Por essa razão, eu também penso que será importante deixar o controle primordial e a responsabilidade nas mãos do motorista. Desse modo, a tecnologia proverá um apoio contínuo à direção, graças aos sensores e à inteligência artificial avançada.

■

-think/transportation/self-driving/researcher-hacks-selfdriving-car-sensors>.

110 Em setembro de 2015, a Volkswagen admitiu que as unidades de controle eletrônico de seus carros eram programadas para burlar os testes de emissões de gases dos veículos, para dar a falsa impressão de que eram ecologicamente corretos.

Os "motoristas" poderão até mesmo desviar os olhos da estrada e relaxar, mas eles ainda terão a possibilidade e o dever de tomar o controle, e serão legalmente responsáveis em caso de acidentes, de acordo com as leis vigentes. Já foi comprovado que mesmo os sistemas de condução semiautônomos (que podem frear ou manter o carro em linha reta) reduzem consideravelmente a probabilidade de acidentes e o dano resultante. Em um futuro próximo, eles serão incorporados a carros populares, para o benefício de todos.

Reforço que a visão de carros circulando sozinhos, sem um motorista responsável, ainda será debatida por muito tempo como uma promessa tecnológica prestes a ser cumprida; mas provavelmente nunca se tornará realidade dessa forma. De qualquer modo, o nível de intervenção será grande e tenderá a aumentar, com uma expressiva redução no número de acidentes (junto à inevitável diminuição de órgãos disponíveis para transplante).

3.13.5. A evolução do compartilhamento de carros

Porém, talvez muitas pessoas sequer precisem de um carro. A tecnologia vai mudar a forma como nos movemos pelas cidades, através do avanço no compartilhamento de carros, scooters e bicicletas. Já temos aplicativos que nos permitem alugar um carro com apenas alguns toques no smartphone. Assim, somos guiados até o carro, e a central de serviços abre a porta com um simples comando via internet, que chega até o computador de bordo assim que o locatário se aproxima.

No futuro, esses serviços se tornarão redes interoperáveis para o compartilhamento de recursos em escala nacional e, possivelmente, global. De certo modo, a perspectiva se assemelha às redes telefônicas que nos permitem fazer ligações com nossa própria operadora e terminá-las (ou seja, estabelecer um circuito) com outra operadora global: o provedor do usuário terá acordos com outros fornecedores ao redor do mundo em grandes parcerias internacionais. Alugar um carro sob demanda será cada vez mais fácil e conveniente. Assim, ter um carro próprio para circular pela cidade se tornará cada vez menos necessário.

3.14. O futuro da publicidade

Todo o mercado de publicidade e propaganda será afetado pela tendência do marketing digital, mesmo em mídias desconectadas, como os anúncios impressos em outdoors nas estradas. Os investidores terão a possibilidade de anunciar produtos em mídias conectadas, que oferecem maior precisão na mensuração de resultados e custos reduzidos, considerando que não há custos variáveis como na dimensão material. Com tantas oportunidades à escolha, a publicidade offline tradicional será forçada a reduzir seus preços.

A publicidade com propósitos institucionais, na qual o retorno principal é em forma de reputação, continuará sendo uma exceção, já que a localização ou mídia utilizadas contam mais do que o retorno monetário. As mídias que hoje estão offline serão conectadas, para aumentar o valor agregado ao anunciante e reduzir os efeitos cumulativos da publicidade online. Vitrines de lojas e anúncios em ônibus ou metrôs podem vir a reconhecer indivíduos expostos às suas mensagens; a rádio, a televisão e o cinema também serão capazes de reconhecer quem está assistindo ao que, com grande precisão, e então traçar os hábitos de consumo de cada um para medir seu poder de compra.[111]

Tudo isso se tornará tecnologicamente possível através dos

■

111 A concessionária que administra a Linha 4 do metrô de São Paulo, ViaQuatro, implementou em abril de 2018 um sistema de Portas Interativas Digitais, que contém tecnologia de reconhecimento de emoções dos passageiros diante de peças publicitárias. A prática foi impedida judicialmente após Ação Civil Pública movida pelo Instituto Brasileiro de Defesa do Consumidor. Ver "Justiça impede uso de câmera que coleta dados faciais em metrô em SP", em *Idec,* 18 set. 2018. Disponível em <https://idec.org.br/noticia/justica-impede-uso-de-camera-que-coleta-dados-faciais-do-metro-em-sp>. [N.R.]

mecanismos de localização e rastreamento em nossos smartphones, da desmaterialização das passagens no transporte público (permitindo que os celulares sejam usados como bilhetes) e da conexão entre emissoras de TV, rádio e outras mídias inovadoras.[112] Na mídia desconectada, sempre haverá a possibilidade de incluir marcas no conteúdo para permitir que o smartphone identifique as mensagens às quais seu proprietário foi exposto.

O reconhecimento visual poderá ser usado em qualquer lugar. Em toda loja e esquina da cidade haverá câmeras de alta definição (não como as de hoje) que enviarão vídeos em *streaming* para um centro de processamento, com informações como o número exato de bolsas de determinada marca que passaram por aquela rua, associando a compra de um produto pelo consumidor com a frequência de exposição a um anúncio específico.

Todos os nossos dados serão coletados por empresas, que poderão vendê-los a outras empresas responsáveis pela sua integração. Nós daremos nosso consentimento a essas empresas sem sequer nos darmos conta, ou simplesmente porque não teremos outra escolha ao usar seus aplicativos e serviços. Aliás, nós seremos a principal fonte para coleta desses dados, com todas as informações que espalhamos online quando tiramos uma foto de algum lugar (identificável ou georreferenciado), compramos algo, escrevemos

---

■

112 Isso pode ser feito de várias maneiras: por meio dos sistemas de reconhecimento facial, sinais emitidos pelo smartphone (wi-fi/Bluetooth), uso de coordenadas de GPS e sistemas de localização *indoor* (para uso dentro de shopping centers), ou ainda através de sinais ultrassônicos emitidos pelas vitrines; esses sinais seriam inaudíveis para as pessoas, mas captados por aplicativos sempre ativos no smartphone (em segundo plano) para associar o momento, lugar e mensagem ao dispositivo (e então à pessoa). Naturalmente, tudo isso supondo que nada mude nas leis de proteção à privacidade, o que eu acho improvável.

uma resenha ou um post em uma rede social ou na Wikipédia. Graças ao desenvolvimento da potência computacional 24 horas e do armazenamento colossal de dados, disponível em sistemas conectados ao redor do mundo, empresas invisíveis aos olhos do público poderão ler e analisar semanticamente tudo sobre nossas vidas — criando um perfil estruturado a partir de informações e rastros deixados aqui e ali.

No entanto, os efeitos da imaterialidade não vão parar por aí. O mesmo poder da computação, do armazenamento e da comunicação em tempo real também provocará um processo semelhante com impactos dramáticos nos mercados de ações e *commodities*. A maioria de nós pensa no mercado de ações como era antigamente: um lugar onde as pessoas se envolviam na compra e venda de certas *commodities* ou títulos de capital, anunciando suas ofertas e pedidos no pregão e acordando preços, que costumavam ser fixados em um pedaço de papel assinado e então levados ao escritório central para o registro dos contratos.

Os negócios eram de alto valor, com grandes possibilidades de margem, o que justificou sua desmaterialização, então os pregões viva-voz foram descontinuados em 1994. O local das negociações foi transferido para um sistema central no qual os próprios operadores inseriam seus lances para compra e venda, devidamente registrados em contrato em tempo real. Os preços estabelecidos eram imediatamente exibidos em monitores no escritório dos bancos (já conectados à rede) e atrás de janelas repletas de investidores que enviavam suas instruções às equipes de intermediários financeiros.

Com o advento da internet, esses monitores se desmaterializaram, transferindo os negócios diretamente para o computador dos investidores, onde quer que estivessem. Assim, eles passaram a executar seus próprios pedidos, em uma espécie de *crowdsourcing* prematuro dos preços na bolsa de valores. Logo, a quantidade de transações aumentou exponencialmente, graças ao fato de que os investidores interessados podiam realizar várias operações por dia, sem a limitação da relação material com o intermediário.

Hoje em dia, a informação é enviada por meio de cabos a uma velocidade próxima à da luz, ou seja, instantaneamente. Quando os pacotes de dados ultrapassam uma intersecção gerenciada por um roteador, eles são examinados por um microprocessador que decide para qual seção deverão ser roteados, em uma operação extremamente rápida. Quanto mais distante um usuário estiver do servidor (em termos de número de intersecções), mais roteadores serão atravessados pelos seus dados, consumindo mais tempo. É questão de centésimos ou milésimos de segundo, mas não deixa de ser uma diferença de tempo.

Logo, um investidor localizado a um número ligeiramente menor de intersecções (conhecidas no jargão como "saltos") do servidor principal, em comparação a outro concorrente mais distante, verá a mudança de preços alguns milissegundos ou centésimos de segundos antes. Como consequência, tendências de alta ou baixa nos valores poderão ser detectadas mais cedo, e um programa de computador poderá decidir pela oferta de compra ou venda nessa microscópica brecha de tempo, com a vantagem da assimetria na informação que não passa de milissegundos.

Se pensarmos que esses contratos são feitos dezenas ou centenas de vezes a cada segundo, envolvendo grandes somas em dinheiro, podemos entender por que as salas de dados mais próximas aos nós de rede onde os servidores do mercado estão localizados são tão caras. Operações de alta tecnologia sofisticadas como essas são conhecidas como "negociações de alta frequência", que respondem por 50% do volume de negócios em Wall Street.[113]

■

113 "Software padroni dei listini: il 65% degli scambi deciso dai robot" [Proprietários de software das listas de preços: 65% das trocas decididas por robôs], em *Il Sole 24 ore*, 31 ago. 2015. Disponível em <http://www.infodata.ilsole24ore.com/2015/08/31/

Esta excursão ao mercado de ações pode nos ajudar a entender o futuro da publicidade. Os níveis de sofisticação da bolsa também serão vistos aqui: quando um consumidor em potencial for exposto a qualquer conteúdo viável à publicidade, o anunciante e o publicador vão negociar o preço do anúncio em um sistema semelhante ao do mercado financeiro. O contrato será definido nos décimos ou milésimos de segundo que se passam enquanto o usuário recebe o conteúdo em sua tela — ou seja, o tempo transcorrido para carregar a página. Assim, o preço não será definido apenas pela oferta e demanda, mas também pela contribuição de terceiros que terão informações do usuário ao qual o anúncio é direcionado, bem como oferecerão perfis completos aos potenciais investidores.

Alguém que postou fotos de seus cães no Facebook vale muito mais para um anunciante de rações do que para uma empresa de lingerie. A não ser que o fornecedor de perfis também saiba que a esposa do usuário estará celebrando seu aniversário em dois dias, e comunique esse fato ao investidor. Hoje, nós pensamos que o meio ideal para atingir os profissionais é o *Financial Times*. Para atingir uma audiência jovem, o canal adequado seria a MTV, e um programa de rádio em particular poderia ser a melhor escolha de mídia para donas de casa da alta sociedade.

De certa maneira, há uma correlação entre o público-alvo e o conteúdo, então faz sentido para o anunciante investir em determinado meio para alcançar seus consumidores em potencial. Amanhã, um determinado perfil de ouvinte de rádio será identificado não somente por sua tendência a preferir determinado programa de rádio, mas por sistemas de monitoramento operando nas dimensões material e imaterial, e, portanto, pelas mídias que

■

software-padroni-dei-listini-il-65-degli-scambi-deciso-dai-
-robot/?refresh_ce=1>.

o estão contatando, onde quer que ele esteja. Não importa se esse ouvinte está no metrô, vendo a previsão do tempo ou ouvindo uma transmissão de rádio. O que importa é identificá-lo. Oferecer um serviço de previsão meteorológica, obtido por meio de modelos matemáticos computacionais que trabalham 24 horas por dia, custa muito menos do que produzir um conteúdo de qualidade para o rádio; mas, para o anunciante, o valor desse ouvinte é o mesmo.

Como resultado, os publicadores que se limitam a propor conteúdos tendem a se tornar uma *commodity* no mercado publicitário, em benefício daqueles que agregam valor, ou seja, as plataformas — que conhecem o perfil de cada membro do público — e as empresas que gerenciam os anúncios de "alta frequência" do mercado. No futuro, ambas as categorias ganharão uma fatia cada vez maior das receitas de publicidade, à custa dos produtores de conteúdo.

Graças a uma rede permanentemente conectada e à massa de dados armazenados e processados, o valor agregado da relação entre o produtor de conteúdo e seu público, útil para o anunciante, será tomado de assalto por novas categorias de empresas — intermediários tecnológicos que operam em escala global. Isto é, claro, se as autoridades de proteção de dados permitirem. Não será uma decisão tão óbvia. Na verdade, o que realmente nos incomoda é receber inúmeras mensagens irrelevantes. Por isso, a publicidade do futuro será altamente segmentada para corresponder aos nossos verdadeiros interesses, e poderá se apresentar como um serviço vantajoso para muitos de nós.

3.15. O futuro da saúde

O desenvolvimento e a disseminação dos eletrônicos, a conexão online permanente, o armazenamento massivo de dados e a possibilidade de processamento a custo zero terão efeitos notáveis na área da saúde. A empresa norte-americana Qualcomm — uma fabricante líder em circuitos integrados de comunicação — lançou um desafio para a criação de um Tricorder, o dispositivo usado pela tripulação da nave *uss Enterprise* na série de ficção científica *Star Trek*. Trata-se de um dispositivo multifuncional de bolso para comunicação e escaneamento de ambientes, corpos e objetos, capaz de gravar os dados recebidos e analisá-los — além de diagnosticar problemas de saúde em seres humanos.

Em 2017, a Qualcomm Tricorder XPrize premiou dois grupos de participantes com 2,6 milhões de dólares para o primeiro lugar e um milhão para o segundo. As equipes criaram os protótipos mais próximos do grande objetivo do desafio: um dispositivo capaz de monitorar dados fisiológicos e diagnosticar as condições de saúde de uma pessoa com relação a treze doenças predefinidas, cinco funções vitais e três estados de saúde, de uma lista com doze.

Os primeiros Tricorders podem nos ajudar a realizar autodiagnósticos a qualquer hora e em qualquer lugar. Nessa fase inicial, devido à natureza complicada desse tipo de instrumento, eles deverão ser usados somente em farmácias, como ocorre com os medidores de pressão. Em breve, eles poderão ser incorporados aos nossos dispositivos pessoais, que estão sempre conosco e podem nos alertar a respeito de doenças antes que os sintomas apareçam. Os pesquisadores também estão trabalhando em outras formas de monitoramento, como uma tatuagem que mede a temperatura, frequência cardíaca e nível de oxigênio no sangue; e lentes de contato que medem o nível de glicose nas lágrimas e mudam de cor quando a taxa aumenta ou diminui.

Combinando os avanços computacionais, a genômica, o sequenciamento de DNA e a pesquisa de células-tronco, muitas empresas vão assumir o desafio de encontrar tratamentos eficientes para prevenir doenças da terceira idade, com foco na longevidade e na melhora da qualidade de vida dos sexagenários — para que mantenham boas condições de saúde até os cem anos de idade. Inúmeros laboratórios de pesquisa usam técnicas de impressão 3D para depositar camadas de células-tronco em estruturas biodegradáveis. O objetivo final é desenvolver órgãos para transplante sem nenhum risco de rejeição, uma vez que serão feitos com as células do próprio paciente.

As cirurgias assistidas pela impressão 3D se tornarão comuns, simplificando a criação de próteses ósseas customizadas, assim como modelos de órgãos reconstruídos a partir do diagnóstico por imagem. A evolução das cirurgias remotas, frequentemente propagandeadas pela mídia, não será tão comum na prática (ainda custa menos mover o cirurgião até o local). Em vez disso, entrará em cena o uso da medicina virtual, com modelos simulando a realidade clínica que vão facilitar o aprendizado. Microdispositivos poderão ser engolidos para nos ajudar a lutar com doenças como a diabetes. É provável que esses dispositivos sejam pagos por meio dos seguros de saúde, que serão responsáveis pela intermediação até os usuários, garantindo o mínimo risco residual — assim como é feito com as caixas-pretas em veículos.

A expectativa de grandes descobertas na medicina genética tem sido atenuada por conta da complexidade tecnológica, que retardou o ritmo dos progressos. Até pouco tempo atrás, a visão dos geneticistas a respeito do genoma humano era limitada a pequenas regiões de interesse, por uma perspectiva centrada em genes individuais. No entanto, o Projeto Genoma Humano e subsequentes desenvolvimentos tecnológicos, como o GWAS (Genome-wide Association Studies[114]

■

114 O GWAS é uma investigação de todos (ou quase todos) os genes de vários indivíduos de uma espécie particular, para

[Estudo de Associação Genômica Ampla]) e técnicas complexas de sequenciamento, mudaram o panorama. A visão individual deu lugar a uma abordagem centrada no genoma como um todo, que vem transformando os horizontes de pesquisa e aplicações clínicas. Em janeiro de 2014, o limiar de mil dólares para o sequenciamento do genoma inteiro se tornou realidade, tornando a análise completa de genes algo rotineiro e possibilitando o diagnóstico genômico. Assim, os projetos de sequenciamento genético para doenças de amplo interesse da população encontram-se em estágio avançado. Logo, em breve nós poderemos viver em uma sociedade onde o sequenciamento do DNA de pacientes seja um procedimento de rotina.

Vivemos em um período de transição extraordinário para a medicina, que está migrando da genética médica focada em anormalidades cromossômicas e problemas em genes individuais para a era da genômica clínica e acessível, com análises focadas na definição de expressões fenotípicas relacionadas a grandes amostras da população. A tecnologia está invadindo diversos ramos da medicina e há uma ampla discussão sobre os métodos e recursos para obter as sequências genéticas dos cidadãos, inclusive desde o nascimento. Como era de se esperar, esse tema desperta uma série de questionamentos éticos. Nos Estados Unidos, a notícia de que a polícia solicitou acesso à base de dados de duas empresas especializadas em exames genéticos causou uma grande repercussão. Isso significa que os materiais genéticos de um parente poderiam ser usados para identificar o autor de uma ação, o que gera preocupação em países com poucas garantias em seus procedimentos judiciais.

Além do mais, se essas bases de dados acabarem em mãos erradas,

■

determinar as variações genéticas dos espécimes em questão. Então, são feitas várias tentativas para associar as diferenças observadas a certos traços particulares, como uma doença.

as consequências podem ser ameaças,[115] chantagens e discriminações. Sem a pretensão de recorrer a visões distópicas, como as do filme GATTACA,[116] um banco poderia recusar um empréstimo baseado no potencial risco de doenças de uma pessoa, ou um político poderia usar tais informações para descreditar seus rivais.[117] De qualquer modo, uma abordagem terapêutica personalizada poderá ser desenvolvida a partir da genômica, instituindo novos parâmetros de tratamento com resultados ainda inimagináveis. Obviamente, leis serão necessárias para proibir expressamente a discriminação genética, com duras penas para qualquer tipo de abuso. Por isso, também é urgente definir o que configura um abuso. É uma

■

115 Em novembro de 2012, a revista *The Atlantic* publicou um artigo intitulado "Hacking the President's DNA" [Hackeando o DNA do Presidente], no qual descreve o desenvolvimento hipotético de armas biológicas customizadas: o uso de um vírus criado para se espalhar como gripe e tornar-se letal quando infectar uma pessoa cujo DNA possui uma sequência específica. Embora esse nível de especificidade ainda esteja muito distante, o risco da utilização de tecnologias genéticas para propósitos bioterroristas parece real. Disponível em <https://www.theatlantic.com/magazine/archive/2012/11/hacking-the-presidents-dna/309147/>.

116 Um filme de 1997 cujo título é composto pelas iniciais das bases de nitrogênio do DNA: guanina, adenina, timina e citosina. A obra mostra um futuro hipotético em que as crianças são produzidas com heranças genéticas ideais, dividindo a sociedade em duas principais classes: os válidos (crianças geneticamente projetadas) e inválidos (nascidos naturalmente).

117 "Os avanços da genômica vão tornar possível que o DNA seja coletado e analisado para determinar as informações de risco genético, que podem ser usadas em favor de — ou, mais possivelmente, contra os — candidatos à presidência". GREEN, Robert C. *et al.* "The Genetic Privacy of Presidential Candidates" [A privacidade genética dos candidatos à presidência], em *The New England Journal of Medicine*, 20 nov. 2008. Disponível em <https://www.nejm.org/doi/full/10.1056/NEJMp0808100>.

decisão complicada que envolve fatores sociais, éticos, filosóficos e religiosos, e torna-se ainda mais difícil se consideramos a escala global do fenômeno.

Em paralelo com os avanços do sequenciamento, facilitados pelo desenvolvimento dos eletrônicos e pelo baixo custo do processamento e do armazenamento de informações, também surgirão novas técnicas para experimentos e alterações do DNA. Na verdade, o ponto de virada nesse campo ocorreu em 2015, e devo mencioná-lo para evitar omissões:

> Não é à toa que a técnica de "edição" genética da Crispr é a maior descoberta científica de 2015, de acordo com os resultados da pesquisa conduzida entre jornalistas e colunistas da área. A possibilidade de reescrever todas as sequências de DNA graças à técnica chamada Crispr (*Clustered Regularly Interspaced Short Palindromic Repeats*, ou Repetições Palindrômicas Curtas Agrupadas Interespaçadas)[118] tem apresentado resultados extraordinários: o sistema permitiu a reversão de um tipo de cegueira causado por uma mutação, impediu a multiplicação de células cancerígenas e reproduziu células imunes ao vírus da aids. Além disso, o DNA de duas espécies de mosquito foi reformulado para combater a malária, algumas doenças renais foram reproduzidas em tubos de ensaios e porcos modificados geneticamente foram criados para viabilizar transplantes de animais para humanos. Independentemente das aplicações, os problemas éticos que surgem com o Crispr não podem ser negados. Por isso, os pesquisadores responsáveis assinaram uma moratória em Washington antes de aplicar o sistema em embriões humanos, que não são destinados à pesquisa. A caixa de pandora foi aberta.

■

118 Com a técnica Crispr-Cas9, o DNA pode ser manipulado por meio da remoção de segmentos indesejáveis ou da inserção de novos elementos, com um custo da ordem de centenas de euros. O uso da enzima CPF1 ao invés da Cas9 promete oferecer resultados ainda mais simples e precisos.

Um grupo de pesquisadores de Cantão, na China, anunciou ter utilizado o Crispr para modificar os genes de embriões humanos.[119] Enquanto isso, o diretor da Inteligência Nacional dos Estados Unidos (que inclui dezessete agências federais e organizações) incluiu o método Crispr em seu relatório anual de ameaças globais.[120] Diante desse cenário, é urgente um consenso global sobre a questão.

■

119 Em novembro de 2018, He Jiankui — cientista da Universidade de Shenzhen, na China — e sua equipe afirmaram ter criado os primeiros bebês geneticamente modificados. He Jiankui usou a técnica de edição de genes Crispr para modificar um gene e tornar duas meninas gêmeas resistentes contra o vírus que causa a aids. O caso é objeto de grande polêmica. Ver "Chinese Scientist Claims to Use Crispr to Make First Genetically Edited Babies" [Cientista chinês diz que usou Crispr para produzir bebês geneticamente editados], em *The New York Times*, 26 nov. 2018. Disponível em <https://www.nytimes.com/2018/11/26/health/gene-editing-babies-china.html>. Em 29 de novembro, o governo chinês suspendeu temporariamente todas as atividades relacionadas ao emprego do método Crispr para modificação genética em embriões humanos. [N.R.]
120 "Pesquisas genômicas conduzidas por países com legislações e padrões éticos diferentes das referências ocidentais aumentam o risco da criação de agentes e produtos biológicos potencialmente perigosos. Dada a ampla distribuição, baixo custo e ritmo acelerado do desenvolvimento dessa tecnologia de uso duplo, seu uso indevido, deliberado ou acidental pode levar a implicações profundas na segurança econômica e nacional." Intelligence Usa: il copia incolla del Dna è una minaccia per il mondo [Inteligência dos Estados Unidos: a cópia do DNA é uma ameaça para o mundo], em *Popular Science*, 15 fev. 2016. Disponível em <http://www.popsci.it/intelligence-usa-il-copia-incolla-del-dna-e-una-minaccia-per-il-mondo.html>.

3.16. O futuro das investigações policiais

Nossas atividades sociais e profissionais são gerenciadas, em sua maioria, por meios imateriais; nossos arquivos e pastas estão se tornando predominantemente digitais e nossas comunicações já acontecem online há um bom tempo. Todas essas atividades sucumbiram ao mundo digital em sistemas eternamente conectados e, por meio dos avanços eletrônicos, acabaram em nossos bolsos. Na dimensão material, as buscas, inspeções e apreensões são possíveis apenas em alguns tipos de crimes; elas são conduzidas em espaços físicos e envolvem objetos com propriedades de bens materiais.

No futuro, com o aumento do espaço de armazenamento e da capacidade de processamento, os sistemas pelos quais fluem as comunicações em massa serão capazes de detectar padrões específicos que chamem atenção. Não me refiro a sistemas de monitoramento em massa programados para identificar certas palavras-chave, mas uma função semelhante a um olho observando uma multidão a distância, sem monitorar ninguém em particular ou guardar quaisquer imagens e dados em trânsito. Ao invés disso, esse "olho" será ativado por pequenos distúrbios no comportamento "normal", que vão direcionar sua atenção para pontos específicos.

Outros sistemas serão criados para prever onde e quando certos crimes serão cometidos (graças às propriedades da dimensão imaterial que somam o *Big Data* ao custo zero). Embora o nível de precisão possa ser insuficiente para justificar a ação policial, as autoridades poderão se utilizar da disponibilidade de informações nos casos em que achem necessário intervir. Esses avanços serão possíveis graças ao progresso da inteligência artificial, particularmente na área de aprendizagem profunda, assim como à capacidade dos computadores para o Processamento de Linguagem Natural (PLN).

Evidentemente, nós precisamos entender se esses avanços são

socialmente desejáveis e regulá-los de forma apropriada. Com o tempo, os sistemas de previsão de crimes vão se tornar mais sofisticados e nós seremos obrigados a levantar questões nunca antes imaginadas, tais como: até que ponto o uso da criptografia em comunicações ponta a ponta é um possível sinal de atividade ilegal?[121] A ausência de muitos dados sobre uma pessoa pode ser suficiente para considerá-la suspeita?[122] Podemos discriminar pessoas baseados em sua classificação como "ameaça em potencial"? O debate está apenas começando,[123] e no futuro nós teremos que ponderar se as possibilidades tecnológicas estão excedendo os limites de nossos princípios constitucionais.

No estágio atual, ainda é possível obter provas a partir da apreensão material de dispositivos e extração de dados. No entanto, os eletrônicos possibilitam a encriptação de todos os conteúdos em um dispositivo, e mesmo a completa negação de sua existência. Por essa razão, as técnicas para aquisição de provas terão que mudar, começando pelas escutas telefônicas — embora o monitoramento em massa deva ser evitado em qualquer circunstância.

■

121 E se fosse apenas para proteger alguém que mantém um relacionamento que não é ilegal, mas, se revelado, poderia incitar a desaprovação social em sua comunidade?

122 "The new way police are surveilling you: Calculating your threat 'score'" [A nova maneira como a polícia está vigiando você: calculando seu 'nível' de ameaça], em *The Washington Post*, 10 jan. 2016. Disponível em <https://www.washingtonpost.com/local/public-safety/the-new-way-police-are--surveilling-you-calculating-your-threat-score/2016/01/10/e42bccac-8e15-11e5-baf4-bdf37355da0c_story.html?noredirect=on&utm_term=.1ecd343dbdfa>.

123 "Can Predictive Policing Be Ethical and Effective?" [É possível um policiamento preditivo ético e efetivo?], em *The New York Times*, 18 nov. 2015. Disponível em <https://www.nytimes.com/roomfordebate/2015/11/18/can-predictive-policing-be-ethical-and-effective>.

Antes, quando a eletrônica não permitia que carregássemos dispositivos conectados em nossos bolsos, os terminais do lado do usuário não passavam de amplificadores, enquanto toda a inteligência estava concentrada na operadora de telecomunicações. Interceptações legítimas eram conduzidas por essas centrais por meio da replicação do sinal em um cabo conectado a um gravador, gerenciado pelas autoridades judiciais. (Nos anexos, explico brevemente e em termos simples como isso é feito e como funciona na internet. Recomendo fortemente a leitura dessa seção.)

Em relação ao presente capítulo, basta saber que todas as comunicações na internet, sejam áudios, mensagens ou e-mails, são quebradas em pequenas partes (chamadas "pacotes") que viajam de forma independente pelas redes, e até pegam caminhos diferentes, sendo reagrupadas por computadores do outro lado da rota. Por exemplo, somente os servidores do Skype e computadores ou smartphones dos usuários participantes da conversa têm acesso ao conteúdo completo de uma chamada de vídeo ou áudio. O mesmo se aplica às mensagens de WhatsApp e e-mails.

Em comparação ao tradicional grampo telefônico, a internet traz duas complicações: primeiro, os servidores geralmente se localizam fora da jurisdição local; segundo, qualquer um pode fazer um servidor do tipo Skype para uso privado, e instalá-lo no exterior. Uma possível solução para o problema, para cumprimento da lei, seria a intercepção de todos os pacotes em trânsito pela rede de distribuição, para tentar identificar as partes desejadas (e descartar aquelas que não são relevantes) e então reconstruir a comunicação. Esse processo envolve o risco de implementar um sistema complexo capaz de interceptar todas as comunicações, extraindo apenas aquelas que interessam, para então descobrir que foram utilizadas técnicas de criptografia ou obscurecimento, tornando todo o esforço vão.

Outro modo possível seria intervir no dispositivo do suspeito e instalar secretamente um software para capturar as comunicações antes que sejam encriptadas, subindo imediatamente os dados para a rede.[124] Naturalmente, esse grampo teria de ser feito sem o conhecimento da pessoa em questão, com o software sendo instalado sem que o usuário note.[125] Tudo isso pode ser feito remotamente, se os responsáveis pela espionagem tomarem o controle do dispositivo utilizando técnicas de hackers, e então explorarem as vulnerabilidades desconhecidas do sistema.[126]

Além de ser usada para interceptação das forças de segurança, essa vulnerabilidade poderia ser descoberta por indivíduos maliciosos, que então usariam as informações para comandar ataques em massa. Por exemplo, os hackers poderiam instalar o software em milhões de dispositivos sem o conhecimento dos usuários, criando o que chamamos tecnicamente de *botnet*.[127] Por meio do *botnet*, seria possível iniciar um ataque a um sistema-alvo, sobrecarregando-o com milhões de solicitações simultâneas para causar um ataque do tipo DDoS (Distributed Denial-of-Service [Ataque Distribuído de

■

124 Outra proposta recente sugere o fornecimento obrigatório de dispositivos com portas de serviço ou "portas dos fundos" (*backdoors*) protegidas por códigos de acesso para uso exclusivo das autoridades policiais. Porém, como poderíamos garantir que agentes não violassem os sistemas de acesso desses dispositivos? Ou que não pudessem violar os dispositivos usados pelos policiais para acessá-los?

125 Esse tipo de operação, muitas vezes retratada em *thrillers* de ficção científica de um modo que nem os especialistas conseguem imaginar, veio a conhecimento público devido às revelações de Edward Snowden, em 2013.

126 Vulnerabilidades desconhecidas por todos — exceto aqueles que as descobriram e as utilizam — são chamadas de falhas *zero-days*. O *zero* representa o número de dias que os especialistas levaram para descobrir o erro e removê-lo — como as vulnerabilidades são desconhecidas, nenhum dia se passou.

127 Grupo de computadores infectados por um *malware* que se comunicam por meio de *bots* maliciosos. [N.T.]

Negação de Serviço]).[128] Um ataque desse tipo ao sistema público pôs o governo da Estônia de joelhos há alguns anos, forçando a interrupção temporária da conexão à internet.

Por essa razão, assim que uma vulnerabilidade é descoberta, os fabricantes de software e antivírus atualizam seus produtos para impedir que sejam atacados por hackers. As falhas *zero-days* (ou seja, vulnerabilidades inéditas) são descobertas e rapidamente corrigidas, e então deixam de ser úteis para as autoridades judiciais. Por isso, as ferramentas utilizadas para explorar vulnerabilidades também devem ser constantemente atualizadas.

Como eu dizia, o principal problema das abordagens de espionagem é que elas requerem o controle total do dispositivo. Uma vez controlado, é possível ir muito além de simplesmente interceptar informações de áudio (como chamadas telefônicas) ou mensagens (como SMS). Você pode instalar softwares, salvar ou copiar conteúdos, enviar mensagens, fazer chamadas, ativar o GPS para determinar a localização, ligar o microfone para escutar o que está acontecendo nos arredores, ou ativar a câmera para tirar fotos e gravar vídeos. Tudo isso pode ser feito por meio de softwares de espionagem produzidos por empresas privadas e concedidos mediante licenças de uso por um fornecedor (com atualizações periódicas). Estamos acostumados a ligar a tevê e ver policiais entrando em imóveis para realizar buscas, usando botas de segurança, macacões brancos, luvas, óculos de proteção e quepes cobrindo os cabelos. Esses uniformes de segurança não deixam um centímetro de pele exposta, e as equipes usam instrumentos esterilizados para prevenir qualquer contaminação de evidências.

---

128 Ataque cibernético em que um computador mestre escraviza várias máquinas, obrigando-as a executar determinado recurso em um determinado servidor simultaneamente, gerando uma sobrecarga e consequente indisponibilidade. [N.T.]

Teoricamente, o Código Penal garante à pessoa investigada que a busca é realizada em certas ocasiões, com expedição de mandado, e que ela tem direito a um advogado. A inspeção é conduzida diretamente pela equipe da autoridade judicial. O uso de vigilância eletrônica dentro da casa das pessoas é proibido, exceto em casos com evidências razoáveis de que um crime está ocorrendo no local.

Se uma busca fosse conduzida em uma de nossas casas, provavelmente seriam apreendidas algumas cartas, contas, algumas pastas e documentos, algumas fotos e jornais. Graças às propriedades do mundo imaterial, uma busca em um de nossos dispositivos revelaria diversos rascunhos de nossos documentos, todas as nossas mensagens — até as mais imprudentes —, tudo o que recebemos e escrevemos, todas as fotos que tiramos ou recebemos e o histórico de tudo o que lemos, desde que nos tornamos imigrantes digitais até o presente. A quantidade de informações é muito maior do que o material que poderia ser encontrado em uma busca comum. Devido à velocidade da evolução tecnológica em relação aos processos legislativos, a lei tem sido modificada por sucessivas emendas, sem uma estrutura abrangente para dar conta dos problemas da imaterialidade.

Com a implementação da Convenção sobre o Cibercrime,[129] certas garantias foram estabelecidas para a inalterabilidade e preservação de provas obtidas por meios eletrônicos e computacionais. As normas foram feitas através de atalhos simples, porém

■

129 Também conhecida como Convenção de Budapeste, Convenção sobre o Cibercrime é um tratado internacional de direito penal e direito processual penal firmado no âmbito do Conselho da Europa para definir de forma harmônica os crimes praticados por meio da internet e as formas de persecução. Trata basicamente de violações de direito autoral, fraudes relacionadas a computador, pornografia infantil e violações de segurança de redes. Entrou em vigor em 2004. [N.E.]

improvisados, que equiparam as atividades imateriais às materiais — já devidamente regulamentadas pela Constituição. Somente as escutas telefônicas podem e devem ser feitas sem o conhecimento do suspeito, ao passo que a aquisição de documentos, buscas e inspeções requerem notificações.

Porém, na dimensão imaterial, se alguém fosse informado de uma busca iminente em seu smartphone, poderia simplesmente tocar um ícone e apagar tudo. Por outro lado, dificilmente um suspeito explodiria sua casa ao ser informado sobre uma busca material. Um gravador telefônico não pode ser usado para adquirir uma cópia dos documentos de uma pessoa, mas o software descrito possui um uso muito abrangente, muito além das regras específicas e bem definidas da coleta de provas. Além do mais, enquanto um suspeito na dimensão material pode se certificar de que as provas não estão sendo falsificadas durante uma busca, o mesmo não vale para a dimensão imaterial.

As inspeções materiais são conduzidas por membros da autoridade judicial, ao passo que as inspeções imateriais também envolvem equipes privadas e um mediador — a ferramenta utilizada, que é fornecida e mantida por uma entidade particular, sobre a qual o Estado não pode oferecer nenhuma garantia. E se a ferramenta instalada tivesse uma vulnerabilidade e permitisse a invasão de um usuário malicioso, que poderia alterar as evidências do suspeito? Seria como se um inspetor conduzisse uma busca física por meio de um terceiro, fisicamente presente no local, que descrevesse o que estava vendo e fosse instruído pela autoridade sobre quais provas coletar.

Embora os jornais de hoje gastem litros de tinta discutindo o uso impróprio ou excessivo de escutas telefônicas, eles sempre descrevem o método como era feito no século passado. A discussão sobre as fronteiras entre a liberdade de informação, o direito à privacidade e a segurança pública — três direitos fundamentais — geralmente é conduzida pelo espelho retrovisor, embora o mundo ao nosso redor já tenha se transformado.[130] A tecnologia está evoluindo e nos levando a cenários muito mais complexos e invasivos, sem que uma palavra seja dita sobre o assunto em programas de TV, apesar dos sinais já existentes.[131] Talvez isso ocorra devido ao conhecimento escasso e ao desconforto dos apresentadores e colunistas a respeito desses temas, junto ao fato de que a mínima menção a um assunto complexo pode custar uma porcentagem de sua audiência. Todavia, uma coisa é certa: o futuro dos nossos direitos depende de um avanço diplomático das possibilidades de investigação, sem apelações para técnicas de controle em massa e em plena conformidade com os princípios constitucionais.

■

130 "Surveillance and the state: this way the debate goes on" [Vigilância e Estado: esta é a maneira como o debate avança], em *The Guardian*, 23 ago. 2013. Disponível em <https://www.theguardian.com/commentisfree/2013/aug/23/surveillance-state-debate-goes-on?CMP=twt_gu>.
131 Em julho de 2015, os sistemas da Hacking Team, fabricante dessas ferramentas, foram violados e o código-fonte do software foi publicado na internet, junto aos dados administrativos e de comunicação, revelando uma possível venda dos sistemas para governos que não são exatamente campeões em direitos humanos. Esse episódio provocou um escândalo Datagate italiano que ganhou mais manchetes no exterior do que no próprio país.

3.17. O futuro dos bancos

Processamento automático, acessibilidade ampla, 24 horas de operação, custo zero e aquisição de todas as informações relevantes dos consumidores, com resultados crescentes em relação ao número de clientes: esses são os fatores que levaram diversas empresas e *start-ups* do setor *fintech* a invadirem as tradicionais áreas de operação que antes eram dominadas pelos bancos convencionais.[132] Essencialmente, os bancos desempenham três funções: gestão de investimentos, intermediação de pagamentos e serviços de crédito. Os primeiros setores invadidos foram os mais lucrativos. Para realizar a gestão de ativos e investimentos de capital próprio e renda fixa (mercado financeiro), antes você tinha que ir até o banco para investir nos títulos; agora tudo é feito pela internet. Em termos de crédito, as hipotecas viraram o alvo da vez, graças à inovação regulatória que permitiu aos clientes transferir uma hipoteca de um banco para outro, e à evolução das estruturas sociais que aumentaram o crédito por meio dos empréstimos pessoais.

A próxima área a ser conquistada será a de pagamentos. Os bancos tradicionais são organizados em uma rede nacional e material, que atualmente compete com intermediários financeiros operando na imaterialidade — com custos estruturais muito mais baixos, embora, no caso italiano, por exemplo, ainda sigam as normas definidas pelo Banco da Itália para proteger os poupadores.[133] De qualquer modo, as regras também foram adaptadas para acomodar as novas

---

■

132 Em 2018, a Fintech Radar Brazil contabilizou mais de quatrocentas *fintechs* no país. Disponível em <http://finnovation.com.br/mapa-de-fintechs-brasil-maio-de-2018/>. [N.R.]

133 Os chamados custos de cumprimento, ou conformidade às normas.

possibilidades oferecidas pela evolução tecnológica, abrindo espaço para novos operadores enxutos e eficientes.[134]

A tendência será a redução de agências bancárias, que significa também a redução de pessoal. O acesso onipresente acaba com a importância da proximidade, o diferencial em que os bancos italianos têm insistido por anos (em contraste com o resto da Europa). Quando um banco comprava o outro, ele pagava pelas agências físicas, que hoje não passam de um custo. Há bancos nacionais que possuem agências com quatrocentos clientes, um número insuficiente para ganhar comissões que sustentem minimamente a estrutura. No geral, os bancos — não apenas os da Itália — sempre subestimaram a disposição dos consumidores em utilizar a tecnologia em vez das relações pessoais na agência.

O primeiro caixa eletrônico surgiu no final de 1983, acompanhado por notícias desencorajadoras: ele seria usado apenas por *yuppies* e estava sendo instalado somente por uma questão de imagem. Os transtornos de ter que ir até o banco e enfrentar filas para realizar transações foram totalmente ignorados. Algumas pessoas juravam que os pensionistas gostavam de sacar seus benefícios pessoalmente, para poderem conversar com seus amigos na fila. Com o banco online, houve novamente uma subestimação a respeito da receptividade dos consumidores à tecnologia. Não obstante, assim que os sistemas atingiram o nível mínimo aceitável de usabilidade, foram amplamente adotados pelo público. Aliás, a chegada e a difusão dos telefones móveis já haviam obrigado as pessoas a se familiarizar com as tecnologias digitais — outro fator desconsiderado. Ainda assim, não se pode deter a tendência.

■

134 Pasquale Pistorio, diretor e criador do grupo internacional ST Microeletronics, costumava dizer que uma empresa tem que ser "rápida, enxuta e vil", ao invés de "lenta, inchada e acomodada".

Agora, para compensar o declínio nas funções de caixa, os bancos estão tentando fortalecer seus serviços de consultoria, mas isso também tende a ser feito a distância.

Ademais, estamos caminhando rumo à automação, graças aos sistemas de inteligência artificial. Pequenos portfólios já são geridos por meio de ferramentas semiautomáticas, como resultado do desenvolvimento tecnológico. O uso do *Big Data* — infinitos dados disponíveis e uma capacidade colossal de análise computacional — permitirá a customização em massa da consultoria bancária. Ou seja, os bancos poderão fazer ofertas específicas e personalizadas a cada cliente, porém processadas em grandes volumes com o poder dos computadores e algoritmos, para milhões de pessoas ao mesmo tempo. Esse mecanismo poderia levar à formulação de preços baseados na demanda, ao invés da oferta, como já ocorreu em outras indústrias com custos variáveis iguais a zero (publicidade).

No passado, ninguém duvidava da capacidade do Estado de pagar suas dívidas e da superioridade do interesse nos títulos públicos em relação à inflação. Por essa razão, todos podiam investir suas economias com segurança nos certificados e títulos do Tesouro Nacional. Além disso, as pensões eram uma fonte sólida de previdência para o futuro. Hoje, é difícil reconhecer um investimento que valha a pena, e o número de pessoas que pode confiar em uma pensão é menor, além de os próprios benefícios pagarem menos do que antes. Adicionalmente, com o falecimento dos *baby boomers*,[135] há uma transferência da propriedade parental por meio da herança para as gerações X e Y. Logo, as empresas de gerenciamento de ativos devem observar um aumento no núme-

◼

135 *Baby boomers* é um termo para designar a geração das pessoas nascidas após a Segunda Guerra Mundial até a metade da década de 1960. A designação vem da expressão *baby boom,* que representa a explosão na taxa de natalidade nos Estados Unidos no pós-guerra. [N.E.]

ro de clientes e, graças às oportunidades da imaterialidade, um crescimento em sua gama de produtos para uma segmentação mais detalhada de suas ofertas.

Essas oportunidades incluirão um conhecimento maior sobre o cliente, devido às informações e rastros deixados online (pelos próprios indivíduos e por quem se relaciona com eles). Se uma tendência a se embriagar e chegar atrasada ao trabalho é documentada em uma rede social, isso certamente afetará a análise de crédito da pessoa. O mesmo pode ocorrer por "indução": se nos associamos com frequência a pessoas com esse tipo de hábito, isso pode afetar nossas oportunidades de crédito, pois as relações online interferem em nossa imagem.[136] Como o armazenamento imaterial não tem custo, se a informação tiver qualquer valor em potencial para alguém, com certeza será guardada. É importante lembrar-se disso e cultivar nossas reputações online, uma vez que a informação dura para sempre.

A análise de grandes quantidades de dados a nosso respeito, conduzida por sistemas automáticos que são capazes de aperfeiçoar a si próprios (aprendizagem profunda), combinada aos mecanismos de análise semântica e compreensão de textos, vai gerar perfis completos de consumidores — e previsões muito mais acuradas.[137] Contudo, a internet também vai criar novos e agressivos concorrentes para os bancos.

■

136 "Facebook friends could change your credit score" [Seus amigos do Facebook podem afetar seu nível de aprovação de crédito], em CNN, 27 ago. 2013. Disponível em <https://money.cnn.com/2013/08/26/technology/social/facebook-credit-score/index.html?hpt=hp_t2>.

137 "Big Data Knows When You're Going to Quit Your Job Before You Do" [O Big Data sabe que você vai pedir demissão antes de você], em Global Tech, 30 dez. 2014. Disponível em <https://www.bloomberg.com/news/2014-12-29/big-data-knows-when--you-re-going-to-quit-your-job-before-you-do.html>.

Já há plataformas alternativas de crédito, como aquelas dedicadas ao *crowdfunding* e à arrecadação de capital de risco para investir em projetos de *start-ups*. Esses tipos de investimentos também estão destinados — embora indiretamente — a integrar os serviços dos bancos, que levarão ao surgimento de intermediários especializados capazes de criar os instrumentos financeiros que hoje são gerenciados apenas pela rede bancária tradicional. O desenvolvimento gradual das redes sociais vai trazer outra grande mudança no modo como acessamos o microcrédito: o "empréstimo entre pares" ou "empréstimo social". Os usuários que necessitam de pequenas quantias para comprar uma televisão ou uma scooter, e pequenos poupadores em busca de rendimentos melhores do que os tradicionais (títulos do tesouro, títulos da dívida pública etc.) vão impulsionar o surgimento de portais para compartilhamento da oferta e demanda de crédito.

Com o tempo, a reputação dos credores em redes sociais se tornará um elemento crucial para embasar a avaliação de risco, e, portanto, o custo real do crédito. No entanto, a desintermediação dos bancos será um processo lento, ao passo que a legislação limita a soma pagável, e o procedimento contra lavagem de dinheiro requer um corpo físico para certificar e registrar os envolvidos no crédito — logo, um banco de apoio se torna imprescindível. A pressão para que as autoridades legislativas implementem o Sistema Público de Identidade Digital (SPID) será decisiva para a chamada *customer onboarding* — a identificação inicial do consumidor online, também conhecida como ativação de clientes. Consequentemente, também será o golpe final para a rede física, que deixará de ser necessária e impulsionará as redes P2P.[138]

---

138 Referente a *peer-to-peer* ou "par-a-par", um formato de rede descentralizado em que o computador de cada usuário realiza funções de servidor e cliente ao mesmo tempo. [N.T.]

Como efeito da onipresença da rede e do aumento na capacidade computacional gratuita, aumentará o número de serviços oferecidos pelos bancos pela integração direta em sistemas de computadores por meio de Interfaces de Programação de Aplicações (API).[139] Assim, surgirão agregadores de serviços — como já ocorreu em outras áreas — para finalidades como pagamentos antecipados de faturas e seguros de crédito.

As próximas inovações relevantes podem ocorrer no setor de pagamentos. Esses avanços já podem ser vistos no campo tecnológico, mas não há garantia de que serão implementados, por duas razões: primeiramente, devido à relativa aversão de muitas pessoas — sobretudo na Itália — aos pagamentos imateriais; depois, por conta de barreiras regulatórias. Considerando que este é um setor rigorosamente controlado, tudo dependerá das normas estabelecidas. A rejeição italiana ao uso de ferramentas de pagamento eletrônico está frequentemente associada à enorme quantidade de pagamentos extraoficiais em espécie. Mas esse argumento não parece suficiente. Não explica, por exemplo, por que as filas para pagar o pedágio em dinheiro na rodovia são enormes, enquanto as cabines de cartões ficam vazias (o atendente do pedágio certamente não aceita pagamentos por fora). Ainda assim, a difusão dos cartões de crédito e multibanco com certeza é maior do que o número de pessoas que prefere pagar em dinheiro.

Talvez a verdadeira razão seja o mal-estar em relação ao imaterial, que descrevi no item 2.14. A imaterialidade dos pagamentos eletrônicos incomoda as pessoas que sentem a perda do controle sobre seus gastos, quando, na realidade, é justamente o contrário.

■

139 Conjunto de padrões de programação que permitem a criação de aplicativos e a utilização de maneira alternativa pelos usuários, disponibilizando recursos para serem usados por outras aplicações e abstraindo detalhes da implementação. [N.T.]

É provável que as coisas mudem com os nativos digitais. Além disso, devido à competição entre os instrumentos de crédito e débito, provavelmente nós veremos um aumento relevante nas transferências em tempo real. Os cartões de crédito, com eventuais operações de débito, são geridos por operadoras internacionais (MasterCard, Visa e American Express), enquanto os cartões de débito (multibanco) são geridos por operadoras nacionais.

A ergonomia e a facilidade de uso dos pagamentos eletrônicos vão melhorar, graças à integração dos dados dos cartões em smartphones. Uma consequência menos óbvia, porém, é que toda transação feita na Itália com um iPhone passará pela Apple, pagando uma pequena porcentagem de taxa (o mesmo acontecerá com o Android e o Google). Ao mesmo tempo, outra pequena taxa será paga às redes internacionais de cartões, e quem mais perde nesse cenário são os bancos que cuidam das transações convencionais de cartões.[140] Olhando mais de perto, essas novas formas de mediação de pagamento são fruto da evolução tecnológica. As razões são as de sempre: os sistemas estão conectados; a transmissão é instantânea e sem custo; o processamento do mundo todo é feito por máquinas em Cupertino (sede da Apple), e toda essa informação é armazenada de graça.

Para evitar a desintermediação, a resposta dos bancos nacionais será usar as mesmas vantagens imateriais, mas aplicadas a

■

140 Quando uma instituição financeira recebe um pagamento de um de seus pontos de venda, atribuído a um lojista e feito por meio de cartão de crédito da mesma instituição, a transação é completada dentro da própria empresa, sem qualquer comissão para outras redes. Esse método é conhecido como *on-us* no jargão bancário. Localmente, várias instituições financeiras criam interconexões em seus sistemas e regulam as transações mútuas por meio de acordos especiais, com o envolvimento de outros serviços. Esse método é chamado de *on-we*.

um recurso inacessível com cartões de crédito: a transferência de fundos em tempo real. No caso dos cartões de crédito, a base é o pagamento de uma taxa mensal. Assim, nós podemos esperar por uma difusão generalizada das ferramentas de pagamento com transferência instantânea, baseadas no Número Internacional de Conta Bancária (IBAN, associado ao número de telefone), como uma rede par-a-par multibanco, mas totalmente online. O serviço teria um custo inexpressivo ou, considerando que o investimento é um custo irrecuperável, poderia ser embutido nas taxas vigentes da conta.

Portanto, o acesso em tempo real ao nosso histórico de pagamentos e notificações de cada transação, com a possibilidade de suspensão imediata de qualquer operação não reconhecida, seria decisivo para aumentar a confiança do público nos pagamentos imateriais. Em breve, veremos o resultado.

3.18. O futuro da energia

No futuro, os efeitos do desenvolvimento eletrônico e da digitalização também serão sentidos no mercado de energia, começando pelos pequenos negócios e residências. Uma aceleração exponencial será causada pelo desenvolvimento de quatro principais fatores: semicondutores, células fotovoltaicas, armazenamento de energia e computadores interconectados no controle dos sistemas de produção, distribuição e consumo.

O termo "eletrônica de potência" descreve os sistemas elétricos capazes de controlar e converter níveis significativos de corrente e tensão. Esses sistemas permitem que a eletricidade seja adaptada e transformada para alimentar diversos dispositivos — convertendo a corrente alternada em corrente direta (AC/DC). Devido à predeterminação das aplicações e ao design padronizado, os métodos convencionais da eletrônica de potência utilizavam sistemas estáticos, que não eram capazes de se adaptar de forma contínua e eficiente às mudanças nos perfis de consumo ou produção de energia. Os dispositivos eram projetados e construídos para operar de um modo específico.

Com o desenvolvimento dos semicondutores, essas necessidades de adaptação não são mais limitadas pelo design, podendo ser gerenciadas de modo dinâmico e rápido, por meio da constante variação dos parâmetros. É como se o equipamento fosse ajustado em tempo real para se adequar às condições vigentes, do mesmo modo que os softwares. Isso atribui um papel importantíssimo à tecnologia da informação no gerenciamento da eletrônica de potência: criar sistemas mais flexíveis, que não apenas facilitem o uso por meio de sua adaptabilidade durante as operações, mas também promovam a economia de escala na produção dos sistemas — de modo que eles possam ser reconfigurados para uma grande variedade de funções.

De forma análoga, é como ir da prensa rotativa para as impressoras a laser. Porém, na área da produção de energia, é importante distinguir os valores teóricos das situações ideais dos típicos valores obtidos em campo. De acordo com um relatório sobre o mercado de tecnologias eólicas elaborado pelo Laboratório Nacional de Energia Renovável do Departamento de Energia dos Estados Unidos, vemos que a energia gerada por turbinas eólicas no país alcançou cerca de dois centavos por quilowatt-hora (kWh); tirando os subsídios, que correspondem a 50%, chegamos a um preço médio de quatro centavos, comparado aos sete centavos da eletricidade gerada por usinas a gás. Todavia, essas turbinas são instaladas em locais com ventos intensos e áreas populacionais esparsas, e a energia gerada precisa ser transportada através de novas linhas elétricas até os locais de consumo. Assim, as unidades são imensas e operam em harmonia com a organização do mercado local, que possui altos índices de geração de energia e grandes operadoras logísticas.

Uma pesquisa do Laboratório Nacional de Lawrence Berkeley, também nos Estados Unidos, mostra que o preço da eletricidade gerada por usinas fotovoltaicas é parecido, por volta de cinco centavos por quilowatt-hora. Novamente, precisamos considerar que gerar energia solar no Deserto de Nevada, com a grande intensidade de raios solares, é bem diferente de gerar a mesma energia em grandes altitudes ou áreas chuvosas, e que atingir esses custos de modo generalizado ainda levará alguns anos. A Dinamarca, por exemplo, estipulou a ambiciosa meta de se tornar independente dos combustíveis fósseis até 2030.

Com essas novas formas de geração de energia, a tendência aponta para usinas menores, que serão mais fragmentadas do que as grandes companhias energéticas e mais próximas aos locais de consumo. Essa previsão é similar ao caminho tomado pelas redes de telecomunicações com a introdução da internet: de uma arquitetura centralizada, com recursos e inteligência no centro e consumo na periferia, haverá uma transição para uma estrutura mais distribuída, onde qualquer um poderá consumir e ao mesmo tempo alimentar a rede — com informações, no caso da internet, e com energia no caso da rede elétrica.[141]

As redes de energia elétrica terão que sofrer adaptações e novos tipos de serviços locais chegarão ao mercado, com ampla participação de colaboradores, possivelmente em grupos. As redes de distribuição terão de ser redesenhadas e modernizadas para se tornarem inteligentes, como as chamadas "redes inteligentes". Vários níveis de responsabilidade política, gestão técnica e relações econômicas estarão envolvidos no cenário energético, com prazos definidos para a tomada de decisões e investimentos.

Enquanto os planos gerais são feitos para atender a 100% das necessidades da população em vinte anos, haverá operadores com perspectivas de curto prazo dispostos a suprir alguns segmentos populacionais em crescimento, mas não todos.[142] O maior custo necessário para garantir o serviço a todos será bancado por pequenas

■

141 Há outro aspecto muito semelhante: nas comunicações, a informação transmitida consiste em uma série de zeros e uns que variam como uma onda passando por um cabo; não há consumo de recursos caros que devem ser conduzidos pela rede de uma ponta à outra, como no caso dos gasodutos. Logo, em uma rede elétrica com geração de recursos renováveis, nenhum recurso natural é consumido, eliminando custos de matéria-prima. Há apenas o investimento em infraestrutura. Hoje, o método de precificação da energia elétrica é típico do consumo de recursos: quem consome mais, paga mais. Amanhã, os métodos podem mudar — por exemplo, com a instituição do pagamento de uma taxa única que pode variar em relação à necessidade de economia da energia disponível, reduzindo o consumo quando necessário.

142 As contribuições energéticas entram na rede com determinados níveis de voltagem que vão diminuindo no percurso do centro até a periferia do sistema. Em grandes usinas energéticas, elas já entram no nível máximo. É esperado que 80% das contribuições energéticas serão feitas em voltagens menores, mais próximas dos locais de consumo.

parcelas da população, a não ser que haja intervenções políticas para socializar os custos marginais.

Com a fragmentação da produção de energia, na qual aqueles que geram o recurso também são consumidores, um problema terá que ser enfrentado: a perda de lucros fiscais e rendimentos das empresas geradoras. Essas empresas possuem níveis significativos de custos fixos, mais relativos à rede e às equipes do que à obtenção de fontes de energia; e com menores índices de consumo e custos incompressíveis, elas terão que aumentar a eficiência e elevar os preços. Assim, um efeito cascata pode ser criado: os altos preços favorecem a geração distribuída, que reduz a receita, requerendo preços mais altos e aumentando o apelo da geração fragmentada, levando mais pessoas a se desligarem da rede principal, e assim sucessivamente.

Em todo caso, nós temos que admitir que as energias solar e eólica são fontes intermitentes que podem não estar disponíveis quando for preciso. Por essa razão, o ponto mais crítico nesse modelo de desenvolvimento é a capacidade de armazenar a energia limpa para usá-la quando a produção não for possível. O grande desafio será alinhar a disponibilidade de energia com a demanda. A geração poderia ser feita durante o dia e usada à noite, por exemplo, ou nós poderíamos adaptar o consumo. A mudança no consumo poderia ocorrer tanto pela economia de energia, com um uso mais responsável, quanto por aparelhos inteligentes que possam se comunicar e cooperar para reduzir a demanda da rede elétrica.

As companhias estarão preparadas para controlar o consumo e orientar os consumidores, também a partir dos dispositivos, para um consumo mais racional. Por outro lado, um problema de privacidade energética virá à tona, pois análises de consumo extremamente detalhadas vão revelar quais dispositivos são usados por pessoas e empresas, assim como seus hábitos e níveis de atividade.

O armazenamento é outro desafio importante a ser superado — e não se trata meramente de uma questão de baterias. Para solucionar o problema, há propostas para a construção de grandes máquinas do tamanho de um campo de futebol, que seriam elevadas (consumindo energia) quando houvesse uma produção abundante e reduzidas (gerando energia novamente) quando necessário. Hoje, nós bombeamos água para reservatórios em grandes alturas quando há um excesso de energia, e esse excedente é gerado sempre que necessário por meio de usinas hidrelétricas. Enquanto isso, muitos grupos de pesquisa estão trabalhando no armazenamento por meio de ar comprimido e outros meios inovadores. Em todos os casos, os fatores-chave são a acumulação e a liberação eficientes da energia. Os primeiros efeitos desses estudos serão vistos no mercado, com as empresas apostando em novas tecnologias para tentar sair na frente na corrida energética.

A conhecida fabricante de carros elétricos Tesla, fundada pelo empreendedor visionário Elon Musk (co-fundador do PayPal), está apostando nas baterias de íons de lítio. O fundador está promovendo uma bateria para uso doméstico que oferece sete quilowatts de energia por dez anos, armazenando eletricidade durante o dia e liberando durante a noite. Atualmente, essa bateria é vendida por três mil dólares, o que corresponde a um custo de doze centavos por quilowatt-hora. Ainda é caro demais para justificar o desligamento da rede elétrica, mas podemos considerá-la o primeiro passo de uma tendência que poderá se concretizar na próxima década.

3.19. O futuro do dinheiro

Seria mais preciso escrever sobre o "futuro das unidades de conta", que representa apenas uma das funções do dinheiro, e justamente a primeira a ser revolucionada. No auge da crise financeira da Grécia, temia-se a introdução de uma moeda complementar ao euro, baseada em tecnologias digitais e totalmente imaterial. O poder computacional e as facilidades de armazenamento sem custo, distribuídos em smartphones sempre conectados, fizeram dessa hipótese uma viabilidade real. No entanto, social e culturalmente, era difícil aceitá-la — tendo em mente que a Grécia foi o último país da Europa a se digitalizar — e o projeto ficou engavetado nos arquivos do economista Yanis Varoufakis. Teria sido um experimento socioeconômico sem precedentes, e com uma boa dose de riscos.

De qualquer forma, essa tendência — gerada em áreas de interesse mútuo, e não imposta de cima — vai crescer. Moedas alternativas serão desenvolvidas. Algumas surgirão em redes privadas e aos poucos se tornarão universais. Essas redes serão compostas por diversos operadores comerciais, baseados em um acordo de interoperabilidade por meio da troca de "pontos" como forma de moeda. Na verdade, os primeiros sinais desta revolução já são visíveis: em alguns casos, é possível utilizar os pontos acumulados em uma empresa para adquirir produtos e serviços em outra organização. O banco suíço Wir possui um sistema de pontos com milhões de usuários, que podemos considerar um precursor das moedas complementares de larga escala.

As pessoas que vão trocar esses pontos podem estar unidas pela geografia (como é o caso do Sardex, na Sardenha) ou por interesses e profissões em comum. A conversibilidade externa (em moedas oficiais nacionais) será um assunto polêmico e alvo de vigilância. No entanto, ninguém pode impedir o câmbio de um ativo digital, como uma moeda alternativa, para a moeda "tradicional"; logo, particularmente em países sem infraestrutura eficiente para pagamentos eletrônicos, surgirão casas de câmbio fora do esquema de controle e garantias exigido pelos corpos supervisores (bancos centrais) para as agências tradicionais. Será uma espécie de mercado paralelo online para moedas alternativas.

As moedas alternativas possuem semelhanças e diferenças em relação às moedas "normais", principalmente no que concerne a um aspecto que fundamenta todo o mecanismo de câmbio: a gestão da confiabilidade. A confiança nos pontos oferecidos pelo banco Wir é baseada no cartão de fidelidade em que são impressos. No caso de uma moeda totalmente digital, a confiança dependerá da credibilidade do emissor (o responsável pela gestão da base de dados que sustenta a moeda). O sistema de confiabilidade também pode ser distribuído de maneira par-a-par pela rede, como no caso do bitcoin (do qual tratarei com mais detalhe nos anexos). No futuro, nós veremos novos aplicativos com esse mecanismo de confiança distribuída, que é tecnicamente denominado *blockchain*.

Com o dinheiro convencional, gerido por bancos e Estados soberanos, a validade é oferecida por uma superestrutura centralizada; uma base de dados central, regida por normas que se aplicam a todas as partes envolvidas. A informação "eu tenho cem euros na minha conta" não está sob o meu controle, mas é gerenciada por um número limitado de agentes. Neste momento, nosso dinheiro no banco é meramente um dado em um registro centralizado, ao qual não temos acesso direto, uma vez que está em um servidor bancário hipercontrolado. As moedas alternativas também são validadas por superestruturas, mas podem ser geridas e até distribuídas por outros tipos de entidades (alternativas aos bancos e Estados, como no caso do QQcoin chinês, da Tencent, ou dos Linden Dollars, do sistema Second Life).

Assim, a informação pode ser disseminada por todos os nós da rede (todos os usuários que decidem participar da administração da moeda), e sua validade — como no bitcoin — pode ser garantida por um algoritmo baseado em regras matemáticas criptográficas. Nesse caso, estamos falando de criptomoedas. Com uma criptomoeda como o bitcoin, todas as transações são registradas e distribuídas publicamente. No entanto, elas não levam o nome das pessoas envolvidas, mas pseudônimos. Se uma pessoa mantém seu pseudônimo em segredo, ninguém conseguirá rastrear suas transações. Contudo, é provável que os operadores que trocam bitcoins por moedas tradicionais sejam obrigados a identificar os usuários, do mesmo modo que os bancos. Chegando a esse ponto, todo o histórico de transações se tornará acessível. A única forma de evitar isso seria jamais trocar bitcoins por moedas tradicionais, tampouco usá-los para pagar por itens que precisam ser fisicamente enviados, e, portanto, associados à identidade do destinatário.

A configuração específica do software da rede bitcoin possui algumas limitações intrínsecas (o limite na quantidade de moedas emitidas, o prazo para a transação e o controle de quaisquer atualizações técnicas necessárias), então é possível que o bitcoin por si só não se torne um instrumento universal. Mesmo assim, outras aplicações, com limites mais flexíveis, serão eventualmente desenvolvidas usando a mesma tecnologia (*blockchain*).[143]

Presume-se que esses avanços estarão concentrados no hemisfério Sul, de onde meio bilhão de novos internautas surgirá, graças

■

143 Um dos exemplos mais interessantes é um sistema de arquivamento criptografado distribuído em nuvem chamado Joystream, que permite a distribuição de conteúdo em tempo real e utiliza uma rede de nós voluntários para acelerar as transferências. Cada nó é pago com base nas contribuições dos usuários à rede, em termos de armazenamento, computação e transmissão de recursos. Essas empresas podem não alcançar o sucesso, e, na realidade, os pioneiros raramente são bem-sucedidos. Mas o próprio Google só chegou onde está graças a empresas como a Lycos, a WebCrawler e outras que abriram caminho no mercado.

à difusão dos smartphones. Se considerarmos um sistema como o do hemisfério Norte, com infraestruturas de pagamento avançadas, baixo custo de transações se comparado ao valor dos produtos, instrumentos de pagamento amplamente acessíveis e sistemas institucionais sólidos, não sobra muito espaço no mercado para esse tipo de moeda alternativa baseada na confiança coletiva.

Em muitos países do mundo, entretanto, os bancos centrais não oferecem garantias de solidez, a renda *per capita* é muito menor e não há infraestruturas gerais de pagamento. Estas condições são mais favoráveis ao desenvolvimento e à disseminação das moedas alternativas (inclusive para transações com pessoas de países desenvolvidos).

3.20. O seu futuro

Os futuros descritos até então são cenários nos quais estive pessoalmente envolvido no passado, ou que abordei por razões profissionais. Seguramente, essas previsões não dão conta de todas as áreas revolucionadas pela desmaterialização progressiva, trazida à tona pelo desenvolvimento das tecnologias digitais, que, por sua vez, são aceleradas pela física.

Não abordei, por exemplo, a possível descentralização da indústria por meio da programação de máquinas fora dos centros de produção. As grandes marcas proveriam as informações necessárias e as máquinas poderiam ser ativadas por empreendedores de pequena escala por todo o país. Tampouco escrevi algo sobre o novo artesanato e a produção de itens de alta qualidade (inteligentes ou não) em pequenas quantidades, ou sobre a realidade aumentada,[144] que terá um papel importante no treinamento, na manutenção, entre outras áreas.

A desmaterialização e o avanço da dimensão imaterial nas áreas tradicionalmente materiais afetam todos os segmentos. Decerto, está afetando sua área, e você pode falar sobre isso com muito mais propriedade do que eu.

---

144 O aprimoramento da dimensão física com camadas imateriais sobrepostas, que permitem ao usuário adquirir informações ou interagir.

4 Propostas

Se você chegou até aqui, deve ter compreendido com mais clareza por que a vasta expansão da dimensão imaterial está atingindo um ponto crítico para a sociedade e a economia, em um ritmo cada vez mais acelerado. A internet é o lar da dimensão imaterial do mundo, que por sua vez é — e será cada vez mais — a principal interface do usuário para as relações sociais e econômicas em todo o planeta.

Isso é algo que preocupa todos nós. Não podemos banalizar ou ignorar esse motor de grandes transformações na sociedade e na economia rotulando-o como algo esotérico, futurístico, ligado às ditas "novas tecnologias", e ao mesmo tempo fugir à responsabilidade de lidar com essas mudanças, delegando essa tarefa a terceiros. Cada um de nós deve se preocupar com os efeitos da tecnologia na formatação das empresas e da sociedade, porque, se não o fizermos, a própria tecnologia assumirá o controle.

Tenho me empenhado em espalhar ideias úteis para o mundo do trabalho, abordando desde a necessidade de treinamentos contínuos até a reengenharia de relações com clientes, fornecedores e colaboradores. É preciso enriquecer os bens materiais com a dimensão imaterial, ajustar a porosidade dos limites das empresas, explorar a concentração do mundo, coletar e analisar dados, aproveitar a oportunidade de adquirir novos talentos e novas competências por meio da inovação aberta.

Além disso, tenho insistido repetidamente na dificuldade das leis vigentes em lidar com o novo fenômeno imaterial e exponencial. Então, quais regras são necessárias em um mundo onde a relação de importância entre as dimensões material e imaterial está mudando? E quem deveria promovê-las?

4.1. Instituições para o futuro

Se formos capazes de agarrar as oportunidades globais oferecidas pela imaterialidade, seus efeitos negativos serão minimizados no mundo "consolidado", e a transição será bem menos traumática. Esse futuro depende das escolhas que fizermos enquanto nações. A revolução digital vai impregnar rapidamente todos os setores da sociedade, uma vez que não se trata de um segmento vertical, como a saúde, a agricultura e o turismo, mas sim de uma área de *expertise* abrangente. Logo, nós precisamos descobrir que tipos de instituições são necessários em um país moderno para desempenhar um papel decisivo na revolução, ao invés de se limitar a uma colônia que apenas consome tecnologia, produtos e serviços vendidos pelos outros.

Meus amigos da Universidade da Singularidade — um instituto da Califórnia especializado em desenvolvimento exponencial que se baseia nas teorias da singularidade de Kurzweil, descrita na seção 1.9. — preveem um futuro *hipertecnocrático* em que os computadores serão equipados com inteligência artificial transumana, alimentados pelo *Big Data* de amplas redes de sensores e ferramentas de aquisição, tomando assim as melhores decisões em tempo real. Para amantes da democracia, como eu, isso parece um futuro distópico — embora eu reconheça que, em termos de eficiência decisória, um sistema democrático, com suas mediações e longos períodos de deliberação (causados por processos complexos de inclusão), está em desvantagem em relação a sistemas com controle mais centralizado quando o assunto é competitividade econômica.[145]

Nada novo sob o sol, mas a tecnologia torna esse contraste mais

■

145 As funções que a democracia e o mercado tendem a maximizar são diferentes. A primeira mira na participação inclusiva, enquanto o segundo prioriza a eficiência econômica.

evidente se considerarmos a distinção entre a vontade e o desejo passageiro, ou seja, entre a superfície e as profundezas da vontade humana. O mercado (com exceção dos bens duráveis) tende a refletir os desejos superficiais; a decisão política deve refletir intenções mais profundas, que são constituídas após intensa deliberação. É por isso que a decisão política impõe limites às iniciativas que são bem-sucedidas no mercado. A vontade humana está enraizada no sistema de valores da sociedade e quase sempre contrasta com os desejos imediatos; por essa razão, é mais difícil observá-la com as ferramentas tecnológicas.

É possível que um processo rumo à singularidade ocorra sem intervenções do mercado e da política? No trecho sobre o futuro dos carros, expliquei minha perspectiva a respeito da evolução que imagino, na qual o desenvolvimento tecnológico se reconcilia com um contexto social e jurídico complexo, graças aos dispositivos que impulsionam o potencial de pilotagem — mas deixam o papel principal para o motorista. De modo semelhante, consigo visualizar um sistema institucional incorporando diversas contribuições tecnológicas e permanecendo democrático. A tecnologia lançaria luz ao cenário eleitoral, ajudando a esclarecer as opções de voto, reduzindo o espaço para demagogia e ajudando a definir possíveis relações entre meios e fins, sem tirar a liberdade de decisão dos eleitores.

Numa perspectiva em curto prazo, no entanto, sem chegar aos extremos tecnológicos descritos, penso que seria oportuno começar a lidar com as relações políticas entre tecnologia, economia e sociedade de uma maneira estruturada. Por isso, quando converso com políticos, insisto para que não usem o termo "novas tecnologias": a palavra "novas" relega o tema ao segundo plano, como se não demandasse atenção imediata e pudesse ser resolvido por outras pessoas, ou ainda como se não afetasse nosso presente. Infelizmente, a imaterialidade não tem sido vista como algo que atinge a todos nós e que deve ser abordada agora.

Em 2010, coloquei essa mesma questão para um grupo de especialistas na Alemanha, e eles sugeriram a criação de uma comissão parlamentar para a internet e sociedade digital (que realmente foi implementada). Na Itália, a Câmara dos Deputados formou uma comissão de pesquisa para estudar os direitos e deveres relativos à internet, composta de representantes de todos os grupos parlamentares, com apoio de especialistas da área, sob influência da experiência brasileira de criação do Marco Civil da internet (Lei 12.965, de 2014). A comissão esboçou uma Declaração dos Direitos da Internet que poderia servir como ponto de referência para outras comissões parlamentares.

Uma comissão parlamentar funciona graças à contribuição de diversos consultores e especialistas, que podem auxiliar os parlamentares na análise e na proposta de leis, e ainda garantir a conformidade com a Constituição, outras legislações, tratados internacionais etc. Se um assunto é remanescente do trabalho dos consultores da comissão ou envolve uma *expertise* que não lhes é exigida normalmente, isso contribui para seu conhecimento sobre o tema, além de qualificar as tramitações parlamentares. Por essa razão, considerando que o poder digital está mudando a própria base da sociedade e da economia, seria apropriado ter parlamentares especialistas e agentes públicos encarregados desse assunto.

Isso já é realidade em diversos países, onde um ministro da cultura digital ou economia digital oferece todo suporte e coordenação aos ministérios "verticais", quando estes precisam lidar com questões dessa área. Em alguns casos, são ministros com pastas, que administram a execução de obras como a construção de infraestruturas materiais e imateriais. Em outros casos, eles são responsáveis apenas por funções de coordenação, sem pastas.

Por ter me envolvido no sistema legislativo e trabalhado com instâncias governamentais, estou convencido de que a estrutura ideal, também para o futuro, será uma comissão parlamentar oficial, com equipe especializada e um ministro encarregado da coordenação. Esse futuro pode ou não se realizar. Torço para que sim.

4.2. Políticas para a dimensão imaterial

Nós devemos começar observando que nem sempre houve regras para favorecer a concorrência entre as operadoras de telecomunicações. Logo, as autoridades legislativas passaram a aplicá-las somente a partir de dado momento. As regras da dimensão material têm evoluído por milhares de anos, desde que os seres humanos se tornaram sedentários com a invenção da agricultura. Na dimensão imaterial, a conexão permanente à internet começou em 2001, e os provedores de serviços online se beneficiaram de uma isenção de responsabilidade especial para intermediários, em uma abordagem regulatória "suave", como mencionei no capítulo sobre economia do compartilhamento.

Dada a mudança de equilíbrio na importância entre as dimensões material e imaterial em nossas vidas, e o domínio da internet em nossas relações sociais, é hora de trazer alguns questionamentos fundamentais à tona, tais como:

- Se uma rede social de uso generalizado é um dos principais meios de interação para os jovens, a decisão de excluir alguém da plataforma pode ser deixada para julgamento único e exclusivo da empresa privada responsável?;
- Se uma ferramenta imaterial monopolista ou oligopolista é a principal forma de aquisição de clientes para um operador econômico da dimensão material, a exclusão ou penalização dos usuários pode ser decidida somente por essa empresa? Esse juízo seria particularmente questionável se, além da interface imaterial do usuário, a empresa fosse capaz de influenciar consumidores e obter vantagens com uma atividade material competitiva.

Na cultura europeia, certamente seria preferível resguardar as partes em posição vulnerável em relação ao provedor de serviços, oferecendo as garantias devidas por lei. No entanto, nos Estados Unidos, onde impera uma cultura mais libertária[146] e com menos garantias sociais, Nova York decidiu pela ilegalidade do Lyft. Esse serviço, semelhante ao Uber, permite o compartilhamento de caronas entre motoristas que não possuem licença para transporte coletivo. A cidade já havia multado o Airbnb, considerando que o aluguel de apartamentos privados sem licença imobiliária prejudicava a receita fiscal.

Quem é responsável por inspecionar e garantir condições de higiene e segurança, por exemplo, ou acessibilidade a pessoas com deficiência nesses novos serviços com intermediação imaterial (que permitem a criação de ofertas épicas que jamais seriam possíveis na dimensão material)? Cabe a nós decidir se é socialmente aceitável abolir essas superestruturas de controle e segurança que foram criadas nas últimas décadas e garantidas pelo público. Nós podemos até mesmo optar por transferir essas responsabilidades aos próprios intermediários.

O ponto que faço questão de destacar é que, na dimensão imaterial, que é muito desregulada, extremamente rápida e caracterizada por lucros crescentes, foram criadas posições de domínio nos serviços de intermediação, apontando para o surgimento de monopólios e oligopólios globais em poucos anos. Tudo isso está acontecendo sem as garantias e as restrições previamente requeridas para os intermediártios da dimensão material.

A evolução do papel dos fabricantes de dispositivos também deve ser considerada nesse cenário. A tecnologia da informação muitas vezes é associada a um mundo em que os programadores

■

146 Nos EUA, o termo "libertário" representa os liberais que defendem o livre mercado, direitos individuais e propriedade privada, ao contrário da apropriação do termo por movimentos anarquistas e comunistas em outras partes do mundo. [N.T.]

podem criar os programas que quiserem, do jeito que preferirem, além de distribuí-los em canais de sua escolha e concedê-los a quem desejarem, sob as condições econômicas mais convenientes. O mesmo se aplica ao setor de serviços. Da mesma forma, nós imaginamos softwares que podem ser adquiridos em qualquer canal, de qualquer fornecedor e sob condições econômicas determinadas pelas empresas, e que nós podemos instalar (ou desinstalar) em qualquer computador.

Assim como no caso da internet, essa também é uma visão romantizada. Embora ainda seja realidade para computadores convencionais, não se aplica mais a diversos dispositivos que as pessoas utilizam para se conectar à rede. A liberdade de escolha e instalação de que a tecnologia da informação desfrutou no passado chegou ao fim com o lançamento do iPhone, que limitou a instalação de softwares aos aplicativos disponíveis na Apple App Store. De modo similar, com o advento do Windows 10, as condições de uso dos serviços da Microsoft concederam à empresa amplos direitos em termos de instalação e remoção de softwares de computadores.[147]

O catálogo de softwares disponíveis para o iOS (o sistema operacional do iPhone e do iPad, da Apple) é vasto, mas os aplicativos que não correspondem a seus padrões não são aceitos. A Apple

■

147 Eis um parágrafo retirado dos termos e condições dos Serviços Microsoft: "7b. Ás vezes, você vai precisar de atualizações para continuar usando os Serviços. Nós podemos verificar automaticamente sua versão do software e baixar as atualizações e mudanças de configuração, incluindo aquelas que o impedem de acessar os Serviços, instalar jogos falsificados ou usar dispositivos periféricos não autorizados. Também podemos solicitar que você atualize o software para continuar utilizando os Serviços". Ver "Microsoft Services Agreement" [Acordo de serviços da Micresoft], em *Microsoft,* 1º mar. 2018. Disponível em <https://www.microsoft.com/en-us/servicesagreement/>.

controla todos os aplicativos instalados e censura seu conteúdo, limitando os preços de venda a valores predeterminados, além de cobrar 30% de comissão. E, como a distribuição é totalmente imaterial, a empresa lucra ainda mais operando em países com benefícios fiscais. Esse problema não pode ser contornado com a instalação de uma loja alternativa, porque ela teria de ser baixada via Apple App Store, e obviamente a Apple proíbe qualquer aplicativo desse tipo em sua loja oficial. Também não é possível instalar uma loja alternativa de nenhum outro modo, porque a plataforma iOS só permite instalações por meio da Apple App Store. Para instalar qualquer software alternativo, é preciso remover a proteção técnica do dispositivo por meio de um processo extremamente complexo chamado *jailbreaking* (que nem sempre funciona, como no caso da AppleTV). Esse procedimento é expressamente proibido no contrato de licença de uso do sistema operacional iOS.

Alguns tribunais já condenaram usuários por violação de direitos de propriedade intelectual por terem executado *o jailbreaking* em seus dispositivos, para desbloquear a instalação de outros softwares. As leis de proteção à propriedade intelectual, como o *copyright*, são usadas para garantir a inviolabilidade do sistema. Assim, ao limitar a liberdade comum dos usuários, elas atacam a competição em um ponto crucial (as lojas de aplicativos), e reduzem a quantidade de conteúdo e programas disponíveis. Você quer acessar determinado conteúdo ou serviço em seu iPhone ou iPad? Primeiro, ele tem que ser vendido para a Apple.

Os usuários têm sido privados do direito básico de instalar o software que desejam. No entanto, em um curtíssimo período de tempo, esse mesmo direito foi usado para consolidar novos oligopólios digitais na dimensão imaterial, que nesse meio tempo se tornaram a principal interface do usuário para interações econômicas e sociais no mundo material. Os fabricantes de hardware, em sua posição de facilitadores, têm se beneficiado da falta de leis em favor da competição e da proteção do usuário, tornando-se rapidamente os intermediários que controlam toda a experiência online.

O debate sobre a neutralidade da internet também emergiu nesse contexto. Uma vez que a informação é canalizada pelas redes das operadoras de comunicação, a permissão para interferir nesses fluxos pode dar a elas o controle da experiência do usuário. Em outras palavras, elas podem tornar um site menos acessível que outros, ou fazer com que um aplicativo rode com extrema lentidão. Este é apenas um exemplo dos inúmeros níveis de interferência possíveis, que podem afetar dramaticamente o comportamento do usuário.

Esses tópicos podem parecer obscuros, mas são muito simples: nós usamos o ar para nos comunicar e o espaço para nos mover. Se um deus todo-poderoso decidisse usar o ar para distorcer a voz de José enquanto ele fala com João, ou impedir que José chegasse a uma reunião (política, por exemplo) por meio de uma série de desastres naturais, alguns direitos fundamentais (e liberdades econômicas, no caso de transações) seriam violados pela vontade divina. No entanto, o ar e o espaço ao redor de José, assim como seus interesses, continuam iguais para todos, e, portanto, fornecem uma base não discriminatória para o exercício dos direitos individuais e econômicos.

Na dimensão imaterial, a questão é totalmente diferente: entre José e João, ou entre José e sua reunião, há intermediários que também possuem poderes divinos neste contexto, capazes de afetar os fluxos da comunicação eletrônica. No nível mais baixo estão as operadoras de telecomunicações, seguidas pelos fabricantes de dispositivos com seus respectivos sistemas operacionais, e então os fornecedores de serviços e aplicativos, incluindo aqueles que nos permitem localizar outros serviços (como um equivalente online das listas telefônicas, sem as quais não conseguimos encontrar os números de que precisamos).

Cada um desses intermediários pode afetar a comunicação alterando o comportamento normal do usuário e facilitando a propagação de certas ideias em detrimento de outras, ou o uso de um serviço ao invés de outros. Aqueles que controlam os inúmeros elementos do canal de comunicação entre o usuário e o serviço/a informação devem adotar condutas não discriminatórias que não permitam qualquer interferência, como a metáfora de um deus todo-poderoso em relação ao ar e ao espaço. Pela primeira vez na história humana, nós somos capazes de exercer a discriminação em larga escala, em cada mínima comunicação feita por indivíduos em suas interações sociais e econômicas na internet. Essa discriminação é alimentada pelos dados do usuário, que são coletados graças à dimensão imaterial permanentemente conectada e sem custos de processamento, armazenamento e transferência.

Embora a distinção em tamanhas proporções, e ao mesmo tempo individual, seja inédita, a relevância dos intermediários na economia não é novidade: no século XVII, meio quilo de pimenta podia ser comprado por uma libra esterlina em Jacarta e vendido em Londres por cem libras. Como os custos de transporte eram pagos, o lucro ia para aqueles que controlavam os mares. Foi então que um grande filósofo e jurista, Hugo Grócio, escreveu o famoso livro *Mare Liberum*, reivindicando que todas as nações eram livres para usar os oceanos em suas trocas comerciais. Em 1636, John Selden escreveu outro livro em resposta, *Mare Clausum*, contendo uma justificativa detalhada sobre os direitos da Grã-Bretanha de governar as ondas — o país dominava os mares, logo ditava as leis marítimas.

Como podemos ver, a situação hoje é parecida. Uma grande proporção do comércio mundial é intermediada na dimensão imaterial; tudo é direcionado através das redes, e aqueles que controlam o acesso imaterial tornaram-se os novos guardiões da dimensão material. Ou seja, são eles que decidem quais serviços e aplicativos favorecer, penalizar ou restringir. O debate atual e importantíssimo sobre a perda de receitas fiscais pelo Estado, devido às multinacionais digitais que entregam bens imateriais e serviços ao mercado de um país a partir de suas sedes estrangeiras, é apenas o epifenômeno de uma transformação muito mais radical em curso, com poderes inigualáveis de interferência na informação, nas relações sociais e na economia.

O prejuízo nos recursos tributários é como um dedo apontando para um problema maior. A verdadeira ameaça para a qual ele aponta é a substituição de intermediários locais operando na dimensão material por intermediários multinacionais, que operam na dimensão imaterial e impõem suas próprias condições. O efeito externo de permitir guardiões na dimensão imaterial é a perda de controle de uma grande parte da dimensão material, com o rombo nos impostos sendo apenas um de seus aspectos, e não o ponto principal.

Em todas as situações descritas acima há instrumentos legais de intervenção, como as leis antitruste. No entanto, o cumprimento dessas disposições leva muitos anos, como já sublinhei repetidamente, enquanto as propriedades imateriais criam essas posições dominantes em um curtíssimo período, tornando impossível para a legislação alcançá-las com os devidos processos. Uma exceção notável pela sua prontidão foi a providência corajosa do então Comissário de Competição da União Europeia, Mario Monti, que em 2004 ordenou que a Microsoft hospedasse softwares alternativos; ele julgou que a provisão de softwares pré-carregados em todas as cópias do Windows afetariam negativamente o mercado de aplicativos.[148] Nesse caso, o efeito prejudicial estava limitado à economia da dimensão imaterial.

■

148 "Commission concludes on Microsoft investigation, imposes conduct remedies and a fine" [Comissão conclui investigação sobre Microsoft, impõe medidas de reparação e uma multa], em European Commission, 24 mar. 2004. Disponível em <http://europa.eu/rapid/press-release_IP-04-382_en.htm>.

É evidente que já avançamos muito além dessas circunstâncias, para consequências mais profundas que não envolvem apenas a economia imaterial, mas também a material. Agora, com a conexão permanente à internet, a dimensão imaterial é oficialmente a interface do usuário para a dimensão material. Acredito que a redução da presença dos guardiões e a ampliação do mercado são iniciativas socialmente desejáveis, e que determinar medidas *ex ante* para os direitos dos consumidores e operadores econômicos é necessário. As medidas *ex post* não são de grande utilidade, porque é mais difícil fazer algo a respeito quando o leite já está derramado.

Alguns podem insistir que é tarde demais, que não tem mais volta e que nada pode ser feito sobre esse assunto. No entanto, a história está repleta de exemplos de intervenções que conseguiram afetar grandes interesses, mesmo já consolidados legalmente. Além do caso já mencionado contra a poderosa Microsoft, há ainda o caso da gigante AT&T, que decidiu se dividir em várias empresas menores devido à iminência de um processo antitruste. Vale lembrar que a razão para tal medida não era alguma conduta abusiva da empresa, mas meramente o fato de que seu tamanho excessivo não era socialmente aceitável.

Antes disso, houve o episódio da Columbia Steel, em 1948, quando o aço era a matéria-prima base para o crescimento de todos os setores econômicos. A justiça dos Estados Unidos decidiu a questão com as seguintes palavras:

Enfrentamos aqui o problema da grandeza excessiva. A essa altura, sua lição deve estar gravada em nossas memórias, nas palavras de Brandeis. A maldição da grandeza mostra como o tamanho pode se tornar uma ameaça industrial e social: um perigo industrial, porque cria desigualdades grosseiras contra os concorrentes (supostos ou existentes); e um perigo social por conta do controle sobre os preços.[149]

A gestão dos preços na indústria do aço exerce influência poderosa em nossa economia, uma vez que o valor do aço determina o preço de outras centenas de produtos.

Nosso nível de preços determina em grande medida se teremos prosperidade ou crise — uma economia de abundância ou escassez. Portanto, o tamanho na indústria do aço deve ser vigiado de perto. Em última análise, o tamanho da empresa é a medida de poder de alguns homens sobre toda a nossa economia. E esse poder pode ser aplicado na velocidade da luz — seja de modo benéfico ou nocivo.

Segundo a filosofia da Lei Sherman,[150] esse poder nem deveria existir, pois toda dominação tende a se transformar em um governo por si só. O poder que controla a economia deveria estar nas mãos de representantes eleitos pelo povo, e não sequestrado por uma oligarquia industrial.

O poder industrial precisa ser descentralizado. Ele deve ser distribuído entre várias mãos, para que o destino das pessoas não dependa de vaidades ou caprichos, preconceitos políticos e estabilidade emocional de alguns poucos homens autoproclamados.

O fato de não serem homens cruéis, mas respeitáveis e socialmente conscientes, não quer dizer nada.

Assim determinam a filosofia e a ordem da Lei Sherman. A norma foi baseada em uma teoria hostil à concentração de poder em mãos privadas, especialmente um poder tão imenso que somente o governo do povo poderia ter.

■

149 Louis Brandeis (1856-1941) foi um advogado norte-americano que se posicionava contra as grandes corporações, o monopólio e o consumo em massa. [N.T.]

150 A Lei Sherman (Sherman Act, em inglês) foi uma legislação antitruste de regulação comercial formulada pelo senador John Sherman e aprovada nos Estados Unidos em 1890. [N.E.]

Antes mesmo de um assunto jurídico, esta é uma questão política: a Lei da Concorrência foi inventada justamente como instrumento legal para intervir em nível econômico nos poderes considerados politicamente excessivos. No setor de telecomunicações, nem sempre houve regulações pró-competitividade. Em dado momento, as autoridades legislativas decidiram implementá-las. A partir desse ponto, os legisladores podiam decidir pela abertura de certas áreas de concorrência, por meio da introdução de normas similares àquelas já conhecidas na área de telecomunicações, ao menos para operadores com poder significativo no mercado.

A certa altura da história, como já dissemos na seção 3.4., as autoridades decidiram que o serviço telefônico devia ser aberto à competição, e estabeleceram um princípio radicalmente inovador: o número de telefone não seria mais associado unicamente à operadora de origem, mas seria de propriedade do usuário, autorizado a transferi-lo para outra operadora.

Em termos técnicos, é exatamente o que vai acontecer com os perfis pessoais online, hoje indissociáveis de aplicativos, sistemas e redes sociais. Graças à tecnologia, será possível separar os perfis dos aplicativos; e as novas políticas vão permitir que cada usuário mova seus dados para outro provedor de sua escolha, ou gerencie-os por contra própria, estabelecendo assim o direito pessoal à autodeterminação da identidade. Desse modo, para vencer o aprisionamento tecnológico, as leis obrigarão os intermediários a garantir a interconexão e a interoperabilidade com os operadores que agregam usuários, nos canais de oferta e demanda, abrindo espaço para uma nova concorrência.[151]

Esta não seria uma medida punitiva, mas uma abertura de

---

151 Imagine, por exemplo, um serviço monopolista de intermediação de babás, chamado BabysitMarket. Com as regulações atuais, uma vez que um amplo público fosse atingido, o serviço

oportunidades para novos competidores, que consequentemente estimulariam a competitividade *dentro* do mercado e não apenas *para o* mercado, como ocorre hoje. O resultado seria um impacto positivo na distribuição de investimentos e capital de risco. Com o tempo, os serviços tenderiam a se parecer menos com silos de informação — como os conhecemos hoje, em sua integração monolítica entre a gestão e a aplicativos do usuário — e mais com plataformas interoperáveis e, por conseguinte, mais bem distribuídas.

Acredito que, em nível europeu — dado o tamanho de seu mercado consumidor —, os legisladores devem decidir se aceitam o *status quo* ou se devem intervir, já considerando as perspectivas futuras. Eles poderiam, por exemplo, introduzir *ex ante* as leis pró-competitivas, como fizeram na indústria de comunicações. A jurisdição das autoridades de comunicação também poderia ser estendida para abranger os serviços de informação em setores definidos do mercado, em cooperação com os oficiais antitruste.

■

teria uma grande vantagem no mercado: as novas babás optariam por se promover no BabysitMarket, porque seria o serviço mais especializado possível. Além disso, todos em busca de uma babá passariam a utilizar o mesmo serviço, no qual as ofertas estariam concentradas. No entanto, segundo a proposta, uma babá poderia decidir confiar sua identidade a um novo operador especializado em agregar ofertas, chamado BabysitterCooperative. Assim, o BabysitMarket seria obrigado a se interconectar e interoperar com a BabysitterCooperative, para garantir seu retorno financeiro. Do mesmo modo, outros serviços nesse sentido poderiam ser criados, como por exemplo, a Associação das Babás e a Sociedade das Babás. Em médio prazo, um novo *player* que quisesse desafiar o BabysitMarket (podemos chamá-lo de Babysitter4all) se beneficiaria da presença de agregadores de oferta, e não ficaria em desvantagem em relação ao operador monopolista, podendo, com apenas alguns contratos, iniciar uma base de ofertas consistente e concorrer no mercado — além de ameaçar o líder de mercado com inovações em serviços.

Esta questão não é somente da economia imaterial, mas também da dimensão material e da liberdade de informação — vigiada pelo guardião da imaterialidade.

Anexos

I. Das moedas complementares às criptomoedas

A moeda é uma ferramenta com três principais funções: unidade de conta, reserva de valor e meio de pagamento. Em outras palavras, ela serve para medir o valor dos bens, como um instrumento de troca para transferir o valor de uma pessoa a outra, e também para preservar esse valor inerente (e, portanto, o poder de compra) ao longo do tempo.

Foi ensinado a todos nós que os povos antigos usavam certas conchas como moeda, devido à sua escassez. Pelo mesmo motivo, na Alemanha pós-Segunda Guerra,[152] os cigarros foram elevados ao status de moeda complementar à oficial, do mesmo modo que os cigarros Kent foram usados na Romênia até a década de 1980.[153] Na Ilha de Yap, na Micronésia, pedras especiais com buracos no centro são usadas como moeda junto ao dólar. Algumas dessas "moedas" possuem mais de dois metros de altura e pesam toneladas. Por essa razão, elas não são trocadas de mão em mão, mas transferidas entre proprietários na frente de testemunhas. A con-

---

152 SENN, Peter R. "A moeda em cigarros", em *The Journal of Finance*, v. 6, n. 3, 1951. Disponível em <https://onlinelibrary.wiley.com/doi/abs/10.1111/j.1540-6261.1951.tb04473.x>.
153 "In Romania, Kents as currency" [Na Romênia, cigarros Kent são moeda], em *The Washington Post*, 29 ago. 1987. Disponível em <https://www.washingtonpost.com/archive/lifestyle/1987/08/29/in-romania-kents-as-currency/af55be66-f57c--4aeb-9d13-22bdbaa75947/?utm_term=.56a1717812b6>. [N.E.]

fiança pública, compartilhada pelos habitantes da ilha, garante a propriedade da moeda.[154]

Mais próximo às nossas latitudes, as moedas do passado eram feitas de metais preciosos, e o vínculo ao valor desses materiais, em particular do ouro, foi preservado até o último século. O valor intrínseco do ouro se devia à escassez do elemento na natureza, à dificuldade de extração, à facilidade de conservação e ao grande número de aplicações práticas do metal. Por todas essas razões, o ouro sempre foi muito cobiçado — e, portanto, uma reserva de valor perfeita. Logo, o dinheiro (notas e moedas) emitido pelo banco central era garantido pelas reservas de ouro, e carregava as palavras "pagável ao portador sob demanda". Isso significa, teoricamente, que o portador poderia se dirigir com suas liras ao Banco da Itália, por exemplo, e receber o valor equivalente à cédula em ouro.

Em 1944, em Bretton Woods, Estados Unidos, os representantes de 44 nações aliadas acordaram uma série de normas para a administração monetária, estabelecendo uma taxa de câmbio fixa entre as moedas dos vários países, vinculadas e estabilizadas pelo dólar, que por sua vez era atrelado ao ouro. O sistema foi então abalado pelos altos gastos militares dos Estados Unidos: eles estavam imprimindo dólares demais e havia um risco de que as solicitações de conversão em ouro não pudessem ser atendidas, devido às reservas em declínio. Eis que, em 1971, o presidente Richard Nixon anunciou o fim da conversibilidade do dólar em ouro. Em dezembro, um tratado foi assinado para por fim ao acordo de Bretton Woods: o dólar foi desvalorizado e as taxas de câmbio começaram a flutuar com base

■

154 "The tiny island with human-sized money" [A pequena ilha com dinheiro do tamanho de pessoas], em *BBC*, 3 mai. 2018. Disponível em <http://www.bbc.com/travel/story/20180502-the-tiny-island-with-human-sized-money>. [N.E.]

na confiança que os operadores do mercado possuíam no cenário econômico de cada país.

Assim, uma das funções iniciais do dinheiro fora eliminada, e as moedas se tornaram correntes ou fiáveis, ou seja, sem vínculos com um valor de base intrínseco. Sua validade enquanto unidade de conta e meio de pagamento passou a ser garantida por lei, com a confiança dos cidadãos na vigência do valor. No entanto, nada impede que grupos de pessoas, grandes ou pequenos, acordem entre si pelo uso de uma unidade de conta diferente, reconhecendo sua validade como instrumento de pagamento dentro do grupo. Nesse caso, o valor não será garantido diretamente por lei, mas pela relação de confiança entre as pessoas, possivelmente oficializada em contratos que devem ser cumpridos perante a justiça. Na verdade, há diversas redes de negócios privadas e exclusivas para membros, nas quais unidades de conta foram definidas e são trocadas entre os participantes.

Uma das redes mais famosas — que mencionamos rapidamente no capítulo 3 — é o banco suíço Wir, fundado em 1934, que estabeleceu um sistema de pagamento sem o uso de dinheiro, baseado em cartas de crédito registradas exclusivamente pelo banco. O objetivo era complementar a moeda oficial suíça com um sistema de crédito intercambiável, para combater a insuficiência de crédito na época. Hoje, 45 mil micro e pequenas empresas fazem parte da rede. A unidade de conta se chama WIR ("nós" em alemão), e o símbolo monetário é CHW, que serve apenas para indicar a quantia de certo produto ou serviço que é pagável em WIR, e não o câmbio com outras moedas, que é proibido pelas regras oficiais da rede.

O benefício para os membros da rede está no comércio associado trazido pelos outros participantes, que preferem o sistema porque grande parte de (ou todos os) seus pagamentos podem ser feitos em WIR ao invés de francos suíços. Neste ponto, alguns aspectos a respeito das moedas complementares já ficaram evidentes. Em primeiro lugar, a desmaterialização permite uma aceleração no uso dessas moedas, graças aos registros em tempo real. Em segundo lugar, a conversibilidade externa da moeda complementar para a moeda fiável pode ser proibida por estatuto ou lei. No entanto, há sempre a possibilidade de criar um mercado clandestino no eBay ou em um servidor em algum país remoto, que exige um sistema fiscalizador paralelo para punir qualquer violação.

Com as moedas fiáveis, o Estado usa a política monetária para administrar o dinheiro em circulação, que pode ser alinhado ao desempenho da economia para evitar o fenômeno da inflação. Isso é feito por meio da regulação da taxa de juros e da base monetária, ou seja, da quantidade de dinheiro e instrumentos financeiros que podem ser rapidamente convertidos em moeda, ou usados como meios de pagamento.

O dinheiro, com exceção de cédulas e moedas, já foi desmaterializado: a quantia em nossas contas bancárias é dinheiro real, ainda que imaterial, representado por um número em um registro bancário (uma base de dados, para ser mais preciso). Logo, essa informação não é administrada por nós (arquivada por nós, transferida por nós etc.). Para garantir a rivalidade do dinheiro, ou seja, assegurar que, se Maria der cem dólares a José, ela não tenha mais essa quantia, aqueles que administram as transferências têm que operar de acordo com normas rigorosas: para dar a José, tenho que tirar de Maria.

Para fazer com que um bem naturalmente não rival — como a informação — se comporte de modo rival, como é feito com o dinheiro, é preciso contar com uma superestrutura, com a tarefa de garantir o cumprimento das normas e tratar a informação com a devida rivalidade. Essa superestrutura é composta por intermediários financeiros controlados que operam em uma rede fechada, supervisionada pelo banco central, de modo que o dinheiro não possa ser duplicado ou criado do nada.

Em resumo, nós não somos donos do dinheiro imaterial. Outros tomam conta dele para nós, porque, se estivesse em nossas mãos, haveria o risco de criarmos dinheiro a partir do nada — o que levaria a uma perda de confiança generalizada no sistema. A confiança reside em servidores centrais protegidos e controlados. Entretanto, a imaterialidade pode incluir novas regras no jogo, uma vez que tudo pode ser arquivado, o armazenamento é gratuito e as transferências são imediatas.

Assim, um indivíduo anônimo sob o pseudônimo de Satoshi Nakamoto criou um sistema — bitcoin — no qual as transações são registradas em uma base de dados centralizada, mas também copiadas para todos os *ledgers*[155] compartilhados que cada participante possui em seu sistema (se assim o desejar). Desse modo, todos os usuários podem fiscalizar instantaneamente o fato mais importante: que, se uma unidade de conta for transferida de Maria para José, o registro indicará uma a menos para Maria e uma a mais para José. Assim, a confiança é garantida pela absoluta transparência das transações, que são registradas quase como em um mural público.

Gerenciar esses registros é uma tarefa que requer o uso de computadores, que possuem custos e consomem energia; para compensar, o algoritmo concede à pessoa que publica os registros de transações a "criação" de uma nova unidade de conta periodicamente. Esta é a única forma de criar as unidades de bitcoin, uma operação que leva o nome sugestivo de "mineração". Nenhum nó pode participar da rede se não respeitar as regras, pois qualquer violação é imediatamente detectada. Desse modo, a confiança não pertence mais aos servidores centralizados e controlados, mas a um grande número de nós públicos, que devem operar em con-

■

155 Palavra inglesa que significa "livro-razão" em contabilidade, usada para caracterizar registros de transações que apresentam o balanço inicial de ativos, com operações de crédito e débito. No caso do bitcoin, a inovação está nos sistemas de *ledgers* compartilhados (*blockchain*).

formidade com as normas compartilhadas para participar da rede.

Esse mecanismo de *ledgers* compartilhados e distribuídos (ao invés de uma base de dados centralizada) é denominado *blockchain*. Trata-se de uma inovação tecnológica usada para registrar a troca de unidades de conta, assim como contratos ou informações a serem distribuídas, de modo a garantir sua integridade, autenticação e não repudiabilidade, graças ao uso das técnicas criptográficas (daí o apelido "criptomoedas"). Em um mundo que sempre precisou de uma figura centralizada para administrar a confiança, o *blockchain* é uma tecnologia revolucionária.

O bitcoin, por sua vez, é uma unidade de conta usada como instrumento de pagamento entre as partes, que reconhecem sua validade porque decidiram pertencer à rede, negando uma autoridade central, com toda a confiança depositada no algoritmo aplicado (transparente e disponível para inspeção), que registra as transações e as distribui na forma de *blockchain*. Aqui, a manutenção dos registros no *blockchain* é recompensada exclusivamente com a emissão de novas unidades, de acordo com as regras públicas predeterminadas (e não segundo a vontade dos usuários), o que permite total liberdade de registro de transações entre pessoas de qualquer lugar do planeta. Cada um desses usuários é livre para administrar um nó do *ledger* compartilhado.

Os bitcoins podem ser convertidos em moedas fiáveis por meio de um mecanismo com oferta e demanda flutuantes (e, portanto, extremamente voláteis), disponível em sites como o eBay ou endereços especializados que atuam como casas de câmbio, retendo uma comissão a cada transação realizada. A moeda não é garantida por nenhum governo e a ocorrência de uma perda generalizada da confiança no sistema é possível, por razões que, atualmente, ainda não podem ser previstas. A consequência seria o prejuízo dos usuários que trocaram seus euros por bitcoins, que perderiam todo o valor da moeda (o mesmo risco se aplica a quem possui moedas de países politicamente instáveis). Já houve uma perda parcial de confiança no bitcoin entre 2014 e 2015, e hoje seu valor corresponde a um sexto do nível máximo já atingido — em 2013, um bitcoin valia mais de 1,2 mil dólares nos mercados paralelos.

Diferentemente das contas bancárias, os bitcoins são instrumentos gerenciados por pseudônimos, que não requerem a identificação real dos usuários. Assim, a moeda pode ser usada para pagamentos indetectáveis, como no caso das transações em espécie. A diferença é que, como os bitcoins são intangíveis, a transação não requer proximidade, podendo ocorrer entre pessoas desconhecidas de qualquer parte do mundo.

Qualquer um que possua bitcoins pode usá-los como moeda em uma rede de negócios privada para comprar produtos e serviços de comerciantes que os aceitem, online. No entanto, ao contrário do dinheiro, cada transação deixa um rastro, e o histórico de cada bitcoin é rastreável e público, como se deixássemos uma impressão digital nas operações: examinando os registros da moeda, podemos reunir diversas informações sobre o proprietário, e, com a combinação certa de dados, teremos o histórico completo de suas transações financeiras. Por essas razões, pode-se dizer que o bitcoin é mais anônimo que o cartão de crédito, mas menos anônimo do que o dinheiro em espécie.

Quando o pseudônimo Fantômas converte bitcoins em moeda corrente, ele precisa migrar para as redes financeiras tradicionais que exigem a identificação do usuário. No momento em que ele compra um produto que será entregue fisicamente, sua localização e identidade se tornam conhecidas. Nesse caso, Fantômas poderia permanecer no anonimato acumulando unidades de conta sem convertê-las, ou simplesmente comprando serviços imateriais (mas, mesmo assim, há rastros para identificar possíveis criminosos). Portanto, é razoável concluir que a verificação de identidades dos participantes de negócios financeiros imateriais, hoje requerida por convenções internacionais de reconhecimento de consumidores e antilavagem de dinheiro, serão impostas futuramente por autoridades competentes a todos os intermediários dos sistemas baseados em criptomoedas.

Antes de entrar em previsões futurísticas, é bom saber que o bitcoin — a primeira e maior aplicação de *blockchain* — possui limitações intrínsecas: o volume máximo de bitcoins estabelecido pelo algoritmo é de 21 milhões de unidades. Para dar conta das transações de um pequeno sistema econômico, a moeda deve ser divisível em unidades menores, mas até nesse ponto há restrições. Cada registro requer um tempo de processamento definido em dez minutos, e por isso o sistema não serve para pagamentos em tempo real (como aqueles feitos em lojas físicas). Isso pode mudar se a grande maioria de usuários e da comunidade de desenvolvedores modificarem o algoritmo para acelerar a verificação das transações (tecnicamente, isso poderia ser feito com blocos maiores no *blockchain*, contendo mais informações). Aliás, esse é um assunto atualmente em debate na comunidade global de desenvolvedores do bitcoin.

É muito cedo para dizer se o bitcoin será bem-sucedido, ou se haverá uma criptomoeda universal, mas o *blockchain* certamente permitirá que tenhamos sistemas de confiança distribuídos, transparentes e compartilhados como nunca antes na história. Essa tecnologia sempre estará presente como alternativa para a criação de sistemas que requerem a gestão de confiança. Em países desenvolvidos, onde já existem sistemas de pagamento imaterial eficientes, o potencial advento das criptomoedas causaria uma forte reação desses setores. A consequência poderia ser a difusão de pagamentos eletrônicos a custo zero e em tempo real.

Mas é em outras regiões do mundo que as criptomoedas podem revolucionar o sistema. Para a população dos países castigados pela guerra e pelos conflitos políticos, uma moeda compartilhada mundialmente, sem garantia de governos, é mais confiável do que a própria moeda oficial de seus regimes. Outro aspecto a ser considerado é que o próximo 1,5 bilhão de internautas virá dos países do hemisfério Sul, e eles vão usar seus smartphones em locais sem acesso a infraestruturas de pagamento a baixo custo (comparado ao poder de compra local). Assim, é provável que o futuro das criptomoedas seja escrito por esses países.

II. Como a internet é construída e como funciona

a. Uma rede de milhares de redes

Este item examina os aspectos técnicos do funcionamento da internet, até o ponto necessário para explicar porque os sistemas convencionais de aplicação de normas são inviabilizados pelo processamento automático e pela concentração de um mundo que não tem mais custos ou prazos para transmitir informações.

Um bom começo é entender que não há uma única rede, mas múltiplas redes interconectadas. Milhares de redes se mantêm conectadas baseadas em princípios determinados por seus respectivos operadores: se o operador Op1 considerar vantajoso conectar-se ao Op2, ele o fará. Portanto, não há um "design" genérico, mas escolhas que são configuradas localmente e agregadas para produzir a rede global.

A rede logística DHL de bens materiais é baseada na rede viária física, de grandes estradas a pequenas vias. Nós podemos pensar nos segmentos de rede como se fossem ruas no sistema rodoviário. De modo similar, a rede logística de pacotes de dados é baseada em conexões físicas que podem ser feitas com cobre, fibra óptica ou ondas de rádio.

b. Pacotes de dados e rotas

Os dados viajam através da rede divididos em pequenas porções chamadas "pacotes", os quais possuem, cada um, uma sequência numérica. Cada pacote segue seu próprio caminho até o destino, de forma independente. Em cada intersecção (conhecidas na web como roteadores), o pacote é roteado para uma direção, baseada em uma decisão local, até alcançar seu ponto de chegada. A sequência numérica permite que o receptor reconstrua e reagrupe os pacotes, recriando a mensagem originalmente enviada.

c. Endereços

Cada computador conectado a um segmento de rede tem um endereço que o identifica, da mesma forma que cada imóvel tem um endereço de localização. Esses endereços, chamados de endereços IP, são representados por quatro números separados por pontos: w.x.y.z, por exemplo, 194.20.8.1 (cada um dos números pode ir de 0 a 255). Esse protocolo é suficiente para que a internet funcione, de modo semelhante aos números de telefone.

d. Nomes de domínio para a memória humana (DNS)

Todavia, para nós, humanos, o sistema descrito acima é complexo demais para lidarmos com ele cotidianamente. É por isso que nomes possíveis de memorizar foram projetados para corresponder aos endereços numéricos. A correspondência entre os números e nomes é controlada por um sistema semelhante à lista telefônica, conhecido como DNS, sigla para Domain-Name System [Sistema de Nome de Domínio].

Um serviço hipotético de consulta de listas seria organizado de maneira hierárquica: no topo, estariam os registros com listas de cada país; então, em cada país haveria um serviço de informação com os números de todas as pessoas e empresas registradas; por fim, uma central local disponibilizaria os números para cada usuário nos vários segmentos da empresa (e assim por diante, para quaisquer outros níveis dentro de um edifício ou campus).

O sistema de nome de domínio possui uma hierarquia desse tipo, que é lida da direita para a esquerda. Vamos analisar o exemplo "pippo.pluto.it": aqui temos um operador no primeiro nível (chamado IANA), que nos informa que o operador da lista de domínios ".it" é uma empresa chamada nic.it, que possui um endereço numérico específico (e de fato está fisicamente localizada na cidade de Pisa). Quando solicitado, a nic.it nos informa que aquele "bar" é gerenciado pela empresa de mesmo nome e nos fornece seu endereço numérico. O DNS de bar.it, se solicitado, nos levaria ao endereço do computador "foo",[156] por exemplo, 212.22.11.33.

Neste ponto, nossos computadores obteriam a mensagem necessária para se conectar a foo.bar.it, quebrando-a em fragmentos numerados, atribuindo o destino 212.22.11.33 a cada parte e enviando-as através do meio físico (fios de cobre, ondas de rádio ou fibra ótica) até seu ponto de chegada final.

e. Comunicação confiável em infraestruturas suspeitas

Se a rede estiver livre e não congestionada, cada pacote — como um bom motorista — segue pela mesma rota. Em alguns casos, devido a falhas no sistema de rotas ou excesso de tráfego, os pacotes podem seguir por caminhos diferentes, e alguns podem não chegar ao seu destino. Nesse cenário, se o computador receptor estiver esperando por catorze pacotes e o nono pacote não chegar, ele pode pedir ao emissor que o reenvie.

Este é um recurso-chave da internet, projetada para resistir a ataques militares: em caso de ofensiva, os componentes individuais de uma rede podem ser danificados, mas enquanto existir uma rota possível entre a fonte e o destino, os pacotes podem desviar seu curso e chegar intactos ao outro lado.

■

156 "Foo" e "bar" são termos genéricos usados na programação para indicar elementos indeterminados. [N.T.]

f. Endereços estáticos e dinâmicos

Assim como uma pessoa pode ter vários números de telefone e um único número pode ser usado por múltiplas pessoas, a correspondência entre os endereços memoráveis e numéricos não é individualizada.

O sistema de endereços numéricos que usamos atualmente se chama IP Versão 4 (IPv4), e a quantidade de endereços disponível é limitada (cada número do quarteto está entre 0 e 255). Isso significa, é claro, que não há números suficientes para todos os computadores que se conectam à internet. Neste caso, alguns endereços são estáticos e não mudam nunca, como um imóvel construído ao longo de uma estrada.

Outros computadores que não precisam de uma conexão permanente à internet usam os endereços IP dinâmicos, que são atribuídos apenas quando necessário. É como se uma caravana usasse o endereço de seu acampamento atual pelo tempo necessário, e quando voltasse à estrada, deixasse o número do local disponível para outros usuários.

g. NAT e Proxy

Outro recurso utilizado é uma espécie de central corporativa que recebe todas as comunicações em um determinado número, compartilhado entre todos os escritórios, e então encaminha a mensagem à extensão desejada. Esse mecanismo é denominado Network Address Translation [Tradução do Endereço de Rede], ou NAT.

Quando fazemos uma ligação do escritório, aqueles que recebem a comunicação veem o número da central telefônica da empresa, e não o ramal específico; assim, a central atua como uma barreira entre suas extensões e as ligações externas. De modo semelhante, quando temos um endereço IP atrás de um NAT, aqueles que recebem a comunicação não veem nosso número, apenas o do NAT.

O sistema é útil para ocasiões em que, por questões de privacidade ou razões pessoais, não queremos revelar nosso endereço privado. Então, usamos um serviço que atua como uma barreira colocada de modo transparente entre o emissor e o receptor (serviços de autorização de débitos, contadores, advogados etc.). Desse modo, o receptor presume que a fonte da comunicação é um endereço intermediário, e não nosso endereço original. Além do NAT, há outro recurso semelhante na internet chamado Webproxy, que oculta o IP para viabilizar a navegação anônima.

h. A ausência de um controle centralizado

Sendo assim, a internet não é uma rede única, mas uma multiplicidade de redes interconectadas (é uma "rede de redes"). O processamento automático das rotas, com decisões locais em cada uma das milhares de redes interconectadas, indica que não há um controle central. Logo, não há uma autoridade determinando como a rede deve funcionar ou o caminho que os pacotes devem tomar.

Esse fenômeno se tornou possível graças às 24 horas de processamento diário de enormes quantidades de dados (mapas atualizados), cujo custo de transmissão e armazenamento em escala global é basicamente zero.

Agradecimentos

Primeiro, devo agradecer à minha família, que, apesar de minha presença material, teve que lidar com meus longos períodos de isolamento durante feriados e finais de semana. Sem a paciência deles, este livro não teria sido escrito.

Ao Alessandro Longo, que me ajudou a traduzir em linguagem clara um monte de textos que, de outra forma, teriam sido compreendidos apenas por especialistas em programação.

Não posso deixar de agradecer aos vários colegas e amigos que me ajudaram ou sugeriram ideias e informações para enriquecer o texto: Dianora Bardi, Tim Berners-Lee, Sergio Boccadutri, Emilia Bossi, Simone Brunozzi, Beatriz Butsana-Sita, Giovanni Buttarelli, Rocco Buttiglione, Gianmauro Calafiore, Angelo Cardani, Barbara Carfagna, Carlo Alberto Carnevale-Maffé, Maria Chiara Carrozza, Francesco Cavalli, Massimo Chiriatti, Edoardo Colombo, Cosimo Comella, Paolo Coppola, Luca De Biase, Juan Carlos De Martin, Maurizio Dècina, Gianni Degli Antoni, Valerio De Molli, Marco de Rossi, Gabriele Elia, Mauro Fantin, Luciano Floridi, Urs Gasser, Innocenzo Genna, Claudio Giua, Giorgio Giunchi, Giorgio Gori, Nicola Greco, Alberto Guidotti, Massimo Mantellini, Antonio Nicita, Andrew Odlyzko, David Orban, Antonio Palmieri, Fabio Pietrosanti, Pasquale Pistorio, Giovanni Pitruzzella, Filippo Pretolani, Eugenio Prosperetti, Francesco Sacco, Fabrizio Saccomanni, Luigi Scorca, Guido Scorza, Pietro Sella, Ruggero Schleicher-Tappeser, Vincenzo Silani, Antonello Soro, Irene Tinagli, Roberto Viola.

Tenho certeza de que me esqueci de alguém. Peço desculpas desde já e prometo me retratar em meu blogue.

Sobre o autor

Nascido em 1965, Stefano Quintarelli é um empreendedor e ativista italiano com mais de 25 anos de experiência no campo da computação e da internet. É coordenador do Comitê Gestor da Agenzia per l'Italia Digitale [Agência pela Itália Digital]. Foi deputado da República entre 2013 e 2018, quando participou de discussões sobre a Carta de Direitos para a Internet e propôs projetos de lei sobre regulação e tecnologia, militando pela neutralidade de rede. Foi fundador da I.NET, um dos primeiros provedores de acesso à internet na Itália, e é formado pela Università degli Studi di Milano, onde fundou a Milano Network Researchers and Students [Rede de Pesquisadores e Estudantes de Milão]. É membro do High-Level Expert Group on Artificial Intelligence [Grupo de Especialistas de Alto Nível sobre Inteligência Artificial] da Comissão Europeia, criado em 2018.

[cc] Editora Elefante, 2019
[cc] Stefano Quintarelli, 2019

Primeira edição, fevereiro de 2019
São Paulo, Brasil

Título original:
Costruire il domani: istruzioni per un futuro immateriale, 2016.
Publicado com a permissão do autor.

Você tem a liberdade de compartilhar, copiar,
distribuir e transmitir esta obra, desde que cite as
autorias e não faça uso comercial.

Dados Internacionais de Catalogação na Publicação (CIP)
Angélica Ilacqua CRB–8/7057

Quintarelli, Stefano
    Instruções para um futuro imaterial / Stefano Quintarelli ;
tradução de Marcela Couto.– São Paulo : Elefante, 2019.
    304 p.

ISBN 978-85-93115-22-6

1. Economia - Previsões 2. Internet - Aspectos sociais 3. Mudança
social I. Título II. Couto, Marcela

19-0101   CDD 330.905

Índices para catálogo sistemático:
1. Economia : Previsões : Mudanças sociais

EDITORA ELEFANTE

editoraelefante.com.br

editoraelefante@gmail.com

fb.com/editoraelefante

instagram @editoraelefante

Fontes Adelle & Swift

Papéis Cartão 250 g/m² & Pólen soft 80 g/m²

Impressão Graphium

Tiragem 1.000 exemplares

O ponto de partida deste livro está na rejeição ao binômio como algo virtual. Quintarelli rejeita a ideia de que existe um ciberespaço em oposição ao espaço real, como se um fosse imaginário e somente o outro, palpável. Ao contrário, a revolução digital abre caminho a uma dimensão cuja realidade não poderia ser mais explícita: a dimensão imaterial, fundamental para os indivíduos e determinante para o uso que fazem dos materiais, da energia e dos recursos bióticos de que dependem. A obra também mostra que as instituições das sociedades democráticas estão bem pouco preparadas para enfrentar os desafios que já estão surgindo.

O ritmo das mudanças tecnológicas é exponencial, e o tempo da política não tem sido capaz de acompanhá-lo. Para Quintarelli, porém, não há motivo para pânico — ou para uma luta vã "contra as tecnologias". Há, sim, uma urgência em compreender o tipo de economia gerada pelo avanço tecnológico, seu impacto social e as possibilidades de regulação. De certo modo, o livro retoma uma velha lição de Spinoza: *non ridere, non lugere, neque detestare, sed intellegere*. Nem rir, nem chorar, nem detestar, mas sim compreender.

EDITORAELEFANTE.COM.BR
ISBN 978-85-93115-22-6

elefante
EDITORA

Instituto
Tecnologia
& Equidade